KB206998

불편하지만
불가능은 아니다

불편하지만
불가능은 아니다

이지영 지음

키 110cm 삼성테크윈 인사팀 이지영이
스펙보다 핸디캡이 큰 그대에게

문학동네

제 2 부

110cm의 작은 거인 이지영, 세상을 들어올리다
마 땅 한 대 책 도 없 이, 무 자 비 하 게 용 감 하 게

제 3 부

당신도 회사생활에 결정적인 결핍을 지니고 있나요?

_ 삼성의 '선배' 이지영의 타박타박 회사생활 적응기

110cm 작은 거인,
1만 8천 명의 가슴을 울리다

2012년 9월 18일, 1만 4천 명의 사람들이 운집한 잠실 실내체육관. 나는 꿈을 꾸듯 무대를 바라보고 있다. 무대 위의 강연자를 바라보며 꽃 같은 젊은이들이 울고 웃는다. 신기하다. 이 화려한 무대를 나도 관객석에서 마냥 즐길 수 있다면 좋겠지만, 문제는 이제 오 분 후면 내가 저 큰 무대 위에, 1만 4천 명의 군중 앞에 서야 한다는 것이다.

삼성이 주최하는 강연콘서트 〈열정樂서〉는 젊은이들과 친근하게 소통하기 위해 마련하는 축제다. 비록 직접 참여하거나 준비하진 않더라도 삼성 직원이라면 늘 흐뭇하게 지켜보며 응원한다. 2012년 어느 날 〈열정樂서〉 시즌3 무대에 유명강사나 연예인뿐만 아니라 직원들이 함께 설 예정이라는 공고가 떴다. 수만 명의 삼성그룹 전체 임직원들 중 특별한 스토리를 가진 이들에게 저 거대한 무대에 오를 기회를 주겠다는 것이었다. 내 뱃속 어딘가엔 '무데뽀'라는 장기라도 있는 건지, 나는 대뜸 그 오디션에 지원해버렸다. '재밌겠는데? 나도 한번 해보지 뭐! 회사에 워낙 멋진 분들이 많아서 내가 선발될 리가 없겠지만…… 안 되면 어때? 회사에서 내 담당업무도 교육이니깐 PT연습 한번 '찐하게' 하고 온다는 셈 치면 되는 거야!'

언제나 나는 이렇게 내가 하려는 일이 얼마나 큰 세상으로 이어질지 알지 못한 채, 새로운 일에 뛰어들었다. 그리고 200:1의 경쟁률을 뚫고 덜컥, 삼성을 대표하는 임직원 강사로 선발되어버렸다.

내가 무대에 서던 날, 사회를 맡은 개그맨 안상태씨가 청중들과 별다를 것 없는 평범한 회사원이 이렇게 큰 무대에 서려니 얼마나 긴장되겠느냐며 마치 내 마음을 읽은 것처럼 멘트를 이어갔다. 엄청나게 떨고 있을 임직원 강사를 위해 뜨거운 호응과 박수를 보내달라고 당부했다. 그리고 나는 천천히 무대 위의 조명 속으로 걸어들어갔다.

들떠 있던 관객석은 나를 보고는 이내 조용해졌다. 내 남다른 외모에 조금 놀란 이도 있을 것이고, 아마 관객석 맨 뒤쪽에 앉은 분들이라면 '임직원 강사가 입장한다더니 왜 아무도 안 들어오나' 몇 번 눈을 비비거나 하품을 했을지도 모르겠다. 나는 아주 작으니까. 이 커다란 무대에 비하면 터무니없이 작으니까.

2만여 개의 눈동자가 나에게 집중되었다. 보통 사람이라면 무대 뒤편에서 중앙까지의 이 짧은 거리쯤은 몇 걸음 만에 성큼성큼 걸어 들어왔겠지만, 나에겐 좀더 많은 시간이 필요하다. 그러나 조급해하거나 초조해하면 안 된다. 커튼이 내려진 어두운 무대 뒤편에서 인생이라는 무대 중앙으로 나서기까지, 평생을 다해 우직하게 걸어온 나니까.

관객석은 이제 찬물을 끼얹은 듯 고요하다. 무대 아래 놓여 있는 초대형 스피커보다 작고, 무대 위에 위풍당당 얹혀 있는 '열정樂서'라는 거대한 글자 팻말조차 버거워 보이는 작디작은 한 여자가 기우뚱기우뚱 무대 위로 걸어나온다. 호기심과 의아함, 당혹스러움과 대체 어떻게 반응해야 할지를 모르겠다는 듯한 나직한 술렁거림. 나는 이런 분위기에 익숙하다. 그리고 이럴 때 어떻게 해야 하는지, 그 방법 또한 잘 알고 있다. 입도 크고 눈도 큰 나는 이제 무대 중앙에서 스포트라이트를 받으며 환하게 미소짓는다.

"안녕하세요? 실제 키는 110cm이지만 열정의 키는 180cm인 이지영이라고 합니다."

그리고 나는 그날 1만 4천여 명의 군중 앞에 서서 내가 살아온 이야기를 털어놓기 시작했다.

나는 '가성연골무형성증 pseudoachondroplasia'이라는 장애를 갖고 태어났다. 뼈와 뼈 사이를 연결해주는 연골에 문제가 있어 팔다리가

불편하지만 불가능은 아니다

짧고 선천적 왜소증을 동반하며 척추 기형이 뒤따르는 희귀질환이다. 그저 너무 아프지만 않게, 고통받지 않으며 평범하게 살았으면 하는 부모님의 간곡한 염려와 바람에도 불구하고, 나는 언제나 기를 쓰며 노력하고 내 작은 몸이 몸살을 앓도록 하고 싶은 게 많았던 아이였다. 유년 시절, 체육시간이면 혼자 교실에 남아 창밖만 바라보는 외톨이가 되기 싫어서 체육복을 줄여입고 운동장에 나갔고, 고등학교를 졸업한 뒤에는 부모님의 만류에도 불구하고 고향에서 홀로 상경해 서울에 있는 대학에 진학했다. 나는 그것이 내가 마땅히 해야 할 일이고 할 수 있기에 해낸 것뿐이라고 생각했지만, 돌이켜보면 나도 참 고집스러운 아이였다. 성치 않은 몸으로 기어이 서울에 있는 대학에서 혼자 기숙사생활을 하고야 말겠다는 딸내미 앞에서 두손 두발 다 들다 못해 통곡하시던 어머니의 얼굴이 떠올라 무대에서 문득 목이 메었다.

그뿐이랴. 대학교에서 과대표를 하랴, 학회활동하랴, 호주로 어학연수 떠나랴, 가뜩이나 짧은 다리가 닳아 없어질 만큼 돌아다녔다. 그리고 세상이 나와 같은 몸을 지닌 사람에게 적당히 '할당'해주는 일을 순순히 받아들이고 싶지가 않아서, 60통의 이력서와 자기소개서를 써가며 대기업의 문을 두드렸다. 숱한 냉대와 모욕, 눈물 끝에 마침내 마지막 면접이라 생각했던 삼성테크윈에 입사하고, 다른 이들의 선배가 되어 교육업무를 맡기까지……

무대 위에서 이 모든 일들을 풀어놓으니 지난 시간이 아득해졌다. 정말 나는 어쩌자고 이 모든 일들에 두려움도 없이 뛰어들었던 걸까. 뜨거운 조명, 뚫어질 듯이 내게로 꽂혀 있는 관객들의 시선 속에 등에는 땀이 맺혀왔다. 지금까지 내가 쏟은 노력들이, 안간힘이, 쌓아온 시간들이 등허리에 맺힌 땀과 함께 가만히 내 곁을 흘러가고 있었다.

"여러분은 모두 각각 다른 모습으로 태어났습니다.
각각 생각도 다르구요, 생김새도 다르구요,
키도 다르고, 잘하는 것도 다릅니다.
하지만 세상은 자꾸만 하나의 잣대에 여러분을 가두려고 할 겁니다.
그렇지만 여러분, 여러분이 좋아하는 걸 발전시키고 그에 맞게 세상을 바꾸세요.
힘들다고 좌절하지 마시고 계속 도전하십시오.
그리고 도전하다가 가끔 넘어질 때는 저, 이지영을 기억해주세요."

무대 아래 관객석에는 1만 4천 명의 또다른 내가 있었다. 불안한 젊은 날을 견디며 누군가에게 무슨 말이라도 듣고 싶었던 나, 세상을 자유롭게 누비는 꿈을 꾸는 나, 그러나 수십 통의 이력서를 쓰고 겨우 들어간 면접에서 면접관에게 가슴 아픈 독설과 모욕을 듣고 화장실에서 울고 있던 나, 너무나 많은 결핍을 지닌 나, 이 세상에서 손에 쥘 수 있는 것보다 놓아야 할 것들이 더 많은 나…… 그럼에도 불구하고 계속해서 여전히, 꿈꾸고 웃고 울고 살아가야 할 내가.

마치 무엇에 홀린 것처럼 강연시간이 순식간에 흘러갔다. 내 말에 귀기울여준 많은 사람들이 감사하고도 벅차 고개를 꾸벅 숙이는데, 관객석 맨 앞에 앉아 있던 농아 학생들이 소리 없이 눈물 흘리는 모습이 눈에 들어왔다. 그들의 마음을 알기에, 너무도 잘 알기에 내려가서 그들의 눈물을 닦아주고 싶었다. 그런데 고개를 들어보니 처음엔 묘한 호기심과 의혹의 눈초리로 팔짱을 낀 채 나를 지켜보던 다른 관객들의 시선도 나를 향해 따스하게 빛나고 있었다. 멋들어진 삼성맨의 성공스토리를 듣고 싶어할지도 모를 청춘들에게 나의 이야기가 어떻게 다가갈까, 혹시 비웃음과 실망을 자아내지 않을까 걱정했는데, 기우였다. 무대에서 퇴장하는 내 등뒤로 울리는 1만 4천 명의 박수 소리와 함성에 귀가 멍멍해질 정도였다.

그렇게 처음으로 무대에 선 이후, 참 많은 것들이 바뀌었다. 부산에서 다시 〈열정樂서〉 무대에 올라 4천 명의 또다른 청춘들을 만났고, 강연에서 미처 다 말하지 못한 나의 이야기를 궁금해하는 사람들이 많아졌다.

나는 참 욕심 많은 아이였다. 큰 욕심 부리지 말고 그저 평범하게, 건강하고 안전하게 살길 바라시는 부모님의 기대를 무너뜨려가며, 나는 끊임없이 세상 속으로 들어가고 싶어했다. 세상은 내게 텔레마케터나 하라고, 그 몸으로 회사생활이나 할 수 있겠느냐고 일갈했지만, 나는 면접 때마다 매번 모진 세상의 벽에 부딪쳤다가 무너져서 만신창이가 되어 돌아와도 내가 '할 수 있는 일'만이 아니라 내가 진정 '하고 싶은 일'을 하며 살고 싶었다.

세상은 늘 내게 안 된다고, 너는 '예외'라고 말하는 것투성이였으나, 나는 할 수 있다고, 못한다면 가르쳐달라고, 나에겐 하고 싶은 것이 너무 많다고 외쳤다. 다른 사람들의 몸과 조금 다르다는 이유로 세상이 내게 자꾸 안 된다고 말할 때, 나는 단호하게 귀를 막았다. 어쩌면 그때 내가 그렇게 세상의 말을 듣지 않았기 때문에, 이제 비로소 세상이 나라는 괴짜 아이의 이야기를 들으러 먼저 다가와준 게 아닌가 싶다.

지금부터 하려는 이야기는 분명 당신보다 한참 작고 모자랄 내가 이 세상을 살아오며 그 과정에서 배운 것들에 대한 이야기이다. 땅꼬마처럼 작은 내가 생존하기 위해, 당신처럼 평범하게 살아가기 위해 해온 시도들, 우당탕탕 벌여온 사건사고들, 그리고 60전 61기의 취업전쟁 끝에 삼성에 입사해서 세상의 모든 평범한 직장인들처럼 일하고 버티고 살아가는 이야기이다.

거인국에 표류한 로빈슨 크루소처럼 나는 너무 작은 키로 이 커다란 세상에 불시착했다. 그래서 많이 넘어지고 울기도 했지만 덕분에 나는 사람들의 시선보다 조금 더 낮은 곳에서 다른 사람들이 보지 못하는 곳까지 낱낱이 볼 수 있었다. 혹시 지금 이 책을 읽고 있는 당신도 당신이 속한 곳에 불시착했다고 느낀다면, 도대체 자신이 어느 곳에도 어울리지 않고 당신을 필요로 하는 곳이라곤 아무 데도 없다고 느낀다면, 당신은 나의 친구이다.

당신보다 많이 작고 모자란 나도 해냈으므로, 그리고 내가 유난히 오기와 도전욕에 불타오르는 악바리여서가 아니라 그저 세상 속에서 사람들과 함께 어울려 살아가고 싶다는 희망으로 느릿느릿 우직하게 걸어온 것일 뿐이므로, 당신도 할 수 있다. 그것이 막막한 취업이든, 팍팍한 직장생활이든, 아니면 해답이 없는 지난한 삶이든, 나의 이야기가 지금 당신이 맞닥뜨린 벽을 넘는 데 작은 힌트가 되었으면 한다.

제 1 부

한 번 보면
영원히 잊을 수 없는
여자

장 애 가   내 게   준   선 물

엄마,
나는 왜

어릴 적부터 내겐 머릿속을 맴도는 궁금증이 하나 있었다. 떨치려 해도 끈덕지게 달라붙어 나를 괴롭게 하는 질문.

'나는 왜 이렇게 작은 키로 태어났을까?'

어찌나 답답했던지 밤에는 잠도 잘 오지 않았고 지나가는 사람 누구라도 붙들고 물어보고 싶었다.

왜 나는 장애인으로 태어났습니까?

왜 나만 키가 작은가요?

제발 답을 알려주세요……

누구든 내게 어떤 답이라도 줄 수 있다면 돈을 주고도 싶고 무릎

꿇고 빌고도 싶었다. 그래서 가슴 아파하실 줄 알면서도 나는 몇 번인가 부모님께도 직접 여쭤보았다. 엄마, 아빠, 나만 왜 이렇게 태어났어요? 세상 사람들은 안 그런데, 엄마도, 아빠도, 언니도, 아무도 안 그런데 왜 나만 이렇게 태어났어요?

부모님은 내가 이렇게 물을 때마다 눈을 마주치지 않으셨다. 돌이켜 생각해보니 내가 왜 그런 질문을 부모님께 했을까 후회가 된다. 그것은, 정답이 없는 질문이기 때문이다. 그리고 정답이 없는 게 맞는 것이기 때문이다.

나의 부모님은 처음에는 아주 가볍게 이렇게 답을 주셨다.

"어렸을 때부터 네가 밥을 안 먹어서 키가 안 큰 거야."

"아, 그래? 그럼 내일부터 나, 밥을 엄청 많이 먹을게. 그럼 키 클 수 있는 거지?"

부모님은 답이 없었다. 나는 그것을 긍정의 대답으로 철석같이 믿고 며칠간 매우 성실하게, 많은 양의 밥을 해치우기 시작했다. 우유를 먹으면 키가 빨리 큰다고들 하기에, 몸에 잘 받지도 않는 우유를 엄청나게 먹어댔다. 하지만 키는 크지 않고, 우유 알레르기가 있던 나는 아침마다 배를 싸쥐고 화장실만 드나들 뿐이었다.

며칠간 밥을 아주 많이 그리고 성실히 먹었는데도 키는 거의 크지 않았다. 몇 달 후, 나는 또 똑같은 질문을 했다. 이번에는 엄마가 이렇게 말했다.

"엄마가 너를 임신했을 때 태몽을 꿨는데, 다리 잘린 도마뱀이 나왔어. 그때 아마 삼신할머니가 너를 이렇게 정해준 것 같다."

엄마는 아무렇지도 않게 말씀하셨지만 나는 도저히 이해가 되질 않았다. 꿈에 나온 다리 잘린 도마뱀과 내 키가 무슨 상관이 있단 말인가? 나는 하느님이 엄마 배 속에 넣어줄 때부터 다리 잘린 신세로 태어날 운명이었단 말인가? 여전히 의문은 해결되지 않았지만, 그 후로는 차마 부모님께 여쭈어보지 못했다. 내가 그 질문에 대해 꼬치꼬치 물어보고 나면, 부모님은 내 앞에서는 밥과 우유와 도마뱀과 온갖 핑계를 대고서는, 하루종일 어두운 표정으로 말없이 내 눈을 피했기 때문이다. 나는 따지려는 것도, 부모님의 마음을 헤집어놓으려는 것도 아니었는데. 그저 나는 왜 다른가, 엄마도 아빠도 언니도 내 친구들도 그렇지 않은데 왜 나만 다른가, 미치도록 궁금했을 뿐인데. 나의 질문은 부모님의 마음에 그늘을 드리우고 한숨을 자아냈다. 그리고 머리가 굵어지면서 나는 어리석은 질문은 자제할 줄 아는 아이가 되었고 이제는 점차 스스로 답을 찾아가고 있다.

왜 나만 다른가.

이 세상에 사는 수많은 사람들에겐 저마다 존재의 이유가 있다. 나는 남들에 비해 턱없이 작은 키로 인해 남다른 경험과 생각들을 원 없이 하게 되었고 또 앞으로도 수없이 하게 되리라. 누군가 그것이 불필요하고 나쁘다고 하면 그렇게 볼 수도 있겠지만, 이제는 그 경험과 생각이 나를 이만큼 키워주었다고 믿기에, 나는 더이상 내 작은 키를 미워하지 않는다. 오히려 요즘은 남들과 확연히 다른 나에게 감사한다.

도덕시간에 '소명사상'이라는 것을 배운 기억이 난다. 이 세상에 한 사람이 날 때에는 그에게 그만한 역할이 부여됐다는 것이다. 나를 세상에 보낸 이는 대체 내게 어떤 소명을 부여한 걸까? 세상을 만들고 사람을 빚은 그 누군가의 의도를 내가 다 헤아릴 수는 없지만, 이렇게 빚다가 만 듯한(?) 턱없이 작은 키의 내게 이토록 큰 열정을 불어넣어주신 것은, 아마도 세상을 좀더 다양하고 좋게 바꾸는 데 너의 열정을 써보라는 생각이었으리라 믿는다.

물론 이것을 인정하기까지는 매우 오랜 시간이 걸렸다. 그리고 여전히 스스로를 인정하기 위해 나는 오늘도 치열하게 싸우고 있다. 아마도 이 책은 그렇게 내가 나를 인정하기까지의 내면의 싸움, 나아가 세상이 이런 나를 인정하게 만들기까지 내가 흘린 눈물과 치러야만 했던 대가에 대한 이야기가 될 것 같다.

때로 아직도 남아 있는 마음속의 미련이 가끔 불청객처럼 나를 찾아온다. '아, 내 키가 160cm 정도만 되었다면…… 아니 150, 140…… 아니 지금보다 딱 5cm만이라도 컸다면……' 재미있는 것은 그 불청객들이 예전에는 오랜 시간 내 마음에 머물렀다면 이제는 1초 정도 머무르고 나면 제집이 아닌 것처럼 떠나버린다는 것이다.

왜 나는 장애인으로 태어났습니까?
왜 나만 키가 작은가요?
제발 답을 알려주세요……

왜 나만 다른가.

이 세상에 사는 수많은 사람들에겐 저마다 존재의 이유가 있다.
나는 남들에 비해 턱없이 작은 키로 인해 남다른 경험과 생각들을
원 없이 하게 되었고 또 앞으로도 수없이 하게 되리라.

예전엔 이런 생각에 오래 붙들려 있었지만 이제는 아니다.

모든 것의 시작은 '나에 대한 인정'이다. 행복이든 도전이든 사랑이든 자신에 대한 이해가 없다면 그것이 무엇이든 손에 쥐기 어렵다. 누군가 행복해지고 싶다고 열망하면서 내가 원하는 행복이 무엇인지 정의조차 내릴 수 없다면 분명히 그 사람은 인생을 허투루 살고 있는 것이나 다름없다.

무언가에 도전하고 싶은가? 성장하고 싶은가? 나에게 가장 부족한 것을 먼저 찾아보라. 그러고 나면 도전의 목표와 방향을 설정하기가 쉬워진다. 사랑하고 싶다면, 먼저 나 자신을 사랑해야 한다. 나 자신을 사랑하지 않고 남을 사랑하겠다는 것은 총칼도 없이 전쟁터에 나가는 것과 같다. 결국은 상처밖에 남는 게 없다.

나는 여전히 너무 작은 내가 힘들다. 계단을 오르기도 힘들고, 버스 타기도 힘들고, 오래 걷기도 힘들다. 키 큰 사람으로 태어나 다시 삶을 살아갈 수 있다면 얼마나 재미있을까, 얼마나 신이 날까. 상상해보려 하지만 잘 안 된다. 아마 나는 이미 작은 나에게 너무 적응이 되어 있나보다. 이제는, 작은 나를 인정할 수밖에 없으니까.

누구나 한 번 보면
절대 잊지 못하는 여자로 산다는 것

"피할 수 없다면 즐겨라."

참 멋진 말이다. 이 말의 출전이 어딘지는 모르겠지만 분명 명언이 되기에 부족함이 없는 말 같다는 생각이 든다. 그런데 말이 쉽지, 인간이 기피하는 것들은 기본적으로 마음에 들지 않는 찝찝함을 가지고 있다는 건데, 그걸 어떻게 즐길 수 있단 말인가. 즐겨보려고 하다가 즐기지 못하고 괴로워하는 나 자신이 더 큰 스트레스가 되어, 순수한 즐거움에 이르지 못하고 만다.

110cm의 내 키가 그렇다. 내일 아침 당장 바꿀 수도 환불할 수도 없고 늘릴 수도 없다. 내 키가 이렇게 작은 것은 '가성연골무형성증'이라는 희귀질환을 갖고 태어났기 때문이다. 그것도 중학교 3학년 때 정확한 진단을 받기 전까지는 내 키가 왜 이리 작은지조차 몰랐

다. 난쟁이, 땅꼬마, E.T, 외계인…… 이런 잔인한 별명들 속에서 괴로워하고 힘들어하던 중에, 사춘기가 되어서야 이것이 100만 명당 4명꼴로 나타나는 희귀질환이라는 것을 알게 됐다. 선천적으로 연골에 문제가 있어 뼈가 휘고 키가 자라지 않는 질환이라고 했다.

'가성연골무형성증'이라는 이야기를 들었을 때는 만감이 교차했다. 대체 나만 왜 이런 건지 알 수 없던 와중에, 그 이유를 듣고 나니 차라리 속이 시원한 것도 같았고, '그래도 난 아직 어리니까 키가 조금은 더 자라겠지…… 치료법이 있겠지……' 막연한 희망을 품고 살아오다가, 선천적 질환이므로 나아질 가망성은 전혀 없다는 진단을 받고 나니, 절망과 동시에 한편으로는 안심이 되는 것도 같았다.

빼도 박도 못할 어떤 성향, 도저히 바꾸지 못할 어떤 성질에 대해 사람들은 종종 '그것은 유전자에 새겨져 있다'라고 표현한다. 중학교 3학년의 나는 새로 발급받은 장애인등록증을 보고 한참 동안 생각했다. 내 작은 키는 유전자에 새겨져 있는 성질이라고, 이제 남들처럼 키가 더 크길 기대하지 말고, 미우나 고우나 '작은 나'를 데리고 살아가야만 한다고.

그러나 그렇게 어쩔 수 없이 받아들인 미운오리새끼 같은 내 키가 나에게 준 '선물'이 하나 있다. 희한하고도 감사한 선물인데, 내가 어디를 가든 나를 한 번 본 사람은 결코 잊지 않는다는 점이다. 비록 그게 장애를 가진 내 남다른 생김새만을 기억하는 것이라 할지라도 결코 나쁘지만은 않다. 세상엔 자신을 인식시키고 싶어 안달하는 사람들도 많은데, 나는 굳이 노력하지 않아도 자연스레 누군가의 뇌리에 단단하게 새겨지니 신기하고도 감사한 일이 아닌가.

게다가 나에게 이 선물은 특히나 유용하다. 나는 다른 사람들과 키가 맞지 않아 시선을 타인의 얼굴에 두지 못하다보니 만난 사람들의 얼굴을 때때로 잘 기억하지 못한다. 약간의 '안면인식장애'를 갖고 있는 셈인데, 여러 사람을 한꺼번에 만날 때는 더욱더 사람들을 기억하기가 어려워진다. 제일 곤란할 때는 상대방이 먼저 인사를 하는데도, 나는 아무런 기억이 나지 않을 때이다. 가끔 누군가가 회사나 거리에서 반갑게 인사하며, 조만간 밥이나 먹자고 환하게 웃으며 다가온다. 대체 누구지? 기억을 헤집어보지만, 반말로 대답해야 할지 존댓말로 대답해야 할지부터 판단이 서질 않는다. 어설프게 말끝을 흐리며 웃음으로 대응해보지만 자칫 타인에 대한 예의가 부족한 사람이 되어버릴까 움츠러든다. 서글픈 일이다. 다른 사람은 나를 저렇게 기억해주는데, 내 머릿속은 백지라니.

나는 이런데 남들은 나를 대번에 기억해준다. 얼마나 감사할 일인가. 제아무리 대단한 미녀라고 해도 한 번 만난다고 해서 기억에 남지는 않을 것이다. 그게 당연한 거다. 사람의 기억력이란 자기와 깊은 관련이 없으면 저장기간이 한없이 짧아지기 때문이다.

컴퓨터 매장에서 부품을 사고 이틀 뒤 교환하기 위해 방문하면, 주인이 내가 미처 말을 꺼내기도 전에 내가 산 제품을 정확히 기억해준다. 6개월에 한 번씩 가는 커피숍이 있는데, 그곳의 사장님도 갈 때마다 나를 반겨준다. 왜 이리 오랜만에 오느냐고. 한번은 이런 일도 있었다. 크리스마스이브에 분위기에 취해 술을 잔뜩 마셨다. 내가 술을 마신 장소가 우리 지역에서는 꽤 크고 붐비는 술집이었는데 이틀 뒤 친한 회사 선배에게 연락이 왔다. "야! 지영아, 나 크리스마스이브 날 너 봤다! 너 그날 술 많이 먹었지? 이제 술 좀 그만 마셔라."

이런, 세상에! 그 어두컴컴한 곳에서 그 선배는 어떻게 내 얼굴을 알아봤을까? 참 신기한 일이다. 아마 멀리서도 눈에 확 들어오는 나의 남다른 외모 때문일 것이다.

예전에는 사람들이 나를 알아보고 기억하는 게 매우 불편했다. 내가 연예인도 아닌데 왜 저렇게 나를 잘 기억할까. 사람들의 그 집요한 기억력이 신기하면서, 한편으론 밉기도 했다. 어떨 때는 일상생활을 하는 것조차 부담스러울 지경이었다. 내가 모르는 사람까지도 나의 얼굴과 이름과 생김새를 알고 있었고, 처음 만나는 사람이 '얘기 많이 들었다'고 할 때는 다른 사람들이 나를 어떻게 묘사했을지 다짜고짜 물어보고 싶기도 했다. 심지어 나에 대한 얘기만 전해 듣다가 실제로 만났을 때, 말로만 듣던 '그 사람'을 만났다는 것에 흥분해 막무가내로 호기심을 드러내며 내 외모에 대해 무자비한 질문을 퍼부어대는 이들까지 있었다.

한때는 이런 게 너무나 피곤하고 부담스러웠는데 언젠가부터 '아,

이렇게 사람들이 많이 알아보니 '난 평생 나쁜 짓은 못하겠구나'라고 생각하며 피식 웃어넘기게 되었다. 그리고 그때부터 조심스러워지기 시작했다. 내가 주의를 기울이지 않는 다른 사람까지도 날 알아보고 기억한다는 걸 깨달은 순간부터 '언제 어디서나 누구에게나 인사를 잘해야겠다. 깔끔한 모습으로 다녀야겠다'고 다짐했다. 그리고 그 생각은 나아가 '더 밝은 모습을 보여야겠다. 더 많이 웃어야겠다'는 생각으로 뻗어갔다. 이어 마지막 종착역은 '아, 나를 기억하는 모든 분들에게 잘해야겠다'는 것이었다. 그리고 그것은 이내 '세상과 모든 사람들에 대한 감사'로 이어졌다.

부모님 생일이나 휴대폰 번호도 기억하기 어렵다는 이 세상에서, 자신과 깊은 인연도 없는데 나를 기억해주는 사람들이 있다는 게 얼마나 감사한 일인지 모른다. 나를 기억해주는 그들에게 부정적인 모습으로 기억되고 싶지 않다. 이왕이면 예쁜 모습으로 기억되고 싶다. 그래서 인사도 더 열심히 하고 일부러 더 많이 웃고 다녔더니 사람들이 이제는 '긍정적인 이지영'이라고 이야기한다. 키 작고 다리도 짧아 뒤뚱뒤뚱 걷던 안쓰러운 아이에서 잘 웃는 긍정적인 아이로 기억되기 시작한 것이다.

사람들이 대체로 이렇게 '긍정'이라는 키워드로 나를 기억해주는 것도 기쁘지만, 실은 나는 그보단 '예쁨'이라는 단어로 기억되고 싶다. 그래서 그때부터 나 스스로 내가 듣고 싶은 별명을 짓기 시작했다. 학창 시절 지겹게 들었던 '난쟁이' '땅꼬마' '외계인' 같은 별명을 버리고, '이쁘지영' '연수소(현재 근무하는 시설명) 보아' '연수소 김태희' '요정' 이렇게 소개하기 시작했다. 회사 임직원 검색시스템 에도 닉네임을 기입하는 곳이 있는데 나는 늘 '연수소 보아' 아니면 '이쁘지영'으로 입력해두었다.

기왕 기억될 것이라면 나는 장애인이나 악바리가 아닌 예쁜 사람 이 되고 싶었다. 상황이 긍정적이지 않은데 억지로 긍정적인 사람 이 되려고 몸부림치는 사람이 아니라, 그냥 저절로 '예쁨'이 뚝뚝 묻 어나는 사람이고 싶었다. 그리고 '예쁜 사람'이 되기로 결심한 바로 그때부터, 나는 외모도 열심히 가꿨다. 옷도 더 깔끔하게 입고 피부 관리도 열심히 하고 화장도 예쁘게 한다. 우리나라의 미녀들 가운데 서도 감히 닮았다고 스스로 칭하기 어려운 김태희씨와 보아씨의 이 름을 내 마음대로 열심히 빌려 쓴 만큼 그분들에게 부끄러운 사람이 되지 말아야 하니까.

이제는 회사 메신저에서 말을 걸어오는 분들은 나의 세뇌에 힘입 어 자발적으로(?) "이쁘지영, 알았어" "연수소 태희야, 그 파일 좀 보내줄래?"라고 말한다. 나를 스쳐간 교육생분들도 몇 개월 뒤에 연 락하면 "아, 그때 예뻤던 지영씨"라고 반갑게 나를 반겨준다. 벗어 날 수 없는 올가미 같았던 내 외모가 이제는 즐길 수 있는 나만의 장 점이 된 것이다.

살면서 내 외모를 장점으로 내세울 수 있으리라고는 한 번도 생각해본 적이 없다. 그냥 나만의 개성이라고 여기기엔 내 작은 키는 너무 큰 한계와 대가를 요구했기 때문이다. 기껏해야 '나는 110cm의 작은 키를 가진 사람'이라고 솔직하게 나 자신을 소개하는 것이, 내가 끌어올릴 수 있는 최대치의 자신감이라고 생각했다. 하지만 이제는 예쁜 여자연예인 사진과 내 얼굴을 나란히 붙여놓고 나를 소개할 만큼의 자신감이 생겼다. 미운오리새끼 같았던 나의 키가 이제는 나를 백조로 만들어주고 있다. 그리고 내가 자신감을 갖고 나아갈수록 세상은, 사람들은 내게 한 걸음 더 다가와 친근하게 나를 대해주었다.

혹시 당신도 오늘 거울을 보면서 자신의 얼굴과 몸에 숨죽이고 있는 미운오리새끼들 때문에 마음이 아프진 않았는가? 어릴 적 동화책을 열심히 읽은 이들은 알 것이다. 그 미운오리새끼들이 곧 백조로 변하리라는 것을. 하지만 모든 미운오리새끼들이 백조로 변신하는 것은 아니다. 물밑에서 몇천 번씩 발을 휘저어 자신을 단련하고 우아함을 미리 연습한 새끼들만이 백조가 되는 것이다. 이 피나는 연습과 자신을 사랑하는 마음이 없는 미운오리새끼들은 절대 백조가 될 수 없다.

다리에 부목을 감고
잠들던 아이

우리집 장롱 안에는 아주 오래된 부목 네 개와 큰 붕대가 있다. 어디에 쓰는 물건일까?

내 몸에는 연골이 없다. 뼈와 뼈 사이의 충격을 흡수해주고 뼈가 곧게 자라게 하는 역할을 하는 이 연골이 없다보니, 어릴 적 내 다리는 하루가 다르게 휘어갔다.

25년 전 1980년대 말, 휘어가는 내 다리를 보며 부모님이 할 수 있는 일이 무엇이었을까?

요즘에는 키를 늘리는 수술도 있고 호르몬주사도 있고 여러 가지 재활치료와 물리치료법이 인터넷을 통해 알려졌지만, 내가 어렸을 때는 마땅한 병명도 알지 못했고 어떻게 나를 치료해야 하는지 부모님은 전혀 알지 못했다. 주위에 장애인도 없는 터라 나를 어떻게 키워야 할지 부모님은 달리 방법을 찾지 못했다. 여러 가지 민간요법을 듣긴 했지만 그게 나에게 도움이 될지는 알 수 없는 일이었다. 내 다리는 내가 자랄수록 하루가 멀다 하고 휘어갔다. 얼마 되지도 않는 길이의 다리가 자꾸 휘어갈 때, 부모님은 얼마나 좌절했을까. 그렇다고 그냥 두고 볼 수만은 없기에 부모님이 막막함 속에 선택한 것이 부목이었다.

대낮에 활동할 때에는 다리에 무엇을 댈 수 없으니 밤을 선택해 굽은 다리를 펴보려 한 것이었다. 그래서 다섯 살 무렵부터 나는 자기 전에 매번 고통스러운 의식을 치르기 시작했다. 부모님은 짧디짧은 내 다리에 말없이 나무를 대고 붕대를 감았다. 부모님에겐 딱 한 가지 바람뿐이었다. 더이상 다리가 휘지 않기를…… 우리 아이가 똑바로 자랄 수 있기만을…… 한창 쑥쑥 클 나이에 부목을 다리에 감고 잠들어야 했던 아이를 봐야 하는 부모님의 심정은 어땠을까. 차마 내가 상상할 수 없는 참담함과 미안함이 가득한 밤이 아니었을까.

밤마다 나는 그렇게 '로봇 다리'를 붙이고 자던 아이였다. 지금이라면 상상조차 할 수 없는 일이다. 잠옷을 입고 자는 것조차 갑갑할 때가 있는데, 두 다리에 부목을 대고서 붕대를 감는다니. 그리고 그런 채로 밤을 보내야 한다니. 처음에는 다리를 고정하고 자야 하는 게 너무 싫어 버둥대며 펑펑 울었다.

"엄마, 나 이거 안 할래. 아파……"

성장이 활발해진다는 밤에 나는 오히려 성장을 저해하는 부목을 대고 두 다리를 고정시킨 채 몇 달을 보냈다. 돌아보건대 아마도 그때 그 부목이 없었더라면 몇 센티미터는 더 자랄 수 있지 않았을까, 하는 생각도 든다. 하지만 어느 순간 나는 느꼈다. 단호하게 부목을 매는 부모님의 손길에 담긴 간절함을. 그 속에는 내일은 거짓말처럼 내 다리가 곧게 펴져 있기를, 기적처럼 내가 키다리가 되어 있길 바라는 부모님의 마음이 담겨 있다는 것을.

어느 순간 나는 더이상 불만도 표시하지 않았고 울음 한번 터뜨리지 않았다. 그리고 행여나 붕대가 풀어질까 해서 뒤척이지도 않았다. 그 어린 나이에 나의 고통보다 부모님을 먼저 생각했던 건 아닐 것이다. 다만 부모님이 그렇게 믿고 있기에, 그토록 절박하게 믿고 싶어했기에, 나도 이 부목과 붕대만 있으면 좀더 자라서 걷고 뛸 수 있지 않을까, 내심 기대했던 것 같다. 로봇처럼 움직이지 않고 잠들던 버릇은 아직까지 남아, 나는 여전히 뒤척이지 않고 일자로 잠을 자곤 한다.

그러나 때론 간절함으로도 이뤄지지 않는 것들이 있다. 그때 부목을 감고 자던 아이는 여전히 사람들보다 많이 작고 다리는 그때보다 더 휘어져 있다. 하지만 매일 밤 딸의 다리에 부목을 감으며 눈물 흘리시던 나의 부모님께서 그토록 바라던 보통의 삶, 그곳에 나는 짧고 굽은 다리로 바지런히 걸어서 얼마만큼은 가닿았노라 말하고 싶다.

불 편 하 지 만   불 가 능 은   아 니 다

남들처럼 커질 수 없다면, 다리를 곧게 펴고 늘리는 것이 불가능하다면, 굽은 다리로 천천히, 남들보다 더 오래 걸으면 된다.

콤플렉스를 안고
살아가기

최근 누가 봐도 감탄사가 나올 만큼 예쁜 연예인들이 너나없이 양
악수술을 하고 난 후 부기가 덜 빠진 얼굴로 찍은 사진이 인터넷에
올라온다. 나는 속으로 묻는다.

'아니, 왜 그렇게 예쁜 얼굴에 손을 대시나요? 미모로 보자면 우리
나라 미녀를 다 모아놓아도 열 손가락 안에 들 것만 같은데…… 예
쁘고, 성격 좋고, 연기도 호평을 받고 있는데……'

무엇이 부족해서 수술을 하는지 솔직히 나는 이해가 잘 되지 않
았다.

얼마 전 한 사이트에 171cm의 키가 너무 작다고 일리자로프 수술
로 키를 늘린 경험담이 올라왔다. 일리자로프 수술을 가까이에서 지

켜본 나는 그 글을 보고 경악했다. 이것이 어떤 수술인지 너무 잘 알기 때문에, 171cm의 키로 이 수술을 받으려 했던 사람도, 또 전문적인 지식을 갖춘 의사가 이 수술에 동의했다는 사실도 이해가 가지 않았다.

일리자로프 수술은 나처럼 키가 비정상적으로 작은 왜소증 장애인들이 많이 받는다. 일명 '사지연장술'로 불리는데, 팔다리뼈를 잘라 그 자른 뼈 사이사이에 기구를 고정시켜 나사로 돌려가며 뼈조직을 늘여서 키나 팔 길이를 연장하는 수술이다. 한마디로 인위적으로 뼈를 자르고 억지로 늘이는 시술이라는 거다. 교통사고로 다리가 부러져도 뼈가 붙고 제대로 걷고 뛰기까지 얼마나 많은 시간이 걸리는가. 그런데 부러진 뼈를 붙이는 것뿐만 아니라 인위적으로 늘이기까지 했으니, 얼마나 뼈에 무리가 가고 힘에 부칠까.

내가 아는 한 이 수술은 일상생활에 제한이 있는 장애인의 경우에만 시행해야 한다고 생각한다. 팔이 짧아 대변을 본 후 엉덩이를 닦지 못하는 경우, 두 다리의 길이가 다른 심각한 기형의 경우, 키로 인해 일상생활이 어려운 경우 등…… 정말 절박한 이유에서 감행하는 것이 대부분이다. 이런 절박한 이유로 수술을 하고도 평생 수술의 흔적을 안고 살아가야 한다. 모든 수술이 그렇듯이 후유증의 위험이 있으며, 일리자로프 수술의 경우엔 더욱 치명적일 수 있다. 흉터가 남는 것은 물론이거니와 수술 후 짝다리가 된다든지, 몸의 균형이 맞지 않거나 걸음걸이가 변하고 발을 딛기조차 힘들 수도 있다.

사람에겐 누구나 콤플렉스가 있다. 콤플렉스가 없다면 그건 전지전능한 신일 것이다. 아니면 해탈의 경지에 이른 사람이거나. 콤플렉스를 극단적인 방법으로 해결하면 반드시 그 대가가 따르기 마련이다. 얼마가 될지도 모를 그 대가가 콤플렉스를 지닌 채 사는 비용보다 크다면, 나는 그 해결법이 무엇이든 말리고 싶다.

콤플렉스의 크기는 남이 측정할 수 없는 것이지만, 대부분의 사람들이 "너는 괜찮아, 그 정도라면"이라고 말한다면, 혹은 콤플렉스로 인해 일상생활에 따르는 문제가 없다면, 내 본모습을 더 사랑하며 살아가는 게 좋지 않을까.

가끔 "난 키가 너무 작아, 157cm밖에 안 돼" 하고 시무룩해하는 여자분들의 이야기를 듣게 된다. 그 키가 너무 작다고 생각한다면, 110cm의 키로 지금껏 살아냈고 앞으로도 살아가야 할 '이지영'을 떠올리시길. 키가 157cm보다 작아서 불편한 점을 최소한 100가지는 더 말씀드릴 수 있다. 듣고 나면 적어도 조금은 행복해질 것이다.

내 힘으로 콤플렉스를 바꿀 수 없다면, 그것을 안고 살아갈 수 있도록 내 마음 한구석에 콤플렉스를 위한 작은 방을 내주어야 한다. 자신을 괴롭혀 콤플렉스를 밀어내려 하기보다는, 일상에 불편함이 없는 정도의 콤플렉스라면 한번 데리고 살아보는 것도 나쁘지 않다. 부족함이 당신을 성공의 길로 인도해줄 것이라는 말을 하려는 게 아

불 편 하 지 만 불 가 능 은 아 니 다

니다. 분명 콤플렉스는 고통스러운 것이며 내게 없었더라면 더 좋았을 것임엔 분명하나, 때로 그것은 나보다 더 연약하고 아픈 것들을 돌아보게 한다. 그리고 그 연약함과 아픔의 힘으로, 콤플렉스를 가진 우리는 삶에 더 애착을 갖고 다른 이들이 돌아보지 않는 낮고 어두운 곳까지 응시할 수 있게 된다.

　바꿀 수 없는 것에 연연하기보다 바꿀 수 있는 것에 에너지를 쏟는 편이 삶이 훨씬 더 행복해지는 길이다. 보통 사람들에 비해 너무도 작은 내가, 하지만 스스로 인생을 꾸려갈 만큼은 적당히 큰 내가 110cm의 키와 살아가는 이유이다.

최고의 배려는
보폭을 맞춰 걸어주던
내 친구의 마음

주변에 몸이 불편한 사람이 있다면 당신은 어떤 생각을 먼저 하는가?

보통 '아, 내가 어떻게 하면 저 사람을 도와줄 수 있을까?'라는 생각을 먼저 할 것이다. (나는 인간의 성선설을 굳게 믿고 있다.) 혹은 '저 사람이 지금 무엇 때문에 불편할까'라는 생각을 할지도 모른다. 그래서 내가 곤란한 상황에 처해 있을 때면 유심히 지켜보는 사람도 있고, 다가와서 도와줄 것이 없느냐고 물어보는 사람도 있다. 그 마음이 고마워서 어떨 때는 마음이 약해져 별일이 아닌데도 눈물이 난다.

나는 늘 내가 부족한 게 많은 사람이라 생각하기 때문에, 남의 도움을 받아야 할 때는 자존심을 내세우지 않는 편이다. 내가 못하는 것을 솔직하게 인정하고 다른 사람이 호의를 베풀 때는 크게 "감사합니다"라고 인사를 한다. 어릴 적에는 정겹게 마음을 주는 사람에게 나 혼자 다 할 수 있다며 괜한 고집을 피우고 마음을 닫기도 했지만, 결국에는 나 혼자서는 할 수 없다는 것을 깨닫고 내 모습을 인정하게 되었다.

나는 인간만이 가질 수 있는 '배려'라는 키워드를 사랑한다. 배려라는 것, 티나지 않게 타인의 마음과 처지를 이해하는 것. 이것은 인간이기 때문에 할 수 있는 유일한 일이라고 생각한다. 그래서 누군가의 배려를 느낄 때는 마음에 온기가 돈다.

사람들은 여러 가지 방법으로 다른 사람들을 배려하고 도와준다. 나는 도움을 주기보다는 많이 받아본 사람이고, 그것이 내가 세상으로부터 받은 선물 중의 하나라고 생각한다. 대부분의 사람들은 나의 신체적 결함을 메울 수 있는 도움을 많이 주었다. 무거운 가방을 들어준다든지, 지하철 표를 대신 뽑아준다든지, 높은 곳의 물건을 대신 내려준다든지 하는 일들이다.

중고등학교 시절 나는 키 차이로 인해서 늘 친구들을 올려다보며 말해야 했다. 그 시절 내가 가장 부러워했던 것은 방과후에 삼삼오오 팔짱을 끼며 걸어가던 친구들의 모습이었다. 친구들과 키가 50cm는 족히 차이가 나기 때문에 나는 팔짱은커녕 친구들과 눈을 맞추고 걸어가지도 못했다. 보폭도 친구들에 비해 좁았기 때문에 친구들이 앞서 걸으면 아등바등 쫓아가느라 바빴다. 내 걸음을 유지하지 못하고 헉헉대며 친구들을 따라가면서 이야기하느라 많이 힘들었지만, 나는 친구들이 나와 어울려주는 것 자체가 고마웠고 사람들마다 바꾸기 힘든 각자의 보폭이 있다고 생각했기 때문에, 친구들에게 차마 천천히 걸어달라고 말하지 못했다.

하지만 나의 친구들은 곧 내 보폭에 맞춰 함께 걸어주었다. 당시 나에게 가장 필요한 것은 가방을 들어주거나 내가 못하는 것을 대신 해주는 게 아니라, 친구들과 따뜻한 교감을 나누는 일이었다. 친구들은 평소보다 천천히 걷고 보폭을 좁혀주었다. 그리고 우리는 눈을 맞추며 이야기를 나눌 수 있었다. 평소의 습관을 의식적으로 바꿔야 했기 때문에 친구들에게는 매 걸음마다 매우 번거롭고 귀찮은 일이었을 것이다. 하지만 몇 분 되지 않았던 그 하굣길이 아직도 나에게는 고마운 기억으로 남아 있다. 내 입장에 서서 나를 이해해주고 나에게 마음을 열어주었던 그 배려가 아직도 따뜻한 기억으로 살아 있다.

우리는 너무 쉽게 오해한다. 상대방이 필요한 것에 대해 그의 입장이 아니라 내 입장에서 서둘러 판단하고 결론지어버린다. 그리고 나서 나의 노고를 알아주지 않는다고 상대방을 비난하고, 진심을 알아주지 않는다며 다시는 도와주지 말아야지, 입을 앙다문다. 진정한 도움이란 상대방의 처지에 대한 이해가 선행되어야만 나올 수 있다. 배려라는 것, 상대방의 입장에서 생각하

사람들마다 바꾸기 힘든 각자의 보폭이 있다. 하지만 나의 친
구들은 내 보폭에 맞춰 함께 걸어주었다. 친구들은 평소보다
천천히 걷고 보폭을 좁혀주었다. 그리고 우리는 눈을 맞추며
이야기를 나눌 수 있었다.

면 좀더 쉬워지지 않을까. 배려가 필요한 것 같은데 아무리 생각해도 어떤 도움을 줄지 답을 찾지 못했다면 상대방에게 조심스럽게 돌직구를 던지면 된다. "제가 도와드릴 부분이 있을까요?"라고.

살아오면서 나를 도와주고 불편함을 덜어주었던 감사한 분들이 참 많다. 가끔 내가 죄인이 된 것만 같은 기분이 드는 것은 너무 많은 도움을 받고만 사는 게 아닌가 하는 생각 때문이다. 그분들께 좀더 감사의 표현을 했어야 하는데 하는 아쉬움이 남아서이다.

자꾸 말해도 부족한 말, 오늘도 되뇐다.

"고맙습니다. 그리고 또 고맙습니다."

불행했던 것은
나만이 아니었다

어릴 적에는 나의 장애로 인해 고통받고 괴로워하는 것은 오직 나뿐이라고 생각했다. 늘 잔인하게 놀림받고도 괜찮은 척하고, 다리와 허리 통증으로 아파하면서 어둠 속에서 지내는 사람은 이 세상에 오직 나 혼자가 아닌가 하는 생각을 했던 적이 있었다. 어리석게도 아주 오랫동안 그 생각을 가지고 살았다. 피해의식도 있었지만, 어떻게든 이 어둠을 제거해보려고 열심히, 늘 무엇이든 최선을 다해야 한다는 강박관념을 안고 살았다.

장애란 무엇일까. 신체적인 다름? 물리적인 한계? 무엇인가를 하기에 걸림돌을 갖고 있다는 것? 나는 아주 오랫동안 내가 가진 장애가 무엇인가에 대해 정의를 내리지 못하고 있었다. 그러다가 우연히 접한 책에서 나는 무릎을 '탁' 내려치고 말았다. 대니얼 고틀립이라는 작가는 자기만의 방식대로 장애인을 이렇게 정의했다. '다른 사람들이 원치 않는 것을 가진 사람'. 이런 질문을 당신에게 던져보겠다. 내일 아침 당신이 깨어났을 때 110cm의 키를 가진 사람으로 변신해 있다면, 혹은 갑작스럽게 팔다리가 내 맘대로 움직여지지 않는다면, 당신은 어떻게 살 것인가? 아마 이 질문을 들은 100명이면 100명 전부 다 고개를 절레절레 흔들며 행여 꿈이라도 그런 악몽은 꾸고 싶지 않다며 정색할 것이 분명하다.

장애인은 신체나 정신에 불편을 겪는 사람이기 때문에, 그 기능에 결함이 있어 도움이 필요할 수밖에 없다. 이 결함 때문에 일상적으로 제약을 받고 상태가 점점 나빠져 누군가에게 기댈 수밖에 없다. 나의 존재 자체가 남에 의해 좌지우지된다면 당신은 얼마나 절망감을 느낄 것인가. 동물원에 놀러가고 싶은데, 혼자서는 버스에 오를 수조차 없다면 당신은 어떤 감정이 들까.

남에게 나를 맡길 수밖에 없다는 사실을 일찍 깨달았던 나는 스스로 '불행할 수밖에 없다'고 단정했다. 내 마음은 이미 저 세상을 훨훨 날아다니고 있는데 스스로 할 수 있는 것이 없었다. 마음은 10km 앞을 달려가는데 그 속도를 따라가지 못하는 미흡한 신체를 인식하게 되었을 때, 나는 내 가슴을 쥐어뜯고 싶었다. 미래나 꿈, 희망과 같은 좋은 단어들은 모조리 부숴 없애버리고 싶었다. 차라리 나에게 욕심이 없었다면, 내가 꿈 따위는 꾸지 않는 시니컬한 사람이었다

불 편 하 지 만   불 가 능 은   아 니 다

면, 이런 절망감은 느끼지 않으리라.

세상 사람들은 나 빼고 모두 다 행복해 보였다. 가족 중 유일하게 다른 모습으로 태어난 나. 나는 불행했지만 나의 가족과 주변 사람들은 나와는 별개로 행복할 것이라고 생각했다. 그들은 내가 겪는 신체적인 아픔과 고통은 절대 알지 못할 것이라 생각했고, 그것이 오히려 다행이란 생각이 들다가도 어느 날은 몹시 서운하게 느껴지기도 했다. 누군가 나의 아픔을 똑같이 공감해준다면 외롭지 않겠다는 생각도 했다. '힘든 사람은 늘 나야, 나는 짜증을 내는 것이 당연해, 내 몸이 힘드니까.' 나는 종종 내 화와 짜증에 스스로 면죄부를 주었다. 철이 들면서 그 면죄부는 서서히 거두었지만, 때로 본의 아니게 남의 기분을 상하게 할 때도 나는 내 장애에 그 탓을 돌리며 나자신을 정당화할 빌미를 찾아다녔다.

그러다가 아주 우연한 기회에 나와 같은 장애를 가진 아이를 둔 부모님들이 가입한 인터넷 커뮤니티를 알게 되었다. 대부분의 글은 '마음의 변화'에 관한 내용이었다. 부모님들의 다수가 우리 가족과 비슷한 상황을 겪고 있었다. 아주 평범한 가정에 키가 작은 아이가 돌연변이로 태어났고, 부모님들은 거의 매일 왜 하필 우리에게 이런 일이 일어났는지 눈물과 의문으로 가득찬 슬픈 시간을 보냈다. 그러다가 아이가 점점 자라면서 이 아이를 통해 오히려 배우는 것이 많아지고, 이 특별한 아이가 아니었으면 결코 몰랐을 많은 일들을 겪어나가고 있다는 이야기였다. 그 일들은 이런 아이가 태어나지 않았더라면 겪지 않아도 될 정말 고통스러운 일들이기도 했다. 나쁘게만 바라본다면 정말 지옥 같은 삶이 될 수도 있는 것이다.

나는 늘 그렇게 생각했다. 장애로 인한 피해자는 오직 나뿐이라고. 하지만 돌아보니 장애로 인한 피해자는 나뿐만 아니라 가족이기도 했다. 당황스러운 마음과 나를 돌봐야 하는 부담감, 정상적인 가정의 모습에서 벗어나는 조금은 더 피로하고 고통스럽기도 한 삶. 그것이 나로 인해 우리 가족에게 주어진 삶이었다. 아빠는 매일 휘어가는 내 다리를 보며 미안함과 걱정을 안고 잠들었고, 엄마는 나를 강하게 키워야 한다는 것을 상기하면서도 늘 약한 체력에 쓰러져가는 내 모습에 눈물짓곤 했다. 남다른 동생 때문에 또래에게 갖은 눈길과 놀림을 받으면서도, 왜 네 동생은 장애인이냐는 질문에 아무렇지 않게 대답할 수 있을 때까지 언니는 마음의 상처를 덮고 또 덮어 강해져갔다. 서로 그 상처를 건드리지 않고 지내는 것은 암묵적인 약속과도 같았다. 모두가 감내해야 하는 고통을 솔직하게 털어놓기 시작하면 그나마 평온한 가정마저도 무너져내릴 것 같았다. 나는 물론이거니와 우리 가족 또한 장애라는 불행을 아주 서서히 이겨내가고 있었다. 그 속도는 내가 장애를 불행이 아닌 내 모습 그 자체로 인식할 때까지의 속도와 닮아 있었다.

사람들은 자신이 겪고 있는 눈앞의 고통에 가려 주변을 바라보지

불 편 하 지 만   불 가 능 은   아 니 다

못할 때가 많다. 내가 가장 큰 피해자가 아닐지라도 내 존재에 대한 본연의 애정 때문에 내가 마치 가장 슬프고 고통스러운 존재인 양 생각하기도 한다. 누구나 고통을 안고 살아가며 신문에나 나올 법한 사건의 주인공이 될 수 있다. 활활 타오르던 불이 장작을 다 태웠다고 해서 장작만 뜨거운 것은 아니다. 그 주변의 공기까지 뜨거워지기도 하니 불행으로 인해 슬퍼지는 것은 우리가 생각했던 것보다 더 큰 범위일 수도 있다.

　오히려 내 등 위의 불행이라는 짐을 조금씩 내려놓고, 그 짐을 똑같이 지고 가는 이들과 마주보고 이야기할 수 있다면 우리는 좀더 빨리 웃을 수 있을지 모른다. 누구나 서로의 슬픔과 아픔을 이야기하고 싶어하지 않는다. 그것은 마음을 아프게 하고 나 자신을 약하게 만들기 때문이다. 하지만 불행을 안고 가는 사람들이 가끔씩 서로 짐을 내려놓고 마주볼 수 없다면 불행은 영원히 내 등뒤에서 내려오지 않을지도 모른다.

남들에겐 장애인,
내 눈에는 작아서 더 빛나는 아이

내가 유치원에 다닐 때, 동생은 내 눈엔 그저 작고 인형같이 귀여운 아이였지만 남들은 동생을 한번 보면 시야에서 사라질 때까지 뚫어져라 쳐다보곤 했다. 엄마와 함께 나온 내 또래아이들은 손가락질까지 하며 "엄마 쟤는 왜 저렇게 작아?" 하고 물었고, 그 물음에 엄마들은 어쩔 줄 몰라 하며 "밥을 덜 먹어서 그래. 너도 저렇게 키 작아서 놀림받고 싶지 않으면 밥을 잘 먹어야 해. 알았지? 어서 가자" 하고 못 볼 것이라도 본 양 아이들을 닦달했다.

'울 동생 밥 안 먹어서 작은 거 아닌데…… 왜 다들 쳐다보지? 동생한테 뭐라도 묻었나?' 그런 생각에 한번은 동생 얼굴을 한참 쳐다본 적이 있었다. 묻었으면 내가 닦아줘야지, 우리 지영이 얼굴에 뭐 묻었다고 엄마한테 혼나겠다 싶어서 지영이의 얼굴을 보고 또 봤지만, 나에겐 아무리 봐도 하얗고 예쁜 내 동생일 뿐이었다. 내 동생이 세상의 잣대로 볼 때 몸이 불편한 사람, 장애인이라는 사실은 초등학교에 들어가고 나서야 알게 되었다.

초등학교에 갓 입학했을 때, 우리 가족과 친척들은 나에게 입학 축하한다는 말보단 이제 학교에 들어가니 엄마 말씀 잘 듣고 동생 잘 챙기라는 말씀들을 많이 하셨다. 고작 여덟 살인 내가 그 뜻을 전부 이해하긴 힘들었지만 지금 동생이 아프고 엄마가 많이 힘든 거구나, 그래서 내가 많이 도와야 하는구나, 라는 사실만큼은 확실히 머릿속에 각인되었고, 이런 환경은 나를 또래보다 일찍 철들게 했다.

아침시간, 등하굣길, 수업시간, 저녁이 지나고 밤이 될 때까지 1년 365일 부모님의 관심과 사랑은 전부 동생에게 향해 있었다. 함께 놀다가 동생이 실수를 해도 나에게만 매를 들고 호되게 꾸중하셨다. 그럴 수밖에 없었던 엄마의 마음을 어린 내가 이해할 리 없었고, 그저 매가 무서운 나는 왜 나만 미워하느냐고 서럽게 울었다. 하루는 또 뭔가 복받쳐서 울먹이며 저녁밥을 겨우 물고 있는데 TV 속에서 내 또래만한 여자아이가 "엄마, 왜 나만 미워해. 나 엄마 딸 맞아?"라고 물으니 그 엄마 왈 "다리 밑에서 주워왔지" 한다. 이 이야기를 듣고 내 머릿속은 더욱 복잡해졌다.

'나도 다리 밑에서 주워온 아이인 게 분명해. 친엄마 찾으러 갈 거야. 동생도 미워!'

그렇게 내 마음 한구석엔 엄마에 대한 서운함과 함께 동생에 대한 미움이 조금씩 자라고 있었다.

　그러던 어느 날 밤, 동생이 많이 아팠다. 엄마는 조그만 몸으로 쌕쌕 숨을 몰아쉬는 동생을 자전거 뒤에 태우고 약국으로 향했다. 나도 잰걸음으로 열심히 자전거를 따랐다. 문을 연 약국을 간신히 찾아낸 엄마는 자전거 뒤편에 앉은 동생을 가리키며 엄마가 나올 때까지 자전거를 꼭 붙잡고 있으라고 나에게 신신당부하고 약국으로 들어갔다.

　비가 세차게 내리던 그날은 바람까지 불어 너무 추웠다. 엄마는 들어간 지 한참이 지나도 나오지 않았다. 무슨 일일까 초조해진 나는 시린 손으로 붙들고 있던 자전거를 어느 결엔가 그만 스르르 놓아버렸고 동생은 그대로 땅바닥에 나뒹굴었다. 가뜩이나 아파서 끙끙 앓던 동생의 이마에서 피가 흐르기 시작했고, 약국에서 뛰어나온 엄마는 놀란 나는 아랑곳없이 동생을 들쳐업고 곧장 병원으로 뛰어갔다. 그날 동생은 이마를 두세 바늘 정도 꿰매야 했다.

　엄마는 집으로 돌아와 매를 들었다. 동생은 울면서 나를 원망했다. 나도 놀랐는데…… 나도 너무 춥고 무서웠는데…… 하지만 가족들에겐 내 맘을 돌볼 겨를이 없었다. 그때 난 해서는 안 될 말을 입 밖에 꺼내고 말았다. '여기, 날 좀 봐주세요. 동생만 아픈 게 아니고 나도 아파요. 나도 힘들고 외로워요'라고 외치고 싶었을 뿐인데, 정작 입 밖에 나온 말은 믿을 수 없을 정도로 모진 말들이었다. 엄마에 겐 "내가 일부러 그런 것도 아니잖아. 너무해! 엄마 걱정해서 그런 건데 왜 나한테만 그래!" 하고 악을 썼고, 동생에겐 "야, 이 다리병신아! 너 때문에 이게 뭐야! 대체 내가 왜 이러고 살아야 해!" 하고 을러댔다. 그 엄청난 말을 내뱉고선 이내 '아! 이게 아닌데…… 이건 아닌데……' 후회했고 곧바로 동생에게 울면서 미안하다고 말했다.

그 밤, 동생은 얼마나 아팠을까. 얼마나 자기 자신이 미웠을까. 그러나 이마에 바늘자국이 선명한 동생은 다 이해한다는 듯 나에게 "그럴 수도 있지…… 언니, 나도 미안해" 하고 말했다. 나보다도, 보통 사람들보다도 훨씬 작은 내 동생은, 그러나 이때부터 이미 나보다 훨씬 큰 어른이었다. 그날 나는 나보다 더 철이 들어버린 것 같은 동생 앞에서 한없이 부끄러워 고개조차 들 수 없었다. 그 일로 나는 다시는 동생에게 그 어떤 것으로도 상처 주지 않으리라 다짐했다. 그리고 동생이 두 번 다시는 자기 때문에 미안하단 말을 하지 않게 하리라 마음먹었다. 세상에 둘도 없는 특별한 내 동생 지영이의 언니로 살아가면서 그 밤의 약속을 내가 잘 지켰는지 모르겠다. 다만 그때의 다짐과 약속이 희미해지려 할 때면, 나는 가끔 동생의 이마에 흘러내린 머리를 쓸어넘기고 나 때문에 생긴 상처를 들여다본다. 예쁜 내 동생의 얼굴에 남은 지워지지 않을 상처, 그러나 지영이는 그런 상처 따윈 '미소'라는 지우개로 잠시 지워낼 수 있다는 듯이 나를 보고 싱긋 웃는다.

 동생이 아플 때가 많았기 때문에 우리 자매는 어려서부터 자연스레 부모님과 한방에서 생활해왔다. 그러다 중학교 시절 우리는 이제 다 컸다며 다른 방을 쓰겠다고 했고 부엌 옆 조그만 방에서 두 자매만의 비밀을 만들어가기 시작했다. 그때는 한창 해적판 일본 만화가 유행하던 때였다. 만화방이 집에서 걸어서 삼십 분 거리임에도 불구하고, 나는 만화가 보고 싶다는 동생을 위해 부지런히 만화책을 빌리러 다녔다. 바닥에 나란히 누워 내가 다 읽은 만화책을 동생에게 한 권씩 넘기며 읽다보면, 내가 웃음보가 터진 부분에서 동생도 까르륵 웃었고 내가 눈물을 글썽거린 장면에서는 동생도 책장을 미처 못 넘기고 끅끅 울음을 삼켰다. 하루에도 서너 번씩 만화방과 우리 방을 왕복했지만, 동생이 재미있어하고 즐거워하는 걸 보면 하나도 힘들지 않았다.
 그러던 어느 날 내 인생에도 만화 같은 일이 터졌다. 평소 동생을 학교에서 놀린다던 무리 몇 명을 골목에서 맞닥뜨린 것이다. 나와 눈이 마주친 그 무리 중 한 명이 대뜸 시비를 걸었다.
 "야, 네가 그 외계인 언니냐? 안 쪽팔리냐?"
 그 말을 들은 순간, 나는 화를 참을 수가 없었다. 극적인 상황에선 자기도 모르게 힘이 솟는다던가. 그때까지 누군가와 싸움 한번 제대로 해보지 않았던 내가 학교에서 제법 좀 논다는 그애를 늘씬 두들

겨 패서 곤죽을 만들어놓았다. 그 과정에서 나 역시 머리가 한 움큼 빠지고 온몸에 멍이 들어서 집으로 돌아오는 길에 내내 몸이 욱신거렸지만, 동생을 놀리던 놈들을 혼내줬다는 기쁨과 뿌듯함에 아픈 줄도 몰랐다.

평소와는 조금 다른 유난한 여정이었지만 나는 그날도 별말 없이 동생에게 만화책을 한 보따리 안겨주었다. 냉큼 만화책을 가져가는 지영이의 아기처럼 귀엽고 따뜻한 손이 잠깐 내 손을 스쳐갔다.

'방금 너를 외계인이라고 부르는 놈들을 죄다 패주고 왔다? 언니인 나도 너에 대해서 안 좋게 말하면 이렇게 속상하고 힘이 드는데, 당사자인 너는 그 놀림과 수모를 그동안 어떻게 견뎌왔니? 내가 가슴이 메어서 오늘 일을 말 못한 것처럼, 너도 밖에서 있었던 아픈 일, 네 작은 가슴에만 쌓아온 게 한두 번이 아니겠지.'

만화책 한 권에 쏙 가려지는 작은 내 동생의 얼굴. 만화책 한 권을 사이에 두고 지영이는 까르르 웃는데 나는 울었다.

우리나라에서 장애인으로 살아간다는 것, 그 상처와 아픔은 가족인 나도 달래주거나 치유해줄 수 없으리라. 그날 나는 그 사실이 너무나 가슴 아파서 차라리 지영이 대신 내가 아팠더라면 하는 생각을 수도 없이 했다.

그렇게 유년 시절이 지나고 동생이 고3이 되던 해, 전교 성적이 최상위권이었던 동생에게 엄마는 대학 진학보다는 취직을 권했다. 공부를 계속하기보단 기술을 배워서 취직을 해보는 것이 낫지 않겠느냐는 것이다. 좋은 대학을 나온다고 해서 장애인인 동생이 좋은 회사에 취업하긴 힘들다는 것이 엄마의 생각이었다. 하지만 동생의 생각은 달랐다. 동생은 장애인은 그나마 기술이 있어야 먹고산다는 세상의 편견에 안주해 살고 싶지 않았고, 서울에 있는 대학에 진학하고 싶어했다.

진로문제로 엄마와 동생의 다툼이 길어졌다. 늘 험난한 길, 앞이 보이지 않는 막막한 길을 찾아다니는 지영이 때문에 마음 졸이는 엄마의 마음도 모르는 바는 아니었으나, 난 동생의 뜻을 존중해 엄마를 설득하기에 나섰다. 성적도 서울에 있는 명문대학에 가기 충분하고 공부도 저렇게 간절히 더 하고 싶어하는데, 장애인이라고 그저 적당한 기술만 배우고 취업하기에는 다방면에 뛰어난 동생의 능력이 아까웠다. 자식 이기는 부모는 없다던가. 긴 설득 끝에 결국 동생은 서울에 있는 한양대학교 사회과학대학에 원서를 냈고 당당하게 합격했다.

만약 그때 대학에 가지 않고 엄마의 뜻대로 적성에 맞지도 않는 기술을 배워서 취업했더라면, 동생은 그 길을 선택한 것에 대한 후회로 하루하루를 보냈을 것이다. 지금 같은 당당함과 자신감이 동생에게서 사라졌을지도 모를 일이다. 이제 와서 생각해봐도 이 선택은 동생의 인생에서 정말 탁월한 결정이었다고 생각한다. 지영이는 그렇게 자신의 삶에서 가장 소중한 것을 알아보고 지켜낼 줄 아는 아이였다. 사실 지영이도 스스로 얼마나 불안했겠는가. 그냥 속 편하게 가족이라는 울타리 안에서 안락하고 소박한 삶을 살아볼까 고민해보기도 했을 것이다. 그러나 지영이는 세상이 그 아이의 인생을 정해진 틀 안에 가두고 '그럼 그렇지' 하고 안도하려 할 때, 자신이 어디까지 갈 수 있는지, 얼마나 반짝일 수 있는지를 미리 알아본 아이였다. 자신의 몸을, 자신에게 주어진 삶을 그 누구보다 사랑하고 가꿀 줄 아는 아이였다.

많은 장애인 부모님들이 자녀의 진로를 선택할 때 우리 가족과 같은 고민을 한다. 과연 대학을 보내는 것이 옳은가, 현실적으로 그 아이가 해낼 수 있는 기술을 익히게 해 취업을 시키는 것이 더 나을까. 그러나 이런 질문은 기준점을 '세상'에 둔 것이다. 이런 고민 이전에 바라보아야 할 것은 '아이'이다. 일단 능력이 충분하고 꿈이 확실하다면 '현실'이 아니라 그 현실을 넘어서고 싶은 '아이'를 바라보아야 한다. 그리고 꿈을 펼칠 수 있게 지켜봐주고 응원하는 것이 진정 아이를 위하는 길이 아닌가 싶다.

마음먹은 것은 뭐든 엄살 부리지 않고 해내는 아이인 것을 진작 알아보았지만 동생은 우리 가족의 기대보다 더 대학생활에 잘 적응했다. 2년 연속으로 과대표를 하더니 4년 내내 장학금을 받았고 우등성적으로 졸업했다. 그리고 동생은 다시 한번 새로운 도전을 시작한다. 호주로 어학연수를 가겠다고 선언한 것이다. 내가 아무리 '동

"지영이는 세상이 그 아이의 인생을 정해진 틀 안에 가두고 '그럼 그렇
지' 하고 안도하려 할 때, 자신이 어디까지 갈 수 있는지, 얼마나 반짝일
수 있는지를 미리 알아본 아이였다. 자신의 몸을, 자신에게 주어진 삶
을 그 누구보다 사랑하고 가꿀 줄 아는 아이였다."

생바보'라지만 이 사안만큼은 나도 결사반대했다. 그 무렵 가정형편이 매우 어려워져서 엄마는 이젠 정말 동생이 취업을 해주었으면 하는 바람이 있었고, 나 역시도 취업하고 지속적으로 생활비를 부모님께 드리고 있는 상태라 큰 비용을 들여가며 혼자 불쑥 호주로 연수를 가겠다는 동생이 못마땅했다.

이뿐만이 아니었다. 사실 경제적인 문제는 어떻게든 해결한다 쳐도 우리 가족이 가장 걱정했던 건 지영이의 안전이었다. 대놓고 말은 안 했어도 혼자 하는 서울생활이 만만치 않았을 텐데…… 이젠 말도 제대로 안 통하는 외국에 혼자 나가서 아프기라도 하면, 누가 해코지라도 하면 어쩌나 싶었던 것이다. 가족은커녕 친구 하나 없이 외로운 그곳에서 대체 어쩌겠다는 건지…… 그러나 대학 진학 때처럼 동생은 우리 가족의 반대에도 불구하고 호주로 가겠다는 결심을 굳힌 상태였고, 일단 마음을 먹으면 동생은 이루어질 때까지 밀어붙이는 아이였다. 동생은 제 몸보다 더 커다란 캐리어에 짐을 싸기 시작했다. 그렇게 동생이 짐을 싸면 엄마는 말없이 짐을 풀었고, 동생은 다시 짐을 싸서 거실에 내놓았다. 그러면 엄마는 짐을 다 풀어헤쳐서 방으로 다시 들여놓았다. 이내 지영이는 더 많은 짐을 싸서 다시 내놓았다. 그렇게 둘의 소리 없는 신경전은 극에 달했다.

그걸 지켜보는 나도 마음이 편하지만은 않았다. 그러나 나는 이미 그 전쟁이 어떻게 끝날지 알고 있었던 것 같다. 그렇게 몇 달 동안 캐리어가 거실과 방을 수십 번 왔다갔다하자, 이번에도 엄마는 동생의 손을 들어주었다. 당신의 잘못으로 동생이 그렇게 태어난 것만 같아 늘 동생에게 미안해했던 엄마는 명백히 불가능한 게 아닌 이상, 지영이가 하고 싶다는 것은 다 해줘야겠다고 결심했고, 그렇게 우리 가족은 걱정 속에 동생을 혼자 호주로 보냈다.

지영이가 호주로 떠나고 난 빈자리는 예상보다 훨씬 컸다. 나도 퇴근하고 집에 돌아오면 늘 반겨주었던 동생 없이 혼자 잠을 이루려니 몇 주 동안은 내내 잠이 오지 않았고, 엄마는 동생 걱정에 하루에도 몇 번씩 호주로 전화를 걸기 위해 수화기를 들었다 놓곤 했다.

어느덧 1년이란 시간이 지나고 동생이 돌아오기로 한 날, 외삼촌과 엄마와 함께 김해공항으로 동생을 마중 나갔다. 공항에 도착한지 한 시간이 지나서야 동생을 만날 수 있었는데 1년 만에 만난 동생의 첫 모습을 아직도 잊을 수가 없다. 동생은 제 몸보다 두 배나 큰 캐리어에 짐을 가득 싣고 캐리어를 뒤에서 밀고 오고 있었다. 누구의 도움도 없이 혼자 말이다. 캐리어에 가려져 있던 동생의 얼굴이 겨우 보였을 때, 나는 뭉클했다. 어디 다친 데는 없나, 외로움에 절고 고생에 찌든 얼굴이면 어쩌나, 하는 가족들의 무거운 걱정을 단숨에 걷어내듯이 지영이는 한없이 행복하게, 뿌듯하게 웃고 있었다. 그것은 온전히 제 손으로 무언가를 이뤄낸 사람만이 지을 수 있는 웃음이었다.

보통 사람들도 온전히 견뎌내기 힘들다는 외국 연수생활을 멋지게 마치고 돌아와 훨씬 건강해진 모습의 동생을 보고 있으려니, 내

"지영이는 한없이 행복하게, 뿌듯하게 웃고 있었다.
그것은 온전히 제 손으로 무언가를 이뤄낸 사람만이 지을 수 있는 웃음이었다."

가 지영이의 입장이었다면 저렇게 잘해낼 수 있을까. 오히려 장애인이니 배려받고 위로받고 싶어하진 않았을까, 하는 생각이 들었다. 비록 내 동생이지만, 그 순간 나는 지영이에게 존경심마저 들었다.

호주 어학연수를 다녀온 후 동생은 취업을 위해 여러 군데 서류를 넣었으나 매번 낙방했다. 그 모습을 지켜보는 것이 안쓰러워 내가 아는 회사에 서류를 대신 내주며 채용을 부탁하기도 했지만 돌아온 대답은 능력은 특출하나 우리 회사에서는 장애인을 뽑지 않는다는 것이었다. 장애인을 뽑지 않는 대신 세금을 낸다는 것이다. 예상하지 못한 바는 아니었지만 인재 채용은 차별 없이 한다는 기업조차도, 장애인에 대한 선입견은 여전하다는 생각에 가슴이 쓰렸다. 장애인도 일할 기회만 주면 보통 사람들보다 배로 더 열심히 할 텐데 미리부터 선을 긋고 면접조차 보지 않으려는 모습에 나는 또 한번 이 사회에 절망했고, 시간이 지날수록 동생도 지쳐갔다.

그러나 내 동생은 쓰러졌다가도 금방 털고 일어나 새로운 세상에 문을 두드리는 강한 아이였다. 취업의 고비에서도 동생은 여러 번의 낙방 끝에 당당히 삼성이라는 대기업에 입사했고, 지금도 다른 사원들과 똑같은 과정을 거치며 열심히 회사생활에 임하고 있다. 늘 새로운 도전 속에 살아가는 당당한 내 동생, 그래서 난 내 동생이 장애인이란 사실을 잊고 산다.

단지 몸이 불편해서 못하는 것들은 내가 늘 옆에서 도와주었고,

　　　　　　불 편 하 지 만　불 가 능 은　아 니 다

남들과 똑같은 생활을 부족함 없이 함께해왔기 때문에 동생은 나에게 지극히 정상인이다. 여행도 함께, 쇼핑도 함께, 모든 걸 공유하는 우리 자매를 이상한 시선으로 바라보는 사람들에게 말하고 싶다. 그리 삐딱하게 보는 당신들의 시선이 더 큰 장애라고.

일례로 나는 사랑하는 사람을 만나 결혼을 진지하게 고민하게 된 그때, 혹시라도 시댁에서 동생의 장애를 문제삼는다면 그 사람을 아무리 사랑하더라도 결혼하지 않겠다고 생각한 적이 있다. 왜냐하면 내게 동생은 한없이 소중한 존재이고 내 삶의 어느 부분은 동생에게서 배우고 느낀 것들로 채워져 있기 때문이다. 그런 동생을 받아들일 수 없는 가족은 어찌어찌 이어진다고 해도 갈등이 생길 게 뻔해 보였다. 그러나 현재 나의 시부모님과 가족들은 동생을 전혀 문제삼지 않았고 오히려 내 동생을 자랑스러워하신다.

단지 키만 작을 뿐, 모든 일에 적극적이고 당당한 내 동생 이지영, 신장은 110cm이지만 열정의 키는 보통 사람들보다 훌쩍 커서, 앞으로도 계속 세상에 새로운 길을 낼 그녀의 앞날에 늘 행운이 따르길 오늘도 기도한다.

지영아, 내 동생으로 태어나줘서 고마워! 그리고 사랑해!

제 2 부

110cm의
작은 거인 이지영,
세상을 들어올리다

마땅한 대책도 없이, 무자비하게 용감하게

거북이,
마라톤을 완주하다

사람들은 자기가 가지지 못한 것을 부러워한다. 우리가 살아가는 과정은 자신의 부족함을 끝없이 깨달으면서 고통스러워하고, 내게 없는 것을 지닌 사람을 부러워하며, 그 부족함을 채워나가는 여정이 아닐까. 그것이 타고난 결핍이든, 인생을 살아가다 생기는 어려움이든 간에 우리는 부족함으로 인한 갈망으로 인해 오늘도 성장한다.

나는 늘 걷고 뛰는 것에 대한 동경과 부러움으로 가득한 학창 시절을 보냈다. 이 열렬한 부러움은 내가 몸을 쓰는 게 자유롭지 않다는 것을 깨달은 순간, 많이 걸으면 다리근육이 마비되는 듯한 통증을 느낀 순간부터 시작되었다. 다른 아이들은 즐겁게 뛰놀고 나면 이마에 흐른 땀을 닦으며 웃을 수 있었지만, 나는 맘껏 뛰어놀지도 못하고 무리하면 바로 주저앉았다. 어린 시절의 나는 늦게까지 놀이터에서 뛰어노는 아이들이 제일 부러웠다. 그 아이들은 온몸이 흙투성이에 햇볕에 그을려 시커멓게 되어도 얼굴만은 웃고 있었다. 그것이 어찌나 부러웠던지 어느 날은 아무도 없는 놀이터에 앉아 모래흙을 가지고도 놀아보고 혼자 시소에 앉아 멍하니 하늘을 쳐다보기도 했다. 하루는 아이들이 신나게 타던 그네가 나도 너무 타보고 싶어 언니에게 그네를 밀어달라고 했는데, 땅에 발이 닿지 않으니 스스로 그네를 멈추기도 힘들고 높이 올라갈수록 떨어질 것 같아 무섭기만 했다.

학창 시절에 나는 늘 가장 중요한 것 하나가 비어 있는 듯한 느낌을 받았다. 아이들은 스킨십을 통해 더 빨리 친해지고 소통한다. 부대끼고 싸우고 놀면서 서로에 대한 친밀도를 높여가는데, 밖에 나가서 놀기 힘든 나는 어린 시절에는 좀체 친구들과 친밀감을 쌓기 힘들었다. 친구들이 오늘 체육시간에 무엇을 했는지, 누가 운동을 잘해서 활약했는지 이야기할 때마다 쉽게 그 대화에 끼기 힘들었다. 운동신경이 좋아 잘 뛰는 친구들이 부러웠고, 그로 인해 친구들의 인기를 한몸에 얻는 친구들은 나의 우상이었다. 내가 잘 걸어다니고 잘 뛸 수 있다면 친구도 훨씬 많이 사귀었을 텐데, 하는 안타까운 마음이 늘 가슴속에 자리잡고 있었다.

어릴 때 내가 〈달려라 하니〉를 유난히 좋아했던 것도 나의 장애에서 비롯된 갈망이라는 생각이 든다. '하니'가 텔레비전에 나올 때마다 나는 눈을 뗄 수 없었다. 땅을 디딜 때마다 나를 둘러싼 세상이 휙

획 뒤로 밀려가고 심장이 터질 듯 공기를 가르는 기분은 대체 어떤 걸까. 하니에게 달리기는 스트레스 해소 창구였다. 그리고 속도감을 느끼면서 자신의 괴로움을 잊고 온전해질 수 있는 수단이었다. 나도 저렇게 날쌔게 달릴 수만 있다면 얼마나 좋을까. 힘들고 괴로울 때 마음껏 뛰면서 정신없이 요동치는 심장 소리를 들을 수 있다면 얼마나 좋을까. 내 몸을 움직여 바람을 일으키고 그 바람이 나를 스쳐가는 느낌은 대체 어떤 걸까. 어린 시절에도 그랬지만, 나는 앞으로도 하니를 영영 부러워할 것만 같다.

달리기는 내게 평생 가까워질 수 없는 단어였다. 하지만 인생에서 나와는 정말 상관없을 것처럼 느껴지는 일, 그러나 나의 부족함을 채울 수 있는 아슬아슬하지만 두근거리는 기회가 꼭 한 번쯤은 오는 것 같다. 아주 우연한 기회에 나는 마라톤에 참여하게 되었다. 당시 나는 '한국작은키모임(現 한국저신장장애인연합회)'이라는 장애인 단체의 회원으로 활동하고 있었는데, 어느 날 사무국에서 희귀질환 환자를 돕기 위한 마라톤대회가 열리니 한번 참가해보지 않겠느냐고 제안해온 것이었다. 우리가 바로 그 희귀질환 환자들이니 당사자들이 참여하면 더욱 의미가 있지 않겠느냐며, 완주하지 않아도 되니 마음의 부담은 갖지 않아도 된다고 했다. 그 얘기를 듣고 아무 생각 없이 "오케이"라고 한 것이 내 인생 첫 마라톤의 시작이었다.

내가 신청한 종목은 일반인 5km 종목이었다. 5km를 뛰기는커녕 걸어본 적도 없는지라 대체 어느 정도 먼길인지 가늠도 되지 않왔다. 요즘 같았으면 5km가 대략 얼마큼 되는 거리인지 검색이라도 해보았을 텐데, 당시엔 마라톤을 뛰기 전날까지 별다른 준비운동이나 마음의 준비도 하지 않았다. 워낙 감이 없었던지라 뛰는 건 못해도 걷는 건 그나마 인내심을 가지면 할 수 있지 않을까 막연히 생각했고, 못하면 그만이라고 편하게 마음을 먹었다. 그렇게 나는 아무런 대비도 없이 상암월드컵공원으로 향했다.

마라톤 당일, 이미 수많은 사람이 와서 몸을 풀고 있는 월드컵공원은 발 디딜 틈 없이 붐볐다. 제법 마라톤 선수 같은 포스를 내뿜는 수많은 사람들 사이에서 키 작은 사람 몇몇이 옹기종기 앉아 수다를 떨었다. 우리는 연신 웃으며 담소도 나누고 잠깐 일어나 간단한 체조도 하면서 몸을 풀었다. 우리 모두 좋은 목적을 가진 대회에 참여한다는 취지만으로도 이미 만족한 상태였기 때문에, 앞으로 다가올 육체적 '고통'은 추호도 예상하지 못한 채 마냥 들떠 있었다. 날씨도 맑고 오랜만에 반가운 사람을 만나 그저 기분이 좋았다. 그리고 드디어 마라톤 출발선 앞에 섰다.

무슨 일이든 욕심이 앞서면 긴장하기 마련이다. 하지만 나는 워낙 완주나 기록에 대한 욕심이 없다보니 떨리지도 않았고 두렵지도 않았다. 그것이 출발선상에 선 나의 솔직한 심정이었다. 사람들이 출발할 때 방해되지 않게, 뒤편에 물러서 있어야겠다는 생각과 다치지 말고 적당히 걸어보자, 하는 다소 안일한 생각으로 가득차 있었다. '무엇이든 시도가 중요한 것 아니겠어?' 나는 그렇게 마냥 가벼운 마

불편하지만 불가능은 아니다

음으로 출발을 기다렸다.

"땅!" 드디어 출발을 알리는 총소리가 들렸다. 사람들이 한꺼번에 쏟아져나와 훅훅 숨을 몰아쉬며 앞으로 뛰어나갔다. 나는 뒤쪽에서 사람들에게 방해가 되지 않게 길 가장자리로 붙어 천천히 걷기 시작했다. 처음부터 뛸 수 있다는 생각은 해보지 않았다. 못하는 것을 억지로 하기보다 내가 할 수 있는 영역에서 역량을 발휘하자는 것이 평소 나의 가치관인지라, 사람들이 단체로 뛰든 말든 나의 시작은 몹시 느렸다. 마라톤에서 이게 무슨 낯선 풍경이냐 하겠지만 나에게는 달리 방도가 없었다.

시작은 산뜻했다. 아직도 생각나는 그날의 아침, 바람은 달았고 주변 풍경도 아름다웠다. 그리고 나와 함께 걸었던 단짝친구 경화, 진영언니와 함께 그간 못했던 이야기보따리도 풀어가며 즐겁게 걷기 시작했다. 110cm에서 130cm 남짓한 키의 여자 세 명이 옹기종기 이야기하며 걸어가는 모습이 꽤 귀여웠나보다. 우리를 스쳐지나는 분들이 모두 파이팅을 외쳐주었다. 어떤 가족은 유모차를 끌고 마라톤에 참가했는데 우리처럼 아기와 도란도란 이야기를 나누며 '걷는 마라톤'을 즐기고 있었다. 다행히 그날은 내 다리근육의 상태도 좋았다. 통풍이 잘되는 유니폼 덕인지 등에 땀도 나지 않았다. 바닥도 평지이고 운동화끈도 적절히 잘 매인 게 뭐든지 다 맘에 든다. 나는 연신 "걸을 만하다, 걸을 만해"라며 싱글벙글 즐겁기만 했다.

그렇게 1km쯤 지나왔을까. 나를 향해 웃어주며 뛰어가던 사람들이 하나둘씩 보이지 않더니 이제는 주변에 누구 하나 보이지 않는다. 이글이글 불타오르는 듯한 아스팔트 길에 버려진 듯한 세 명의 여자가 걷고 있다. 다리가 서서히 아파오기 시작하는데, 그래도 아직까지는 참을 수 있다며 서로를 격려했다. 함께 걷는 경화와 진영 언니에게 아프고 힘들면 쉬어가자며 마음 편히 이야기했지만 내 아픔을 쉽게 토로하기가 힘들었다. 모든 힘든 일이 그렇듯이 힘들다고 생각한 순간, 피로감이 더욱 심하게 몰려오기 때문이다. 아직은 더 걸어갈 수 있다며 서로 다독였지만 어느덧 셋 다 서서히 말수가 없어지기 시작한다. 아름답기만 하던 풍경이 점점 고통스럽고 지루하게 느껴졌다. 내가 걸으면 걸을수록 풍경이 바뀌어야 하는데 길옆의 나무들이 끊임없이 똑같은 모습으로 늘어서 있었다. 뒤를 돌아보니 걸어온 거리도 꽤 되고 앞으로 걸어야 할 거리도 꽤 된다. 이제야 비로소 5km의 위력이 느껴진다. 내가 이 거리를 왜 우습게 보았는지 서서히 자책이 되기 시작했다. 물을 마시고 싶은데 식수대도 없고 땀도 흥건히 나기 시작해 모든 것이 짜증나기 시작했다.

걸어온 길이 아까워서, 그리고 그저 물이 너무 마시고 싶어서 전진했을 뿐인데, 어느덧 5km의 절반을 지나고 있었다. 아무도 없는 한가로운 길거리, 시간이 멈춘 듯한 똑같은 풍경. 뒤처지고 있다는 느낌이 강하게 들었지만 그와 동시에 완주해야겠다는 강한 오기도 치고 들어오기 시작했다.

'그래, 어차피 시작한 일, 힘들겠지만 완주해보자. 할 수 있어. 할

수 있을 거야.'

갑자기 지난날들이 주마등처럼 스쳐지나갔다. 비록 남루한 내 인생이 어쩔 수 없이 남들과 너무 다르게 좋지 못한 모습으로 시작했다지만, 크든 작든 간에 무언가는 이루고 죽어야 하는 것이 사람으로 태어난 도리가 아닌가. 힘든 하루를 끝내면 늘 주문처럼 되뇌는 말이었다. 분명 나에겐 보통 사람들과 다른 특별한 소명이 있어 하늘에 계신 누군가가 날 보내셨을 것이기에 매일 내일을 충실히 해냈음에 감사했다.

'그래, 시작은 내 뜻과는 다르게 다소 헝클어지고 비틀어졌지만, 어쨌든 끝은 내가 낼 수 있는 것이니 보람 있게 그려보자. 힘들고 어렵지만 어디 한번 끝까지 가보자.'

이런저런 생각이 어지럽게 내 머릿속을 뒤덮고 있을 때쯤 3km 고지를 넘어섰다. 어차피 남들보다 늦어진 것이니 내 페이스로 열심히 걸어가는 방법밖에 달리 길이 없었다.

식수대가 바로 눈앞에 있다. 그런데 다리가 너무 아프다. 마음 같아서는 당장 드러누워 쉬고 싶다. 아스팔트 길이 불타고 있다 한들 이 길에 누워 한 시간이고 두 시간이고 쉴 수 있을 것 같다는 생각이 든다. 걸을 때마다 무릎뼈들이 서로 부딪치는 것도 이제는 한계를 넘어서 무릎을 움직이는 것조차 어려워진다. 두툼한 평발은 이미 감각을 잃었다. 몸을 움직이는 느낌조차 들지 않는다. 그저 힘겹게 기계처럼 걸어가고 있었다. 더이상은 걷기가 힘들 것 같았다. '쉬고 싶다. 쉬고 싶다.' 식수대에 다다라 물과 바나나를 챙겨먹었다. 나를 스쳐지난 아저씨가 준 초코파이도 벌써 두 개나 먹었다. 배도 부르고 더이상은 갈 수 없겠다 싶어 포기와 계속의 기로에서 갈등하고 있었다. 음료를 무리하게 너무 많이 마셨던지 급히 화장실을 다녀와서는 돌부리에 앉아 이 여정을 계속해야 할지 고민하기 시작했다.

우리 모두 포기의 순간에 설 때가 있다. 그 순간 포기의 유혹을 이겨내게 하는 힘은 무엇일까. 따가운 햇볕 아래서 나는 한참을 생각했다. 이미 마비상태인 무릎과 내가 더 걸어갈 수 있을까 하는 불안감 속에서 도대체 이 고통스러운 길을 완주하는 것이 무슨 의미일까 스스로에게 묻고 또 물었다. 이런 일을 하지 않고도 쉽게 살아갈 수 있는데 나는 왜 매번 이렇게 힘에 부치는 일들을 하고 있을까. 점점 회의가 들기 시작했다. 이것을 끝마쳤을 때 나는 어떤 가치를 느낄 수 있을까. 질문은 꼬리에 꼬리를 물었다.

돌아보면 내 삶이 그랬다. 아무 생각 없이 시작하고 시도한 일에서 나는 늘 배우고 성장했다. 그 수많은 일들이 가치 있었던 것은 두려워하지 않고 끊임없이 내 길을 갔기 때문이었다. 그리고 마지막 순간에 나는 늘 극한의 어려움을 견뎌낸 후에 오는 자부심과 감동을 느꼈다. 그 순간들이 모여 내 인생을 완성해주리라는 것을 알았다. 나는 무너져가는 몸을 추스르고 엉덩이

불편하지만 불가능은 아니다

를 끌어올려 다시 걷기 시작했다.

　길가에 서 있던 아저씨들이 박수를 쳐준다. "화이팅! 화이팅!" 외쳐주시는데 도저히 그냥 갈 수가 없어 마라톤 와중에도 90도로 몸을 굽혀 배꼽인사를 했다. 지금 생각해도 어떻게 그런 여유가 있었는지 모르겠다. 이제는 나와의 싸움을 시작해야만 한다. 다리는 어느덧 통증을 느끼는 단계를 지나 거의 마비되는 단계가 왔다. 그저 나를 믿고 앞으로 나아갈 수밖에 없다. 내 몸이 어디까지 나를 따라와 줄 것인지는 코스가 끝나면 알게 되리라.

　식수대에서 챙겨왔던 바나나를 꺼내들어 여유롭게 먹어가며 길을 걸어간다. 시간이 얼마쯤 되었는지 보니 걷기 시작한 지 벌써 한 시간 삼십 분이 넘어가고 있었다. 다른 사람이 보기에는 이런 내 모습이 굉장히 우스웠을지도 모른다. 아주 좁은 보폭으로 천천히 걸어가면서 그 와중에 바나나까지 먹고 있으니. 하지만 이 레이스를 완주하기 위해 나는 남들처럼 걸을 수는 없다. 좁은 보폭을 억지로 다른 사람들에게 맞추지 말고, 나의 에너지는 스스로 보충해야만 했다. 그렇게 온전히 나만의 마라톤 레이스가 완성되어가고 있었다.

　하프 코스를 뛰는 선수들마저 나를 스쳐지나가더니 대부분 완주하고 이제는 끝도 없이 이어지는 길이 심심하게만 느껴진다. 길은 외로웠다. 다리의 통증도 점점 무뎌지고 서서히 다가오는 저 오르막 길만 지나면 끝이 보일 것 같다. 이제는 다리가 아니라 슬슬 엉치뼈까지 통증이 몰려오기 시작한다. 땀조차 말라버리고 아스팔트 깔린 오르막이 밉기만 하다. 운동화끈도 자꾸 풀리고 목이 타 죽을 것만 같다. 오르막길이 바람을 막아선 것인지, 선선했던 바람도 온데간데없다. 마지막까지 힘을 내야지, 스스로를 다독이며 저멀리 보이는 결승점까지의 거리가 점점 줄어드는 것에 마지막 희망을 걸고 앞으로 나아갔다. 그토록 아득해 보였던 목적지가 점점 가까이 다가오고 있었다.

'다 왔어, 다 왔어. 이제 끝이야.'

'1시간 48분.'

나의 완주기록이었다. 훌륭한 마라톤 선수들이라면 42.195km 풀코스를 끝내갈 시간에 나는 겨우 5km 결승점을 통과했다. 장내 아나운서는 휘청휘청 걸어들어오는 작은 키의 여성들에게 격려의 박수를 보내달라고 관객들에게 요청했지만, 나는 아무것도 들을 수 없었다. 머릿속이 멍해지고 이제는 서 있는 것조차 한계라는 생각에, 결승점에 들어와 공원 한 귀퉁이에 한참이나 멍하게 앉아 있었다. 완주메달과 빵, 우유를 받아들고 몸을 쉬었다. 하늘은 어찌나 푸른지 쳐다보기 눈부실 정도였다. 저 하늘이 나의 레이스를 지켜봐주고 응원해주었다는 생각이 들어 감사합니다, 라고 마음속으로 되뇌었

불편하지만 불가능은 아니다

다. 그제야 내가 완주해냈다는 사실이 현실로 다가왔다.

　5km 거북이 마라톤.

　누가 들으면 그게 무슨 대단한 일이냐며 콧방귀를 뀔지도 모르겠다. 남들에게는 아무것도 아닌 것 같은 거리, 가볍게 뛰면 삼십 분이면 들어올 수 있는 거리였다. 하지만 나에게는 그 거리가 42.195km보다 멀었으며, 장장 두 시간 동안 끊임없이 나를 의심하고 위로하고 격려해야 했던 길고 긴 레이스였다. 나는 요즘도 우스갯소리로 내가 5km 마라톤을 완주한 것은 당신이 에베레스트 산 정상을 등반한 것과 같다고 말하고 다닌다.

　긴장이 한꺼번에 풀린 탓인지 기숙사까지 어떻게 왔는지 모르겠다. 대충 씻고 잠들었다가 깨보니 엄청난 고통이 엄습해왔다. 무언가 잡지 않으면 일어서기도 힘들 만큼의 고통이었다. 파스를 덕지덕지 발라놓고 일어섰는데 혼자 어찌나 용을 썼던지 몸이 여기저기 파르르 떨려왔다. 기숙사 식사시간에 맞춰 내려가지도 못해 저녁은 라면으로 근근이 때우고 다시 잠을 청했다. 아무래도 며칠간은 심하게 앓아누울 것 같았다.

　그날 밤은 그렇게 정신없이 자고 아침에 일어났는데 눈앞이 뿌옇다. 무슨 일인가 해서 눈을 몇 번 비벼봐도 마찬가지였다. 놀라서 안과에 가니 땀의 염분이 눈으로 흘러들어 각막이 일시적으로 손상된 것이라고 했다. 다리는 아직도 근육이 풀리지 않아 여기저기 아팠고 눈도 뜨기 힘들게 찌릿찌릿한 걸 보니 이런 게 영광의 상처인가 싶다. 몸이 평소와 같은 상태로 돌아오기까지는 일주일이 넘게 걸렸다. 그리고 그때 받은 완주메달은 아직도 내 서랍장 안의 소중한 장소를 차지하고 있다. 내 몸은 일주일간 마라톤 후유증을 겪었지만 내 인생에서 마라톤이 남긴 여운은 영원히 지속될 것 같다.

"있잖습니까, 여러분. 인생은 마라톤입니다!"

텔레비전에서 이렇게 말하는 사람이 있으면 나는 늘 지겹다며 채널을 돌렸던 사람이었다. '인생은 마라톤'이라는 거창한 이야기는 고작 5km를 영원과 같은 시간을 보내며 완주한 나에게는 상상할 수 없는 말이다. 나에게 5km의 마라톤은 내 평생의 부족함을 채워보고자 시도했던 순간이었고, 수많은 포기와 선택의 기로에서 무엇이 중요한 것인지 생각해보았던 작지만 소중한 경험이었다. 누군가 "그럼 다시 한번 마라톤 뛰어볼래?"라고 물으면 절대 안 한다고 손사래를 치겠지만, 또 모를 일이다. 언젠가 슬그머니 그때의 기억을 떠올리며 남몰래 마라톤 신청서를 접수하고 있을지도.

불 편 하 지 만 불 가 능 은   아 니 다

돌아보면 내 삶이 그랬다. 아무 생각 없이 시작하고 시도한 일에서 나는 늘 배우고 성장했다. 그 수많은 일들이 가치 있었던 것은 두려워하지 않고 끊임없이 내 길을 갔기 때문이었다. 그리고 마지막 순간에 나는 늘 극한의 어려움을 견뎌낸 후에 오는 자부심과 감동을 느꼈다. 그 순간들이 모여 내 인생을 완성해주리라는 것을 알았다.

장애인도 기술자가 아니라
지식인이 될 수 있습니다

; 2년 연속 과대표, 우등졸업 뒤에 가려진 나의 '진짜' 대학생활 이야기

인구 17만의 지방 소도시에 20년 가까이 살던 아이가 혼자 서울살이를 한다는 것은 어떤 의미일까. 내게 그것은 탈출이자 해방과 도전이기도 했고 성장을 뜻하기도 했다. 서울에 사는 친척이라곤 어렸을 적 얼굴 한 번 뵌 이모할머니가 계실 뿐인 나는 이 드넓은 서울땅에서 대체 어떻게 살아남아야 할까. 그러나 고향을 떠나 상경하는 사람들이 대개 그렇듯이 나는 서울의 혹독함을 걱정하기보다는 서울에 대한 기대감으로 들떠 있었다.

고3 수험생활 내내 부모님은 내가 혹시나 서울로 대학을 가겠다고 선언할까봐 넌지시 나에게 말씀하셨다. 집에서 가까운 대학에 진학해서 편히 다니는 게 좋지 않겠니, 아니면 고등학교 졸업하고 기술을 배워보는 게 어떻겠니…… 사실 나는 공부를 곧잘 하는 편이었

불편하지만 불가능은 아니다

는데도 주변 사람들은 우리 부모님에게 지영이는 장애인에게 적합한 기술을 배워보는 것이 더 낫다고 훈수를 두곤 했다. 대학을 간다한들 나중에 취업이 힘들어질 테니 한 살이라도 더 어린 나이에 기술을 배우는 게 낫지 않겠느냐며 직업훈련학교를 알아보라는 조언도 많이 받았다. 그러나 나는 기술자 이지영은 단 한 번도 생각해본 적이 없었다. 나는 늘 무엇인가 이룰 수 있지 않을까 꿈꾸는 소녀였고 욕심도 많은 아이였다. 겉으로 드러내지는 않았지만 나의 미래를 위해 많은 정보들을 수집하고 있었고, 나름 세상에 대한 이해도 뛰어나 내가 할 수 있는 것과 못하는 것도 잘 구분한다고 생각했다. 손발이 모두 작은 나는 기술직보다는 지식을 활용해 세상에서 돈을 벌고 살아가는 편이 훨씬 낫겠다는 나름의 확신을 가지고 있었다.

때론 꿈을 포기하는
연습이 필요하다

아주 어렸을 적에 나는 동화작가가 되고 싶었다. 함께 놀이터에 나가 놀 친구가 없다보니 자연히 집에서 혼자 책을 읽는 시간이 많았다. 동화책은 내 친구이자 위안이었다. 나중에 크면 동화책을 쓰는 사람이 되고 싶다는 생각을 했지만, 중학교에 들어가면서 점차 그 생각은 내 머릿속에서 멀어졌다.

중학교 때는 하얀 가운을 입은 의대생이 되고 싶었다. 자주 아프다보니 병원에 드나들 일이 많았고, 멋진 의사가 되어 다른 사람을 아프지 않게 도와주고 싶었다. 그리고 무엇보다도 내가 가진 증상들에 대해 연구하고 알아보고 싶은 마음이 컸다. 그러나 곰곰이 생각해보니 내 키가 또 문제였다. 나는 병상에 누운 환자들의 가슴에 청진기도 대볼 수 없을 만큼 작았다. 물론 내가 중학교 3학년이 되었을 때, 왜소증을 가진 어느 미국인 의사가 소아과 진료를 하는 사진을 보았지만, 그것은 장애인에 대한 편견이 심하지 않은 미국 사회이기에 가능한 일이라고 생각했다.

나는 공부를 하다가 문득 내가 의사 가운을 입고 환자를 돌보는 장면을 상상해보곤 했다. 그때마다 나는 '포기'라는 단어를 떠올렸다. 키 작은 의사를 보고는 신뢰할 수가 없다며 병원을 박차고 나서는 환자들이 자꾸 생각나 의사에 대한 꿈을 오래 키워가진 못했다. 그렇다면 한의사는 될 수 있지 않을까. 내가 칼과 가위를 들고 직접 수술하진 못하지만 발받침대를 딛고 올라가 침을 놓고 약을 짓는 일은 가능하지 않을까. 그래서 몇 년 동안은 한의사를 꿈꾸기도 했다. 의사라는 직업에 대한 막연한 동경은 오랜 시간 장애인에 대한 편견 아래 살아오면서, 언젠가 사회에서 당당하게 인정받길 꿈꾼 내 욕망이 반영된 것이었을지 모른다. 그렇게 막연한 꿈으로 한의대를 갈수 있을까 저울질해보니 내 성적으로는 턱없이 부족했다. 수많은 우등생들이 5수 6수까지 해가며 한의대에 입학했다. 결국 부족한 실력과 체력 때문에 한의대 입학은 반포기 상태가 되고 말았다.

　신문방송학과에 입학하겠다고 결심한 것은 우연한 계기였다. 고등학교 2학년이 끝나갈 무렵부터 무슨 과를 선택하는 것이 나에게 맞을지 한참 고민했다. 하지만 고민하고 또 고민해도 뚜렷한 생각이 떠오르지 않았다. 당시엔 대학 전공을 선택하는 것이 직업과 직결된다고 생각했기 때문에, 오히려 더 선택하기가 어려웠다. 주변 사람들은 앉아서도 일할 수 있는 컴퓨터공학이나 취업에 이롭다는 경영학을 전공하라고 추천해주었다. 분명한 것은 의대에 못 간다고 해서 스스로 좌절하고 괴로워할 필요는 없다는 것이었다.

　나는 무엇이 될 수 있을까? 내가 무엇을 좋아할까? 그것이 바로 내 길이 아닐까? 나 자신에게 치열하게 물으니 답이 조금씩 나타나기 시작했다. 나는 공부할 때 늘 라디오를 틀어놓곤 했다. 라디오를 들으면 훨씬 몰입이 잘됐다. 사람들의 말소리 사이로 가끔 흘러나오는 노래가 머릿속에 맴돌 때도 있었고, 라디오 특유의 따뜻한 느낌이 좋았다. 텔레비전에서는 늘 무섭고 우울한 이야기밖에 나오지 않았다. 아침에 상쾌하게 일어나 뉴스를 틀었다가 전날 밤의 무서운 사건사고를 보고, 하루를 우울하게 시작한 적이 많았다. 하지만 라디오에서는 사람들이 서로 슬픔을 달래주고 위안하고 소소한 기쁨을 전달해주고 있었다. 나는 라디오가 좋았다. 의사의 꿈을 놓아버린 뒤 내가 택한 차선책은 라디오 프로듀서였다.

나는 어쩌면 포기와 차선책을 택하는 것에 익숙해진 사람인지도 모른다. 어렸을 때부터 나는 내가 다른 사람과 똑같아질 수 없다는 것을, 욕심낼 수 있는 것보다 포기해야 하는 것들이 더 많다는 사실을 알았다. 그로 인해 절망에 빠지기도 했지만 그 절망 뒤엔 새로운 희망도 있다는 것을 깨달았다. 포기를 통해 새로이 꾸게 된 꿈은 이전의 막연한 꿈보다 훨씬 더 간절했다.

하나를 얻지 못한다고 해서 모든 것을 포기할 필요는 없다. 기타를 못 치면 우쿨렐레를 연주하면 되고, 배구공을 네트 너머로 넘기지 못한다면 운동장에 드리블하면 된다. 늘 어디에나 차선책은 있는 것이다. 어렸을 적 나는 동화로 사람들에게 위안을 주고 싶었고, 그 꿈에서 멀어진 이래로 의사가 되어 누군가의 병을 낫게 해주고 싶었다. 그러나 그것도 제대로 되지 않자 소리로 다른 사람을 치유하는 라디오 피디로 길을 바꾸었다. 결국은 남에게 위안과 행복, 도움을 줄 수 있는 사람이 되고 싶다는 목표 아래, 동화작가에서 의사로, 의사에서 라디오 프로듀서로 끊임없이 노선을 수정해온 셈이다. 이처럼 돌고 돈 끝에 내가 마침내 찾게 된 지금의 내 일, 한 회사의 교육 담당자라는 역할도 결국은 남에게 도움을 주는 일이 아닌가 싶다.

결국 나는 한양대학교 사회과학대에 입학했다. 결정을 내리기까지 많은 고민을 했다. 경제적으로 여유롭지 않은 집안 사정, 사립대학 등록금의 부담감, 그리고 집을 떠나 서울에서 자취를 한다는 것.

과연 이 어마어마한 비용과 생활의 하중을 내가 감당할 수 있을까. 하지만 못할 것도 없었다. 그게 당시 내 생각이었다. 등록금이야 일단 입학만 하면 장학금을 받으면 될 것이고 생활비 정도만 부모님이 도와주신다면 못할 일도 아니라는 생각이 들었다. 부모님은 처음부터 끝까지 반대하셨다. 합격 소식에 내심 기쁘셨겠지만 겉으로는 크게 기뻐하지 않고 다가올 많은 일들에 대해 많이 걱정하셨다. 솔직히 말하면 나도 자신이 없었다. 겉으로는 자꾸 '할 수 있어. 할 수 있어'라고 자기최면을 걸었지만, 그것은 그러지 않으면 견딜 수 없을 만큼 두려웠기 때문이었다.

나는 강해져야만 했다. 지금 여기서 눌러앉는다면 내 인생에 다가올 더 큰 시련을 이겨낼 수 없으리라고 나 자신을 다독였다. 결국 부모님을 설득해 최종적으로 서울행을 결심했다. 부모님은 등록금 접수 마지막날에야 겨우 은행을 다녀오셨다. 그러고는 돌아오셔서는 "등록금 다 냈다. 이제는 못 무른다"라고 현관문에 서서 짧게 말씀하셨다. 아직도 그때 현관에 길게 늘어진 부모님의 그림자가 기억나는 걸 보면, 그날 이후로 모든 선택의 책임은 내가 져야 한다는 무시무시한 현실을 직감했던 게 아닐까 싶다.

대학 기숙사에 처음 와본 어머니가
울어버린 이유

입학식 며칠 전 기숙사에 짐을 옮겨놓고 학교도 둘러보기 위해 어머니와 함께 서울에 올라갔다. 다섯 시간 남짓 버스를 타고 서울에 도착한 후, 어머니도 나도 길에 익숙지 않아 택시를 잡아타고 학교로 출발했다. 강 건너로 보이던 많은 차들과 빌딩이 마냥 신기하기만 했다. 그리고 학교에 도착했더니,

정말이지, 온통 언덕뿐이었다.

그러고 보니 사실 내가 4년간 다닐 대학교를 선택하기 전 한 번도 직접 가본 적이 없었다. 신입생들에게 배포하는 교재를 받기 위해 한참 언덕을 넘나들며 걸었더니, 잘못된 선택이었다는 생각이 강하게 밀려왔다. 내가 과연 여기를 다닐 수 있을까. 이 많은 언덕들을 내 다리로 걸을 수 있을까. 진땀을 흘리며 걷는 내 곁에서 어머니도 계속 한숨만 쉬었다.

무거운 교재를 받아들고 기숙사를 향해 걸었다. 교내에서 만난 학생들은 전부 금방 간다고 했던 기숙사가 이십 분을 걸어도 나타나지 않는다. 겨우 도착해서 방 열쇠를 받아들고 기숙사 침대에 걸터앉은 순간, 마음이 안 좋았던지 어머니가 갑자기 서럽게 통곡하셨다.

"여기서 너 혼자 어떻게 살래. 어떻게 살아. 어떻게 걸어다니고. 힘들어서 죽겠네……"

어머니는 아이처럼 엉엉 울다가 한동안 안타까움에 창밖만 멍하니 바라보았다. 정작 울고 싶은 건 나였다. 한참을 걸었더니 온몸이 쑤시고 등에 땀은 나고 낯설기만 한 서울말은 나를 더욱 주눅들게 했다. 하지만 어머니 앞에서 약한 모습을 보일 순 없어 "에이, 별거 아니야. 천천히 쉬엄쉬엄 걸어다니면 되지 뭐, 정 힘들면 택시 잡아타면 되고" 하고 웃어 보였지만, 머리가 아찔해지는 것은 어쩔 수 없었다. 서울에서 집으로 다시 내려오는 길, 버스엔 어머니의 한숨만 가득했다. 집에 도착하자마자 어머니는 기가 차다는 듯이 가족들에게 학교 상황을 설명했고, 나는 꿀 먹은 벙어리처럼 그냥 멍하니 앉아 있었다.

일주일이 지나 입학식 전날이 되었을 때, 나는 홀로 서울로 돌아왔다. 더이상 상경을 미룰 순 없었다. '닥치는 대로 사는 수밖에 없지. 그래, 닥치는 대로.' 수없이 이 말을 중얼거리며 기숙사에 도착했다. 어머니와 방문했을 때에는 미처 발견하지 못한 문제점들이 내 발 앞에 지뢰처럼 깔려 있었다. 나는 8층 기숙사로 올라가는 엘리베이터 버튼을 누를 수조차 없었고, 기숙사 식당의 배식대는 내가 밥을 받지 못할 정도로 높았다. 세탁기는 깊이가 내 키만해서 옷을 넣을 수는 있어도 꺼낼 수가 없었다. 샤워실 사정은 더욱 나빴다. 공용

왜 남들에겐 아무것도 아닌 일이 나에게는 이렇게 죽을 만큼 어려운 것인가. 왜 나는 늘 고생과 멀어지지 못하는가. 절망에 빠지기도 했지만 그 절망 뒤엔 새로운 희망도 있다는 것을 깨달았다. 포기를 통해 새로이 꾸게 된 꿈은 이전의 막연한 꿈보다 훨씬 더 간절했다.

샤워장의 샤워기는 나에게는 하늘이라 할 만큼 까마득히 높은 곳에 위치해 있었다. 사람이 살아가는 데 꼭 필요한 가장 기초적인 의식주가 나에게는 처절한 문제로 다가왔다.

기숙사 방을 나서는 것이 두려웠다. 방을 나서는 순간부터 홀로 된 느낌이었다. 나는 사소한 문제부터 번거로운 일까지 무엇이든 남에게 부탁해야만 했다. 이제는 귀찮아하지 않고 나를 도와줄 가족이 없다는 것, 그것이 너무나 싫고 무서웠다. 누가 이렇게 비참한 내 모습을 알아챌까 무서워 기숙사 식당에서 밥을 먹지 않고 매점에 몰래 들러 라면과 빵으로 끼니를 대충 때웠다. 아무도 없는 늦은 밤시간을 틈타 샤워장에 높은 의자를 들고 가서야 샤워를 할 수 있었다. 목욕바구니를 들고 의자를 끌고 가는 모습을 아무에게도 들키기 싫었기 때문이다. 언제까지 기숙사에서 이렇게 지낼 수 있을까. 머릿속이 걱정으로 가득찼다.

대학 시절 초창기에 나는 정말 외로웠다. 늦은 저녁 기숙사 창문을 열면 자그마한 동네가 불빛으로 반짝반짝 빛나고 있었다. 그 불빛들을 바라보며 울기도 많이 울었다. 왜 남들에겐 아무것도 아닌 일이 나에게는 이렇게 죽을 만큼 어려운 것인가. 왜 나는 늘 고생과 멀어지지 못하는가. 그러다 나쁜 생각도 많이 했다. '여기서 뛰어내리면 이 고통이 끝날까.' '정말 여기서 그만 끝을 내면 안 될까.' 나는 짧은 서울생활에 이미 방전되어 있었다.

하지만 상황은 조금씩 나아졌다. 기숙사 엘리베이터에는 발받침 대가 설치되었고, 기숙사 룸메이트와 매우 친한 사이가 되어 학교생 활에 대해 이런저런 수다를 떨다 잠드는 사이가 되었다. 기숙사에서 밥을 먹는 것은 여전히 불편했지만, 식당 아주머니들이 배려해주신 덕분에 아주머니들이 따로 식판에 밥을 받아주시면 기다렸다가 먹 을 수 있었다.

사람은 적응하는 동물임에 분명하다. 최악의 상황에서도 사람은 어떻게든 익숙해지기 마련이다. 그렇게 될 수 있었던 것은 나를 받 아들여준 과동기들 덕분이었다. 서울생활 초반에 나는 걸쭉한 경상 도 사투리를 쓰는데다 서울 사람들에게 어떻게 말을 붙여야 할지 모 르는 촌스러운 아이였다. 하지만 점점 말투도 바뀌어가고 친구들과 인사하고 이야기하는 데 익숙해져갔다. 친구들이 하자는 것이라면 뭐든 열심히 따라다녔다. 지하철을 타고 영화도 보러 가고 쇼핑도 자주 갔다. 어디든 빠지지 않으려고 노력했다. 단과대학 노래자랑 에도 나가고 엠티란 엠티는 다 따라다니기 시작하면서 나는 일상적 인 술자리에도 절대 빠지지 않는, 잡초 같은 대학생이 되어가고 있 었다. 친구들은 언제나 나를 따뜻하게 감싸주었다. 내 키에 맞지 않 는 학생식당에서 식판을 대신 받아주던 내 친구들, 내 무거운 가방 을 걱정하며 대신 들어주던 동기, 10년이 지나도 아직 보고 싶은 친 구들. 그 친구들이 없었다면 지금의 나는 없었을 것이다.

장애인 대학생들은
학교생활이 힘들 때마다 '숲'으로 갔다

　그러나 비장애인 친구들은 끝내 공감할 수 없는 장애인 대학생만의 아픔도 있었다. 기숙사생활을 하면서 전동휠체어를 탄 친구 한명과 친해진 나는 힘들 때면 그녀와 만나 어려움을 토로했다. 다른친구들은 공감하지 못하는 것들을 우리끼리 이야기하며 낄낄 웃기도 하고 한숨을 쉬기도 했다. 장애인 대학생이 평범한 대학생활을 누리기엔 불편한 점이 너무 많았다. 엘리베이터가 없는 건물에 수업이 있을 때 나는 힘겹게 계단을 오르면 그나마 해결되었지만, 전동휠체어를 탄 친구에겐 불가능에 가까운 일이었다. 건물 입구에 경사로가 없어 식당에 가는 것은 물론 학교 건물에 들어가는 일조차 힘들 때가 허다했다. 그럼에도 불구하고 씩씩하게 혼자 기숙사생활을 하는 그 친구가 대견하고 자랑스러웠다. 그녀는 몸도 야위어 내 몸무게의 3분의 2밖에 되지 않았는데도, 늘 당당하고 평화로웠다.
　입학하고 몇 달이 지났을 무렵, 그 친구와 나는 몇몇 다른 장애학생들과 함께 학교 측과 장애학생들의 불편함에 대해 이야기하는 간담회 자리에 참석했다. 다행히 학교 측은 우리의 고통과 불편함에 대해 공감해주었다. 심지어 간담회에 참여했던 몇몇 여자 교직원들은 눈물을 보이기도 했다. 이 간담회에 참석한 분들의 얼굴과 성함은 일일이 기억나지 않지만, 안타까운 마음으로 우리 이야기를 들어주셨던 그분들의 눈물만은 지금도 생생하게 기억난다.

그때 나는 이 모든 난관들이 해결되지 않더라도 내 이야기, 그리고 불편함을 갖고 사는 우리들의 이야기에 공감해주는 사람들이 있다는 것만으로 감사했다. 우리의 불편함을 마음 깊이 공감해주고 그들의 선에서 해결해줄 일은 없는지 방법을 찾아주려 애썼던 그들의 모습은 힘든 일상 속에서도 더 열심히 살게 하는 원동력이 되었다.

세상을 살아가다보면 소통과 공감의 힘을 많이, 그리고 자주 느낀다. 나는 절대 "그래, 이해해. 다 이해해"란 말을 섣불리 하지 않는다. 다른 사람의 입장이 되어보지 않으면 누군가를 100% 이해한다는 것은 불가능하다고 생각하기 때문이다. 하지만 100% 이해하는 것보다 중요한 것은 100% 들어주는 것이다. 열심히 들어주는 것만으로 이미 서로에게 다가간 것이고, 그것이 즉각적인 해결책으로 연결되진 않더라도 공감의 힘은 곧 그 위력을 발휘한다. 무언가에 깊이 공감했다면 그 생각이 일상 속으로 파고들어 다른 사람에게 전파되는 것은 물론이거니와, 언젠가는 유의미한 행동으로 이어지게 마련인 것이다. 그리고 그 공감의 힘은 이내 우리에게도 위력을 발휘했다. 중앙도서관 1층의 작은 휴게장소가 장애인 학생들의 쉼터로 바뀐 것이다.

그 쉼터의 이름은 '더불어 숲'(줄여서 '숲')이었다. 공강시간이나 공부할 때 나는 늘 '숲'으로 갔다. 아직도 그 공간을 함께 썼던 친구들과는 자주 연락을 주고받는다. '숲'이 좋았던 것은 무엇보다 나와 함께하는 친구들이 있기 때문이었다. 이 넓은 서울에서, 그리고 배움이 큰 만큼 장애인에겐 어려움도 큰 이 대학교에서 나만 어려운 것이 아님을, 나보다 더 큰 장애를 가지고 있지만 나보다 더 멋지게 세상을 살아가는 친구들이 있다는 사실을 나는 '숲'에서 배웠다.

'숲'은 내게 겸손과 반성의 공간이었다. 손으로 타자조차 치기 힘든 뇌성마비장애를 앓고 있어도 늘 얼굴에 웃음이 떠나지 않는 미소천사 후배, 부모님에게 업혀서 학교를 다니면서도 공부로는 그 누구에게도 뒤처지지 않는 공대 선배, 자기주장이 뚜렷하고 무엇이든 자발적으로 나서는 씩씩한 동기…… 그들은 내 대학생활의 또다른 교과서이자 선생님이었다.

처음에는 나와 다른 장애인을 대하는 것이 장애인인 나조차도 불편했다. 때로는 친구의 장애 부위를 물끄러미 바라보기도 하고 어디가 불편한지 유심히 살펴보기도 했지만, 이내 그런 호기심은 사라졌다. 그들 역시 평범하고 고민 많은 대학생이었고, 세상 누구보다도 밝았다. 분명 그들 앞에도 많은 고통과 어려움, 편견이 놓여 있었겠지만 그들은 누구보다도 더 훌륭하게 그 터널을 뚫고 나와 환하게 웃고 있었다. 어디에 무엇이 불편하더라며 투덜거려도 공감해줄 사람이 있다는 것, 그 하나만으로도 '숲'은 장애인 대학생들의 천국이었다.

나는 대학생활의 꽃이라는 동아리, 학회 활동도 빠지고 싶지 않아

과내에 있는 영상제작학회에 가입했다. 뮤직비디오를 만들고 광고를 기획하는 등 학회 동기들도 재기발랄했다. 우리는 모두 술을 좋아하고 토론을 좋아하고 무엇보다 사람들끼리 함께하는 것을 좋아했다. 1학년 말에는 학회에서 준비하는 영상제 행사 준비에 몰두했다. 우연찮게, 그리고 약간은 떠밀려서 내가 영상제 사회를 보게 되었는데, 희한하게 그날 유머가 따라주었던 탓에 나는 키는 좀 작지만 제 몫은 해내는 사람으로 선배와 동기들에게 각인되었다.

　1년간의 학교생활은 많은 부분에서 나를 바꾸어놓고 있었다. 입학식날 어떻게 인사해야 할지 몰라 쩔쩔매고, 신입생 오리엔테이션에도 참석하지 않아서 낯선 사람들 속에 움츠러들어 있던 나는 1년이 지나고 나니, 신입생 오리엔테이션을 떠나는 차 안에서 어엿하게 사회를 보는 선배가 되어 있었다. 공부와 성적 스트레스에 짓눌려 있다가 새로운 생활에 대한 기대감과 설렘으로 '선배님, 선배님' 하고 따르는 후배들이 참 예뻤다. 새로운 출발을 긍정적으로 받아들이고 무엇이든 배우고자 졸졸졸 따라다니며 물어보는 아이들이 대견했다. 어쩌면 이때부터 나는 후배들에게 무언가를 가르쳐주고 조언해주고 도와주는 일을 재밌어하고 신나했는지도 모르겠다. 지방에서 홀로 상경해 하숙집을 전전하면서도 꿋꿋하게 앞길을 헤쳐나가는 아이들이 안쓰럽기도 했고 잘해주고 싶은 마음도 컸다. 나보다 키가 훌쩍 큰 후배들을 붙들고 술도 먹이고 잔소리도 하고 위로도 해주며, 나는 대학생활의 가장 보석 같은 시간들을 보내고 있었다.

이렇게 사람을 좋아하고 후배들을 예뻐하다보니 2학년 2학기 때 과대표가 되었다. 워낙 발표를 좋아해서 여기저기 얼굴을 들이밀고 다니다보니 추천을 받아 선출되었는데, 사람을 진심으로 대하는 법에 대해 많이 배울 수 있었다.

과대표로서 동기뿐만 아니라 복학생이나 고학번 선배들과도 교류하게 되면서, 나는 사람들을 끌어모으는 역할을 하기 시작했다. 아마 건장한 남자아이가 와서 "선배님, 개강파티 한번 참석하시죠" 하는 것보다 왠지 조금은 부족해 보이고 도와주고 싶은 작은 여자아이가 다가와서 "선배님…… 개강파티 꼭 오실 거죠?" 하고 말을 건네는 게 마음을 움직이는 데는 더 효과적이었나보다. 고맙게도 내가 과대표를 하는 동안 과 단체행사를 열면, 유례없이 많은 사람들이 참석해주었다.

실은 나는 사람들에게 태연한 표정으로 '돌직구'를 날리는 다소 엉뚱한 아이였다. 얼굴 길이가 약간 긴 친구가 있으면 얼굴이 왜 자꾸 자라나는 거냐며 놀리기도 했고, 나보다 훨씬 고학번인 선배에게도 스스럼없이 다가갔다. 지금 생각하면 불편하고 기분이 나빴을 법도 한데 누구 하나 내색하지 않고 나의 돌직구를 유쾌하게 받아주었다. 어떤 친구는 그것이 내 매력이라고 말하기도 했다. 다른 사람이 내뱉었다면 참 얄미운 말인데, 내가 하면 배꼽을 잡고 웃어넘기게 된다는 것이었다.

나는 술자리에서 좀체 사람들을 떠나지 못하게 하는 '귀여운 진상'이기도 했다. 누가 먼저 집에 가보겠다고 하면, 정색하면서 "지금 갈 거면 날 밟고 가라"고 외치며 드러눕는 시늉까지 했다. 그 모습을 보고 친구들은 와락 웃으며 차마 가지 못하고 주저앉을 수밖에 없었다. 나는 키만 좀 작을 뿐, 술과 사람에 대한 정을 가득 품은 유쾌하고 웃긴 대학생이었다.

과대표 생활은 3학년 때까지 계속되었다. 3학년 과대표가 되는 것은 신문방송학과에서 조금 부담스러운 일이었는데 '조사방법론'이라는 필수수업에 포함된 '여행'을 기획하고 진행해야 하기 때문이었다. 이 여행은 일종의 체험수업이자 단체여행의 성격을 갖고 있었다. 친목도모뿐만 아니라 타지역에서 직접 설문조사를 실시하는 임무를 완수해야 했다. 행선지는 강원도로 정해졌다.

강원도에 도착해 미리 예약해둔 콘도에서 과 동기들의 숙소키를 받기 위해 카운터에 들렀을 때였다. 내가 카운터 아래에서 필요한 사항을 정리해서 콘도 매니저에게 전달하는데, 때마침 동행한 교수님께서 이 아이가 우리 과대표라며 나를 자랑스럽게 가리키셨다. 내가 남들에게 부끄러운 존재가 아니라는 것, 그것만으로도 나는 한없이 기뻤다.

2박 3일의 여행기간 동안 나는 40명에 가까운 인원들을 사고 없이 이끌어야 한다는 엄청난 부담감에 시달렸다. 여기저기 너무 설쳐 댔던 탓인지, 여행 2일 차에는 발목을 삐기도 했다. 그러나 결과적으로 이것이 수업의 일환이라는 것도 잊을 만큼 즐겁고 행복한 여행이었다. 개그 캐릭터로 2박 3일의 여행일정을 내내 개그콘서트 무대로 승화시킨 복학생 선배들과 그 복학생들을 부담스러워하지 않고 같이 어울리며 즐거워한 후배들이 함께 이루어낸 최고의 여정. 당시의 스캔들, 사소한 사건, 보기만 하면 정신없이 웃게 되는 사진은 아직까지도 우리들의 안줏거리이다. 그때의 그 복학생 오빠들, 잘 살고 있는지…… 여전히 웃긴지…… 늘 보고 싶고 생각난다.

도서관과 친하지 않고 열성적인 필기도 하지 않았던 내가 4년 내내 장학금을 받고 과우등졸업을 할 수 있었던 비결

겉으로는 아무런 어려움 없이 밝게 대학생활을 하는 것처럼 보였지만, 나는 부모님에게 경제적으로 너무 무거운 짐을 지워드렸다는 사실에 늘 죄송했다. 다행히 성적이 좋아 학교에서 성적장학금을 받고, 또 우리나라에서 가장 큰 장학재단 중 한 곳에서 장학금도 받게 되어 부모님의 짐을 조금은 덜어드릴 수 있었다. 불편한 몸에 등록금에 대한 압박까지 더해졌다면 훨씬 힘겨웠을 텐데, 나는 그런 고민에서 한 발짝 벗어나 공부에 집중할 수 있었다.

내가 성적장학금을 받는 것을 본 친구들은 늘 나에게 장난스럽게 물어왔다.

"지영아 너는 맨날 사람들 만나서 술 마시고 신나게 노는 것 같은데 언제 공부하냐."

"너는 수업시간에도 그냥 말똥말똥 앉아 있기만 하면서 필기는 언제 해?"

남들이 보면 게으르고 공부에 관심이 없어 보였겠지만 나만의 방식이 있었다. 나는 시험기간에 절대 학교 도서관을 이용하지 않고 기숙사 도서관을 이용했다. 학교 도서관을 이용하면 친구들과 밥 먹고 쉬는 사이 놀고 싶다는 유혹에 빠지기 쉬운 반면, 기숙사 도서관은 내가 공부하고 싶을 때까지 밤새워 공부하다 방에 들어가 뿌듯하게 잠을 청할 수 있었다.

사실 나는 수업시간에 필기도 제대로 하지 않았고 그다지 성실한 학생은 아니었다. 강의실까지 한칸 한칸 계단을 '등반'한 뒤 강의실에 들어오면 가쁜 숨을 몰아쉬며 멍해질 때가 많았기 때문에, 고개를 숙이고 부지런히 필기하기보다는 강의를 듣는 것에 집중하는 게으른 스타일의 공부법을 고수하고 있었다. 재미있는 것은 그런 내가 과우등으로 졸업했다는 사실이다. (절대 머리가 좋아서는 아니다.) 친구들은 가끔 우스갯소리로 몰래 공부를 가르쳐주는 키다리 아저씨라도 있는 게 아니냐는 이야기를 했다. 하지만 나만의 '키다리 아저씨'는 내 머리와 눈 속에 있었다. 수업시간에 일단 최대한 앞

자리에 앉는 것. 그래서 교수님의 말씀이든 친구들의 발표든 놓치지 않고 듣고 그 순간에 모두 기억하고 이해하는 것이 나만의 공부비법이었다.

나는 노트 필기나 대학교재를 공부하는 것보다 중요한 것은 스스로 얻는 깨달음과 경험이라고 생각했다. 아직도 그 생각에는 변함이 없다. 성적이 나쁘지 않아서 대학원에 진학할 법도 했지만, 나는 학문에는 어울리지 않는 사람이라는 결론을 내렸다. 'ㅇㅇ학, ××론'들도 물론 중요하지만, 그보다는 많은 책을 읽고 나와 다른 수많은 사람을 만나고 슬퍼도 보고 우울해도 보는 게 더 큰 공부라고 생각했다. 그래서 강의실에 앉아 있는 시간보다 사람들을 만나 여러 문제들에 대해 이야기하고 듣고 세상 밖으로 나가 있는 시간이 더 소중하다고 생각했다.

최근에 나는 대학 시절을 잘 보내는 비결을 물어오는 대학생들에게 이런 이야기를 많이 한다. '스펙'보다 어디에서든 적용될 수 있는 나 자신만의 깊이와 폭을 만들어놓으라고. 분명 그 폭과 깊이는 어느 기업에 입사해도 범용적으로 쓰일 것이며, 어느 기업에서나 탐내는 인재가 되는 요인이기 때문이다.

인생에서 가장 푸르렀던 청춘의 시기를 나는 정말 잘 보냈다. '잘'이라는 말로 부족할 만큼 감사히 보냈다. 홀로되는 것이 두려워 서울행을 선택하지 않았다면, 아마 지금의 나는 없었을 것 같다. 내 주위에 있는 100의 반경을 활용해 살아가는 것이 나의 일상이었다면 서울은 내 안에 잠겨 있던 1000, 아니 10000의 반경을 찾도록 도와 주었다. 인생은 끊임없이 배워가는 과정이라 믿지만, 20대의 흡수력 은 그 어느 시절보다 강력하기 때문에 이때 열렬하게 배우고 탐색해 야 한다.

누군가는 내가 나에게 친절하지 않은 공간에 스스로 걸어들어가 지독해졌다고 이야기하지만, 나는 당당하게 이야기할 수 있다. 나는 그 시기에 거칠고 힘든 세상에 맞설 수 있는 강한 백신을 잘 맞았다 고, 그리고 그 백신의 유효기간은 아마 내가 죽을 때까지 남아 있을 것이라고 말이다.

우리는 현재를 살아야 한다. 나는 대학 시절에 늘 현재를 살 았다. 미래를 준비하고 취업을 준비하며 살지 않았다. 현재의 친구를 사귀고, 현재의 선배들에게 배우고, 현재의 경험들을 중시하며 살았다. 이것이 미래에 어떤 도움이 될 것이고, 취업 에 어떠한 영향을 미칠지 미리 계산하지 않았다. 나는 매순간을 즐기고 만끽하는 '옛날 대학생'처럼 지냈다.

지금의 대학생들은 미래를 보며 산다. 취업을 위해, 유학을 위해, 미래를 위해…… 자꾸만 현재의 즐거움을 희생한다. 취업하기 위 해 스펙을 준비하고 그 스펙을 위해 현재를 희생하고 현재의 즐거 움을 까맣게 잊어버린다. 하지만 미래를 준비하는 가장 강력한 힘은 현재에서 온다. 순간순간 성실하게 쌓아놓은 힘이 모여 내가 예측할 수 없는 미래의 어느 날 가장 강력한 방패막이가 되어준다고 나는 믿는다.

가고 싶은 곳도
가야 할 곳도 너무 많기에,
산 넘고 물 건너 운전면허 따기

3년간의 서울생활을 통해 처절하게 깨달은 것, 그리고 몇 년간 대중교통을 이용하면서 느낀 점은 딱 한 가지였다. 110cm의 키로 대중교통을 이용하기는 너무 힘들고 불편하다는 것. 꽤 많은 사람들이 서울에선 대중교통이 제일이라고들 하는데 나에겐 가장 불편한 것이 대중교통이었다.

버스를 한번 타고 내리는 것 자체가 나에게는 등산처럼 느껴졌다. 지금은 저상버스가 활성화되어 버스 계단이 낮은 편이지만 2000년대 초반의 버스 계단은 나에겐 너무 높은 산이었다. 내 키가 110cm가 조금 안 되는데, 버스를 타기 위해 올라서야 하는 첫번째 계단의 높이가 이미 내 다리 길이인 50cm를 넘어선다. 버스에 올라설 때마다 등반하듯이 몸의 무게를 한쪽에 싣고 다른 쪽 다리를 고관절까지

불편하지만 불가능은 아니다

높여서 힘겹게 버스를 오르다보면 친절한 기사님들도 많았지만, 배차시간도 급해 죽겠는데 웬 장애인이 불편하게 버스를 타고 다니냐는 듯한 시선을 보내는 기사님들도 많았다. 내가 자주 타는 버스의 기사님들은 나에게 대체로 친절히 대해주셨지만, 가끔 버스를 천천히 한 계단씩 오르고 나면 기다렸다는 듯 쌩하니 출발하는 기사님들 때문에 당황한 적이 한두 번이 아니다. 그럴 때마다 나는 무게중심을 잡지 못해 기우뚱거리거나 미끄러져 사람들의 눈총을 받았다.

버스에서 하차할 때는 뒷문 쪽에 줄 선 순서대로 가볍고 빠르게 내려야 하는데 나에겐 그것마저도 버거운 일이었다. 버스가 멈추면 내리는 계단 앞에서 심호흡을 한번 하고 넘어지지 않기 위해 정신을 바짝 차려야 했다. 다른 사람이 폴짝폴짝 가볍게 내린다고 나도 그렇게 해선 안 된다. 한번은 마지막 계단에 발을 디딘 후 땅을 디디려는 찰나에 버스가 출발하는 바람에 버스에서 굴러떨어지다시피 한 적이 있다. 그날은 마침 고등학교 소풍날이라 오후에 많은 학생들이 버스에 타 있었고, 나는 그 아이들의 시선에서 조금이라도 자유로워지기 위해 최대한 의젓한 척 버스에서 내리려고 했으나 결과는 참담했다. 내가 넘어지듯 내리자마자 버스 안에서는 장애인이 넘어졌다며 창가에 붙어 구경하는 사람들로 난리가 났고, 버스 기사님은 황급히 버스를 세우고 앞문에서 나오더니 괜찮으냐고 물어보았다. 나는 너무나 창피했기 때문에 기사님의 표정이 어땠는지, 내가 무슨 말을 했는지 기억조차 나지 않는다. 그저 무릎을 털고 냉큼 일어나

버스정류장 앞에서 태연히 버스노선도를 보는 척했다. 그날 밤 집에 와서 얼마나 울었는지 모른다. '버스 하나도 제대로 타고 내리지도 못하냐, 바보야, 이 바보야……' 누구한테 털어놓지도 못하고 상처 난 무르팍을 내려다보며 어찌나 울었는지, 소풍이고 뭐고 그날은 나에게 충격적이고 가슴 아픈 날 중의 하루이다.

내려야 할 정류장에서 내리지 못하고 지나치는 일도 비일비재했다. 하차벨을 누르지 못해 동동거리다가 엉뚱한 정류장에서 다른 사람을 따라 내리기 일쑤였다. 나이가 들수록 얼굴에 철판(?)을 깔게 되어 기사님에게 당당히 세워달라고 외치기도 했지만 제대로 내리지 못하는 나도, 사람들의 시선도, 내가 서서 가기엔 너무 빨리 움직이는 버스의 속력도 나에게는 힘들기만 했다.

어느 날은 버스에서 급하게 휩쓸려 내리다가 땅에 발을 잘못 디뎌 발목의 인대가 늘어난 적도 있었다. 저녁부터 발이 붓기 시작하더니 다음날은 땅에 발을 디디기도 힘들 정도의 고통이 밀려왔다. 정형외과에 갔더니 발목이 삐었다며 물리치료를 해주었는데, 2주가 넘어도 낫지를 않아 기어이 한의원에 찾아갔다. 퉁퉁 부은 발을 끌고 한의원에서 침을 맞는 그 시간 동안 나는 처량한 기분이 들었다. 왜 다른 사람에겐 지극히 평범한 일이 나에게는 이렇게도 어렵고 고통스러울까. 침을 맞는 내내 마음이 서글퍼 주체할 수 없었다. 그렇게 발목이 회복되기까지 한 달이 걸렸다. 그 한 달 내내 내 마음에도 상처가 가득했다. 한번 삐끗한 발목은 그후 조금만 접질려도 툭하면 인대가 늘어나곤 했다.

지하철도 불편하긴 마찬가지였다. 개표구가 너무 높아서 누구든 붙잡고 부탁하지 않으면 표를 넣을 수조차 없었고, 그나마 출퇴근시간에는 바쁘게 흘러가는 인파 중에서 누굴 붙들고 부탁해야 할지, 부탁하는 것 자체가 어려웠다. 그래서 고민 끝에 역무원이나 공익근무요원들에게 부탁하기 시작했는데, 그들을 찾아 헤매는 것도 고역이긴 마찬가지였다.

간신히 개표구를 통과해도 수난은 끝나지 않았다. 지하철을 타면 다른 사람들의 엉덩이 부분에 내 얼굴이 위치하기 때문에, 일명 '지옥철'을 타면 다른 사람의 엉덩이 냄새를 맡고 있는 형상이 되어 혼자 민망해했다. 지하철 의자도 나에겐 꽤 높아서 손잡이를 붙잡고 앉을 수 있는 가장자리 쪽 자리를 선호하는 편인데, 그 자리에 앉을 수 없는 지옥철은 나에겐 그야말로 지옥처럼 느껴졌다. 그러다가 노약자, 장애인석에 앉을라 치면 나를 유심히 관찰하는 어르신들의 눈빛을 오롯이 견뎌내야 했다. 물리적 불편함은 참을 수 있다 해도 나에게 쏠리는 시선을 받아내는 게 어려웠다. 어떤 어르신들은 다짜고짜 다가와 "얼굴은 예쁜데 몸이 왜 그렇게 되었누"라고 물어보기도 했고, 어떤 사람들은 무턱대고 다가와 크게 하하하 웃으며 나를 지나쳐가기도 했다. 아이들은 나를 보며 난쟁이라고 놀려댔고, 그런 아이들을 다그치는 부모와 애써 외면해야 하는 나 사이에 팽팽한 긴장과 민망함이 가득차 있는 곳이 지하철이었다.

지하철을 탈 때마다 나는 주홍글씨를 단 죄인이 된 기분이었다. 나를 뚫어지게 쳐다보는 시선과 그것을 애써 모른 척하며 서 있는 나, 그리고 나의 기분은 아랑곳하지 않고 키가 왜 이리 작으냐며 집요하게 물어보는 사람들. 나는 그 질문들에 대답할 필요도 없거니와 그런 무례한 질문을 받지 않을 자격이 충분하다고 믿었다. 왜냐하면 장애는 결코 죄가 아니기 때문이다. 많은 사람들 앞에서 그런 질문을 공개적으로 받을 때는 참으로 난처했다. 딱히 무어라 답변해야 될지, 내가 왜 이 순간을 견뎌내야 하는지 고통스럽기만 했다.

어느 날은 내가 막연히 좋아하고 있던 남자선배와 단둘이 지하철을 타게 되었다. 남자랑 단둘이 있는 것도 어색한데, 역시나 사람들의 시선은 다정해 보이는 장애인 여자와 비장애인 남자에게 쏠려 있었다. 나는 그들의 표정을 보고 무엇이 그리도 궁금한지 단번에 알 수 있을 것 같았다. 왜 멀쩡하게 생긴 남자가 저런 장애인 여자아이와 다니는지, 저들이 과연 사귀는 사이일지 아닐지, 사람들은 그게 궁금했으리라. 나는 이런 상황에 익숙해져 있던 터라 제발 나를 바라보는 저 집요한 시선의 덫이 어서 풀리기를 빌고 또 빌었다. 하지만 역시나 세상 사람들은 호기심을 참지 못한다. 특히나 누군가에게 상처가 되는 호기심은 더더욱. 한 중년 남자가 기어이 선배에게 다가와 "왜 둘이 같이 다녀요?"라고 질문을 던졌다. 나는 얼굴이 화끈

불 편 하 지 만 불 가 능 은 아 니 다

거려 쥐구멍이라도 있으면 들어가고 싶은 심정이었다.

선배는 난처해하며 학교 후배라고 우물쭈물했고, 그제야 우리 둘을 바라보던 사람들의 시선이 다른 곳으로 흩어졌다. 나와 선배는 목적지에 거의 다 와가도록 아무 말도 하지 않았다. 선배는 장애인과 동행하는 것이 어떤 것인지 적나라하게 알았을 것이고, 나에게 무슨 말을 해주어야 상처받지 않을지 고민하고 있었을 것이다. 하지만 그 시간에 나는 굳은 결심을 하고 있었다. 앞으로는 절대 좋아하는 남자와 지하철을 타지 않겠노라고. 나 때문에 내가 좋아하는 사람을 곤란하게 만들지 않을 것이라고. 나는 좋아하는 이성과 아무 데나 편하게 다닐 수 없는 처지란 것을 처음으로 강렬하게 깨달았다. 그 일은 나에게 큰 트라우마로 남았다. 그 이후 남자와 다정하게 이야기하거나 사람들 앞에 나란히 서는 것이 두려워졌다. 사람들이 우리를 어떻게 생각할지, 또 상대방은 얼마나 불편해할지를 생각하면 좋아하는 사람과 편하게 걷는 것조차 나에겐 너무 힘든 일이었다.

하루는 버스에서 흘러나오는 라디오방송을 듣고 있는데, 이런 사연이 나왔다. 어떤 여자분이 버스를 타고 여행하는데, 자기 앞에 앉은 장애인에게서 악취가 풍겨 굉장히 불쾌했다는 것이었다. 그 순간 나는 깨달았다. 사람들이 인식하는 장애인이란 볼품없고 가난하고 냄새나는 사람들이구나. 가슴이 쓰라렸다. 혹시 나도 지금 이 순간 사람들에게 그런 장애인으로 보일까 싶어 옷매무새를 어루만졌다.

나는 다니고 싶은 곳도 가야 할 곳도 많았지만, 대중교통을 이용하면서 좋았던 기억보다는 슬프고 힘든 기억이 더 많았다. 그러다보니 대중교통을 이용하는 게 서서히 불편해지기 시작했다. 굳이 그렇게 많은 사람들의 눈총을 견뎌낼 필요가 없다는 생각이 들었고, 내차가 필요하다는 생각을 막연히 하게 되었다. 그렇게 운전면허 취득은 나에게 세상으로 나아가는 통로로서 반드시 도달하고픈 강력한 꿈이 되었다.

대학 3학년이 끝나고 난 후 운전면허를 따야겠다는 결심은 굳어졌다. 하지만 장애인 운전면허 취득 절차를 알아보면 알아볼수록 산넘어 산이라는 생각이 들었다. 과연 장애인이 운전면허를 따게 되어 있는 시스템인지, 그냥 따지 말라는 것인지 의구심마저 들었다.

비장애인들은 필기–실기 전형으로 운전면허를 따지만, 장애인에게는 필기시험 전에 운동능력 측정검사라는 별도의 절차가 있다. 장애인이 면허를 딸 만한 운동능력을 갖고 있는지 검사하는 절차인데 이 또한 쉽지 않은 관문이었다. 실제로 이 검사는 장애인이 통과하기에 너무 과도한 측정검사라는 이야기가 많았다. 이 이야기를 미리 들은 터라 나는 면허시험장에 가기도 전에 약간 위축돼 있었다. 이 테스트 자체가 악력握力을 요구하는데, 내 손은 아기손처럼 매우 작고 평소에는 손아귀 힘을 쓸 일도 거의 없기 때문에 자신이 없었다. 무엇보다 이 운동능력 측정검사에 떨어지면 아예 시험을 볼 기회조차 없을 거라고 생각하니 두 배로 더 떨려왔다.

운전면허시험장에 가서 일단 응시표를 작성하고 간단한 신체검사를 받았다. 시력검사와 색맹검사에 이어 몇 번 앉았다 일어났다를 해본 후, 나의 경우에는 특별히 신장身長을 측정했다. 그러고 나서 접수계에 운동능력 측정평가를 받으러 왔다고 하니 지금 담당자가 부재중이므로 이십 분을 기다리라고 했다. 그렇게 얼마 동안 내 짧은 다리를 통통 튕기며 앉아 있다가 담당자가 도착했다는 안내를 받고 드디어 운동능력 측정평가실로 들어갈 수 있었다. 내부에는 오락실에 있는 모형 운전석 같은 것이 있었다. 떨리는 맘으로 운전석에 앉아 의자를 최대한 앞으로 당겼다. 내 경우에는 신장이 작아 발이 페달에 닿지 않기 때문에 손으로 운전해야 한다는 경찰청의 평가하에 손으로 하는 운동능력평가만을 받게 되었다.

첫 평가는 핸들을 24초 안에 시계방향으로 두 바퀴 돌리는 것이었다. 첫 시도는 실패였다. 핸들을 돌리는 요령과 힘쓰는 방법을 몰라 24초를 초과하고 말았다. 그러나 두번째 시도는 성공이었다. 열심히 팔을 휘둘러 핸들 두 바퀴를 돌리고 그대로 힘을 주어 잡고 있어야 '합격'이라는 말이 뜬다. 그 합격이라는 말이 어찌나 달콤하던지!

두번째 능력평가는 사이드브레이크 테스트인데, 오른쪽에 '사이드브레이크'로 정해진 삐져나온 손잡이를 24초 안에 힘껏 당겨야 하는 테스트였다. 그러나 쉽지 않았다. 모형 사이드브레이크는 보기보다 훨씬 무겁고 빽빽했다. 특히 내가 손이 작고 힘이 없는지라 관계자에게 부탁하여 세번째 시도 만에 겨우 해낼 수 있었다. 옆에서 측정 담당자가 피식 웃으면서 "훗, 힘들어요?"라고 물어보는데 벌컥 화가 났다. 작은 사이드브레이크 하나 움직이지 못해 몇 번이나 기회를 달라며 끙끙대던 내가 그 사람의 눈에는 그저 우스꽝스럽게 보였을까? 지금 생각해보면 실제로 사이드브레이크를 당기는 데 그렇게까지 큰 힘을 요하지도 않는데, 이런 테스트가 과연 어떠한 의미가 있는지 잘 이해되지 않는 부분도 있다.

세번째 능력평가는 수동식 브레이크를 손으로 누르는 것이다. 이것은 어렵지 않게 한번에 통과했다. 네번째는 액셀러레이터를 손으로 당기는 건데 앞의 평가들과는 달리 쉽게 느껴졌다. 이렇게 4단계에 걸친 능력평가가 끝나니 담당자가 밖에 가서 기다리라고 한다. 한참을 기다렸다. 경찰 측에서도 장애 유형에 따른 대처법을 잘 몰라서 어디까지 합격을 줘야 하는지 망설이는 모양이었다. 결국은 합격했다고 하고는 장애인 면허조건에 '수제동장치의 자동변속기'라는 스티커를 찍어주었다. 나와 같은 장애인에게는 손으로 액셀과 브레이크까지 작동하는 '손운전'을 하는 조건으로 면허 취득을 허가한다는 의미였다.

필기시험을 접수하고 면허시험장을 나왔다. 나오면서도 고민이 되었다. 필기시험을 통과한다고 해도 실기를 배울 학원이 있을까 생각하니 머리가 아파왔다. 장애인 운전면허의 수요가 적다보니 대부분의 사설학원들은 장애인 차량을 갖춰놓고 있지 않다. 전국에 장애인을 대상으로 무료로 강습하는 곳이 네 군데 정도 있는데, 실기기능을 배우려면 6개월 이상 기다려야 한다는 대답을 얻었다. (지금은 사정이 조금 나아졌으려나 모르겠다.) 그리고 무료로 배운 사람들의 이야기를 들어보니 강사가 매우 불친절하고 여성장애인의 경우 간혹 불쾌한 일까지 당했다는 이야기도 있었다. 그러나 이런 온갖 설왕설래보다 더 화가 나는 것은 장애인이 실기시험을 볼 때는 무조건 수요일에만 보아야 한다는 사실이었다. (다행히 지금은 기회가 좀더 늘었다고 한다.) 장애인은 시험날짜를 선택할 권한이 없는 것이다. 장애인들을 수요일에 몰아서 시험 보게 하는 것은 경찰청의 행정편의주의라고밖에 생각할 수 없었고, 도무지 왜 이렇게 처리되는지 이해할 수도 없어 화가 치밀었다. 그렇게 나의 운전면허 대장정이 분노와 고민 속에서 시작되었다.

필기시험은 다행히 한 번에 붙었다. 필기 관련 책 한 권으로 어렵지 않게 통과할 수 있었다. 문제는 실기시험이었다. 기능시험은 S자, T자 주행과 주차 등의 간단한 기능을 테스트하는 것으로 운전면허학원에서 자체시험을 볼 수 있었다. 그래서 무엇보다도 학원 선택이 중요했다. 보통의 경우라면 학원도 집에서 가까운 곳으로 고를 수 있었겠지만 나에겐 선택권이 없었다. 서울에서 제일 큰 운전면허학원들을 수소문했다. 손으로 운전하는 핸드컨트롤러 장치를 구비한 곳이 거의 없었다. 간혹 구비한 곳이 있긴 했지만, 그 수가 많지 않아 예약이 밀린 상태라 또 몇 개월을 기다려야 했다. 핸드컨트롤러는 페달에 다리가 닿지 않는 장애인을 위해 손으로 운전할 수 있게 한 장치인데, 오토바이 손잡이 모양의 컨트롤러를 핸들 옆에 부착하여 그 손잡이를 당기면 액셀이 작동하고 누르면 브레이크 기능을 하게 되는 것이다. 장애인 운전면허가 활성화되어 있지 않다보니 대개의 학원들은 이 장치를 준비해두지 않고 있었다. 하지만 기숙사에서는 약간 멀지만 강북에 있는 가장 큰 운전면허학원에 전화를 걸었더니 그나마 빠른 날짜 안에 기능시험 준비를 할 수 있게 되었다.

이 모든 불합리한 제도에 맞서 멋진 베스트 드라이버가 되리라. 이렇게 위풍당당 시작한 도전이었지만, 학원에 오가는 것만도 쉽지 않았다. 도착해서 차에 타면 오른손으로는 핸들을 몇 바퀴씩 빠르게 돌려야 했고 왼손으로는 쉴새없이 액셀과 브레이크를 조정해야 했다. 이 둘이 자연스럽게 조절되지 않아 오른팔은 오른팔대로 핸들을 돌리느라 근육이 아파왔고, 왼팔은 왼팔대로 핸드컨트롤러를 작동하느라 아팠다. 두 시간 정도 운전연습을 하고 난 밤에는 식판조차 들 수 없을 정도로 팔이 덜덜 떨렸다. 팔에 파스를 덕지덕지 붙이고도 나는 조만간 내 손으로 운전할 수 있으리라는 기대감 때문에, 그리고 처음 느껴보는 스피드가 재미있어서 다음 연습시간을 오매불망 기다리곤 했다.

사실 운전학원은 장애인이 다니기에 결코 만만한 곳은 아니었다. 운전연습시간을 기록하기 위해 학원에 나오면 카드를 찍어야 하는데, 카드 인식기가 내 키보다 훨씬 높은 곳에 설치되어 있어 늘 다른 사람의 도움을 받아야 했다. 운전석도 나에겐 너무 낮아서 늘 세 개

이상의 방석이 필요했다. 처음에는 연습하기 전에 학원 사무실에서 방석을 옮겨와 앉기도 했다. 매일 두꺼운 방석 세 개씩을 끙끙거리며 옮기는 게 만만치 않았는데, 학원 관계자의 배려로 아예 내가 타는 차에 방석을 실어놓을 수 있게 되었다.

고난의 연속이었지만 운전면허를 따기까지 따뜻하고 즐거운 기억도 있었다. 학원에서 특별히 신경써서 내 담당강사님을 배치해주었는데, 핸들 돌릴 때의 요령이라든지 팔을 쉬는 방법 등 장애인의 입장에서 신경써주시는 것이 느껴졌다. 일반인들의 운전방법과는 확연히 다르기 때문에 철저히 내 입장에서 어떻게 운전해야 하는지, 어떻게 해야 안전을 확보할 수 있는지 많은 조언을 해주셨다. 운전학원에 등록하고도 과연 내가 정말 운전을 할 수 있을까, 지금 이렇게 짧은 거리를 운전하는 것만으로도 벅찬데 내가 도로에 나갈 수 있을까, 수없이 의심했지만 결국 강사님 덕분에 마음 편히 운전을 배울 수 있었다.

학원에 가서 연습 순서를 기다리다보면 많은 사람들이 장애인은 대체 어떻게 운전을 하는지 물어본다. 내가 어떻게 운전하는지 팔을 휘저으며 한참 신나게 설명하고 나면 "참 힘들 텐데 열심이네요" 하고 많은 분들이 격려해주었다. 학원에 갈 때마다 힘들면서도 힘이 났다. 연습은 시작이 반이었다. 몸은 작아도 운동신경이 꽤 있었던 건지 초반에 팔이 떨어져나갈 것같이 아팠던 것만 빼면 운전은 그다지 어렵지 않게 배울 수 있었다.

바야흐로 기능시험을 치르기 전날이 되었다. 마지막 연습을 끝내고 강사님은 친절하게 말씀해주셨다. "지영씨, 시험 치기 전에는 시간을 얼마든 오래 끌어도 좋으니, 좌석에 잘 앉았는지, 백미러가 나에게 맞게 조절되었는지 잘 점검하고 출발하는 게 중요해요." 어쩌면 형식적인 조언이었는지 몰라도 나는 아직도 그 말을 기억하며 운전한다. 잘하지 않아도, 빨리 가지 않아도 좋으니, 안전하게 나에게 맞는 자리를 만들어 간다, 라는 생각으로 임하고 있다. 운전도, 또 삶도.

운이 없었는지 첫 기능시험은 하필 비 내리는 날에 치르게 되었다. 분명 연습은 날씨가 화창한 날에 했는데, 시험은 눈앞에 와이퍼가 왔다갔다하는 상황에서 치르게 된 것이다. 초보에게, 그것도 왕초보에게 비 오는 날의 시험이라니…… 사고가 나는 것은 아닐지 속으로 노심초사했다. 운전석에 앉자마자 등줄기에 땀이 서려왔다. 초보라 가뜩이나 시야가 넓지 못한데, 비 때문에 시야가 더 좁아져 도로가 흐리고 좁게만 보였다. 평소에는 하지 않던 실수를 연달아 저질렀지만 다행히 한번에 합격할 수 있었다.

기능시험을 통과하자마자 도로주행 연습을 나갔다. 의외로 나는 도로에서 운전하는 것이 훨씬 수월하게 느껴졌다. 속도감이 있어서 핸들을 많이 돌리지 않아도 되었고, 핸드컨트롤러도 점차 손에 익어갔다. 가끔은 내가 너무 속력을 냈는지 강사님이 속도 좀 줄이라고 화를 내기도 했다. 초보에게는 말도 안 되는 시속 60~70km로 도심을 질주했기 때문이다. 이렇게 모든 게 잘 풀리나 했지만 역시 마지막까지 쉬운 일은 없었다.

도로주행시험을 보는 당일이었다. 차에 앉아 핸드컨트롤러를 만져보는데 핸드컨트롤러 기계를 새로 달았는지 아무리 당겨도 속력이 나지 않고 감이 어색하기만 했다. 시험 당일이기 때문에 고쳐달라고 하지도 못하고 응시해야 할 판이었다. 기능시험 때보다 훨씬 더 큰 긴장감이 밀려왔다. 모든 게 나에게 딱 맞게 준비되어 있을 순 없어, 이런 상황에도 익숙해져야 해, 익숙해져야 해, 익숙해져야 해. 이렇게 중얼거리며 나를 다독일 수밖에 없었다. 결국 연습 때와는 비교할 수 없이 낮은 속도로 느릿느릿 운전해서 주행을 완료했는데, 다행히 합격이었다.

그렇게 시험부터 면허 취득까지 4개월이 걸렸다. 면허를 받는 날 어찌나 감격스러웠던지, 면허증을 보고 또 보고 100번쯤 만져보았다. 내가 과연 운전을 할 수 있을까, 도로와 세상에 자유롭게 나설 수 있을까 하는 생각으로 시작했던 도전이 또하나의 결과물로 다가왔다. 가슴이 벅찼다. 이 세상에 내가 할 수 있는 일이 하나 더 늘어난 느낌이었다. 이 작은 도전으로 내가 어디든지 갈 수 있고 무슨 일이든지 할 수 있게 되었다는 자신감이 생겼다. 나에게 운전면허는 비단 하나의 자격증이 아닌 세상으로, 내가 그렇게 원했던 평범한 삶으로 들어가는 하나의 입구와도 같았다.

액셀과 브레이크에 발이 닿지 않기 때문에 나는 핸드컨트롤러라는 장
치가 달린 차만 운전할 수 있다. 핸드컨트롤러는 페달에 다리가 닿지
않는 장애인을 위해 손으로 운전할 수 있게 한 장치인데, 오토바이 손
잡이 모양의 컨트롤러를 핸들 옆에 부착하여 그 손잡이를 당기면 액셀
이 작동하고 누르면 브레이크 기능을 하게 되는 것이다.

면허를 따고 3년이 다 되어가던 2007년 취업을 하고 나서야 나는 차를 구입했다. 취업한 지 2개월째였고 월급도 100% 받지 못하는 수습사원 시절이었지만, 앞으로 기동성 있는 사회생활을 하기 위해서는 차가 반드시 필요하다고 생각했다. 돈이 없었기 때문에 할부를 선택했고, 많은 이자와 보험금에도 불구하고 차를 '질렀다'. 그리고 새 차를 구입하고 핸드컨트롤러를 설치하고 나서야 운전을 시작할 수 있었다. 방석 두 개를 카센터 근처 이불집에서 구입해 운전석에 놓고 앉아보니 퍼뜩 겁이 나면서도 설렜다.

나는 자가용을 산 후에도 도로연수를 제대로 받지 못했다. 주변에 핸드컨트롤러에 대해 아는 이가 없어 연수강사를 구하기가 어려웠다. 어쩔 수 없이 내가 나의 도로연수 강사가 되어 차를 사자마자 겁도 없이 무작정 끌고 나와 몰아보기 시작했다. 남들처럼 연수를 받으며 제대로 배웠다면 좋았으련만, 매번 무턱대고 속도를 올리는 '근본 없는' 운전을 하며 나는 오늘도 거침없이 도로를 활주하고 있다. 아직도 내 작은 몸이 차에 도통 맞지 않아 핸들에 붙은 매미처럼 운전하고, 내가 차를 모는 건지 차가 나를 얹고 가는 건지 알 수 없는 지경이지만, 어디든 자유롭게 갈 수 있는 지금의 나와 내 차가 사랑스럽다.

운전경력 6년째, 나는 아직 도로에서 사고 한번 쳐본 적 없는 무사고의 거친 운전자이다. 물론 주차하다가 내 차를 긁은 적은 정말 많다. 하지만 차로 인해 남에게 피해를 준 적은 없다는 그 사실 하나만으로도 나 자신을 자랑스럽게 여기고 있다. 내 차를 타는 분들은 하나같이 여자에게선 볼 수 없는 '거친' 운전 실력이라며 농담 반 진담 반 웃음을 보인다. 그럴 때마다 나는 다른 사람을 태울 때는 훨씬 더 조심히 운전하는 거라며 너스레를 떤다. 손으로만 운전하기 때문에 두 시간 이상 오래 운전할 수는 없지만, 차는 나에게 매우 소중한 의미를 갖기에 내 차에 '둥이'라는 애칭도 붙여주었다.

나는 바쁜 회사생활 탓에 '둥이'를 자주 세차해주지도 않고, 주차하다 여기저기 긁힌 자국도 몇 년째 수리해주지 않고, 트렁크 안에는 팔이 닿지 않아 청소도 잘 해줄 수 없는 나쁜 주인이다. 하지만 그런 나의 발이 되어주는 '둥이'와 함께 나는 오늘도 신나게 출근길을 나선다.

나처럼 작은 사람도
행복해질 수 있다는 것을

; 우물 안 개구리의 세상 체험

사람은 어떤 기회로 변하는 걸까. 어떤 깨달음으로 이전의 내가 아닌 다른 모습으로 변하게 될까. 많은 사람들에게 이 질문을 던져보면 '여행'이라는 대답을 가장 많이 하지 않을까 싶다. 우리가 어렵게 모은 돈을 여행에 쓰는 것도, 빠듯한 시간을 억지로 쥐어짜서 휴가를 가는 것도, 고생길이 뻔해도 결국 다시 떠나기 위해 짐을 싸는 것도 여행 뒤에 다가오는 깨달음 때문일 것이다.

여행은 나에게는 꽤 오랫동안 낯선 키워드였다. 집을 떠나 어디론가 가는 일은 내게 늘 어려운 숙제였다. 학창 시절에는 수학여행을 가지 못해 2박 3일간 과학실에서 보충수업을 받은 적도 있었고, 버스 하나 제대로 타기 힘든 나에게 무전여행이나 배낭여행은 아예 불가능한 일처럼 느껴졌다. 방송에서 몇 번인가 장애인이 여행하는 모습을 본 적이 있는데, 장애인의 앞길에는 세상이 온통 장애물이었다. 휠체어를 차에 싣고 타는 것도 어려웠고 여행지마다 가로막고 있는 난관으로 인해 여행 가는 장애인도 우울해 보였고 동행한 사람들도 행복해 보이지 않았다.

가질 수 없는 것은 오랜 선망과 그리움으로 마음에 남는다. 나는 늘 언제고 거침없이 떠날 수 있다고 생각했다. 내가 살고 있는 곳을 떠나 다른 곳으로 갈 수 있는 기회만 온다면, 언제 어디서든지 잘할 수 있다고 확신했다. 중학교 3학년 때는 미국이 장애인의 천국이라는 말을 듣고 이민을 가고 싶다고 한동안 부모님을 졸랐던 적이 있다. 부모님이 함께 가지 않아도 상관없으니 혼자 미국에서 살 수 있다고 며칠 동안 부모님에게 매달렸다. 늘 나를 쳐다보는 사람들 사이에서 자유롭지 못했던 나는 다른 세계를 상상하며, 다른 곳에만 가면 행복할 것이라는 믿음을 품고 있었다.

수능을 마치고 나서 대학 합격 소식을 듣고 나는 마땅히 하는 일 없이 집에서 빈둥거리며 하루하루를 보냈다. 보통 대학 입학을 앞둔 여자아이들이라면 성형도 조금씩 하고 알바도 하겠지만 나는 앞으로 벌어질 일들에 대한 막연한 걱정과 두려움으로 무의미한 하루하루를 보내고 있었다. 그러다 한 통의 전화를 받았다. 당시 가입한 지 1년 정도 지난 한국작은키모임에서 장애인과 비장애인이 함께하는 호주 여행을 기획하고 있는데 참여해보지 않겠느냐는 제안이었다. 한 여행사에서 장애인들을 위해 기획한 프로젝트인데, 방송국 피디도 함께 출발해 여행의 총 여정을 촬영하고 방송한다고 했다. 이미 비장애인들은 인원이 꾸려졌으며 장애인들만 인원이 차면 떠날 수 있었다. 그래서 특별히 모집된 멤버가 한국작은키모임에 가입된 네 명의 장애인이었다. 이미 다른 세 명은 참여를 결정했고 나만 결정하면 멤버 구성이 끝나는 것이었다. 물론 내가 떠나지 않으면 다른 누군가가 좋은 기회를 잡을 수 있었다.

사흘을 꼬박 고민했다. 곧 대학에 진학해야 하기 때문에 부모님이 부담해야 할 돈이 유일한 걱정이었다. 마음은 당장 오케이를 외치며 비행기를 타고 싶었지만 사립대에 입학한 자식 때문에 늘 돈 걱정을 하는 부모님이 마음에 걸렸다. 여행비의 일부를 작은키모임에서 지원하기는 했지만 자비로 부담해야 할 부분이 있었고, 여행 경비 외에 용돈도 가져가야 했기 때문에 나는 부모님께 죄송한 마음에 쉽게 결정을 내리지 못했다. 비용도 걸림돌이었지만 남에게 민폐가 되지 않을까 하는 걱정도 컸다. 해외여행이면 일정도 빡빡할 텐데 내가 비장애인들에게 맞춰 일정을 소화해낼 수 있을까. 국내여행 경험도 거의 없다보니 첫 해외여행에 쉽게 결심이 서지 않았다. 그토록 꿈꿔왔던 여행인데, 나는 쉽게 간다는 말을 못하고 우물쭈물하고 있었다.

하지만 결정해야 했다. 부모님께 죄송한 마음은 잠시 접어두기로 마음먹었다. 여행을 가기로 결정하고 나니 왠지 마음은 편했지만, 쉽사리 잠이 오지 않았다. 마음이 무거워 여행준비를 이리저리 미루다가 결국 하루 전에야 짐을 쌌다. 그래서인지 여행지에 도착해서 보니 샴푸, 비누 같은 기초 여행용품들 중에 제대로 챙긴 게 하나도 없었다. 나는 안이하게도 숙박장소에 가면 샴푸나 비누 따위는 다 있을 거라 생각했던 것이다. 가장 중요한 것들을 빠뜨렸고 챙긴 건 별로 없었다. 윗옷 여섯 벌, 아래옷 세 벌, 속옷 세 벌, 선크림, 카메라, 노트, 연필, 로션, 여분의 안경, 칫솔이 내 짐의 전부였다. 여행 멤버 전원이 커다란 캐리어를 하나씩 끌고 올 때, 나는 크로스백 하나와 백팩 하나를 달랑 메고 공항에 나타났다.

으리으리한 인천공항을 나는 처음 대면했다. 지금이야 아무렇지 않게 공항에 들어서지만 당시 나는 모든 게 새로웠다. 알파벳이 크게 쓰인 카운터들도 나에겐 호기심의 대상이었다. 이리저리 두리번거리다보니 여행사 직원 몇 명이 나와 인원을 체크하고 있었고 나는 그제야 여행을 같이 떠날 일행을 만날 수 있었다. 하나같이 밝고 명랑한 꿈을 가진 대학생들이었다. 그들 중 몇몇은 그전부터 인연을 이어온 사람들이어서, 더 반갑고 재미있게 여행을 시작할 수 있었다. 휠체어를 탄 사람을 포함해 장애인 다섯 명과 비장애인 일곱 명이 참여한 여행, 그렇게 출발은 순조롭게 이루어졌다.

나의 첫 비행기 탑승과 첫 해외여행은 모든 게 신기했다. 비행기의 리모컨도 신기했고 좌석도 신기해 계속 어루만졌다. 스튜어디스가 준 담요도 따뜻하기 그지없었다. 아직도 그 비행기 내에서 어색하게 두리번거리던 내 모습을 생각하면 웃음이 난다. 촌스럽지만 열정이 가득한 때였다.

시드니 공항의 냄새는 아직도 기억에 남아 있다. 1월의 시드니는 분명 한여름인데, 춥고 바람이 거셌다. 공항에서 이런저런 얘기를 하며 서성거리다보니 여행사 시드니지부 관계자들이 우리를 맞아주었다. 숙소에 가서 간단히 짐을 푼 다음, 특별한 사람들을 만나는 일정이 준비되어 있었다. 키 크고 화려하고 마냥 아름다워 보이는 호주인들 사이에도 왜소증을 가진 사람들이 있다고 했다. 한국의 왜소증 장애인인 우리를 호주의 왜소증 장애인들이 기다리고 있었다.

그들을 만나러 가는 길엔 버스를 탔다. 우리 여행팀에는 휠체어를 타는 사람이 속해 있었기 때문에 사실 나는 버스를 타고 간다고 했을 때 내심 불안했다. 한국에서도 버스를 탈 때면 늘 '시선 집중'이었는데 동양에서 온 조그만 사람들이 버스를 탄다고 낑낑댄다면 이 타국에서 얼마나 난리를 겪어야 할까. 그러나 속으로만 조마조마해할 뿐, 어떻게든 해결책이 있겠지 싶어서 특별히 나서서 물어보거나 하진 않았다.

버스정류장에서 씁쓸하고 초조한 마음으로 버스를 기다리는데 마침 버스가 도착했다. 나는 처음으로 맞닥뜨린 호주의 대중교통에 놀라움을 금치 못했다. 버스는 아주 자연스럽게 변신하기 시작했다. 호주의 버스는 아주 천천히 우리 앞에 정확히 서더니 이윽고 버스 문이 열리고 문 앞과 도로를 연결하는 이음다리가 펼쳐졌다. 도로와 버스가 연결되니 휠체어도 가뿐하게 버스에 오를 수 있었고,

우리는 휠체어 뒤를 따라 차근차근 버스에 올랐다. 버스 안의 승객들은 아무도 휠체어 이용자를 비난하거나 불쾌해하지 않았고, 휠체어가 버스에 오르는 것을 다정하게 지켜봐주었다. 그리고 휠체어는 버스 내부의 전용구역에서 편안하게 멈춰 있을 수 있었다. 버스는 천천히 그리고 부드럽게 다음 출발지를 향해 움직이기 시작했다.

이 모든 게 나에게는 엄청난 충격이었다. 일단 차체의 높이 자체가 낮은 버스도 신선했고, 휠체어 이용자가 다른 사람의 도움 없이도 버스에 오를 수 있다는 것, 그리고 그 모습을 자연스럽고 따뜻하게 바라봐주던 호주 사람들도 나에겐 신세계였다. 도대체 이런 세상이 있었다니. 우리나라에서 나는 휠체어를 타지 않음에도 불구하고 버스를 타려면 한참 고생해야 했고, 버스 기사의 따가운 눈총을 견디며 힘겹게 버스에 오르면 '신기한' 생물체를 관찰하는 듯한 승객들의 적나라한 시선이 기다리고 있었다. 그리고 그 시선들에 적응할 겨를도 없이 버스는 승객보다는 배차시간에 신경쓰며 정신없이 질주했다.

호주의 첫인상은 정말 놀랍고 신선했다. 내가 그토록 원했던 평범한 일상을 보낼 수 있었던 세상이 우리나라 밖 호주에는 있었던 것이다. 이 나라가 어떻게 이런 시스템을 가지게 되었는지, 나는 놀랍고도 감사한 마음으로 여행을 시작했다.

작은 키로 거대한 행복을 거머쥔
호주의 왜소증 사람들

푸른 잔디가 예쁘게 깔린 공원에서 호주작은키모임SSPA, Short Statured People of Australia 사람들을 만날 수 있었다. 나와 비슷한 모습을 한 외국인을 만난다는 사실이 묘한 동질감을 느끼게 해주었다. 다소 소극적이고 남들 앞에 나서기를 두려워하는 한국 왜소증 장애인에 비해 거리낌없이 당당한 태도로 우리 일행을 맞아주던 호주의 키 작은 사람들이 기억난다. 옷차림만 봐도 체형에 관계없이 저마다의 개성을 당당하고 아름답게 드러내고 있었다. 무릎까지 내려오는 긴 농구티를 입은 아이, 자기 몸의 절반 크기는 될 만한 농구공을 튕기며 여기저기 뛰어다니던 청년, 온몸에 쫙 달라붙는 검은 드레스를 입은 채 와인을 들고 여기저기 거닐며 이야기하던 내 또래의 여성들, 서로 자연스럽게 웃으며 포옹하던 모습. 전부 내가 상상하지 못했던 풍경이었다. 우리나라에서도 모임에 나가면 반갑게 인사는 하지만 서로가 안쓰러운 마음에 쉽사리 다가서지 못하고 어색한 인사를 나누곤 했는데, 여기에서는 아무도 타인의 눈길을 의식하지 않고 즐겁게 생활하며 교류하고 있었다.

나는 한 임신한 호주 여성과 긴 대화를 나누었다. 키는 나보다 조금 커서 120cm쯤 되어 보였고 임신 8개월이 넘어 제대로 걷기조차 힘든 상태였다. 하지만 불편하고 고통스러운 기색 하나 없이 의자에 등을 기댄 채 평화롭게 음료를 마시는 모습이 참으로 매력적이었다.

나에게 임신이라는 것은 한 번도 상상해본 적 없는 일이었다. 임신하지 않아도 가뜩이나 버거운 내 몸에 다른 생명을 품은 채 잔뜩 부른 배를 이끌고 움직인다는 것은 상상도 못할 일이었고, 무엇보다도 내 아이가 나와 같은 장애를 안고 태어날지도 모른다고 생각하면 나는 결코 임신하지 못할 것이라고 막연히 생각하고 있었다. 나와 같은 아픔을 가진 자녀를 지켜볼 자신이 없었다. 우리나라에서 장애 아동이 태어난다는 것은 축복보다 두려움을 가족에게 불러오는 일이다. 장애아동을 낳으면 입양을 보내거나 주변의 원망과 걱정을 사는 일이 허다하기 때문이다. 나는 조심스럽게 임신한 호주 여성에게 물었다.

"자신과 똑같은 장애아를 낳는 것이 걱정되진 않아요?"

그때 그녀가 웃으며 이야기를 시작했는데 그 미소가 흡사 모나리자와 같아 아직도 기억에 남는다.

"두려울 것 없습니다. 장애아가 나오든 그렇지 않든 나는 아이를 행복하게 키울 것입니다. 나는 장애인으로 태어나 불행하다고 생각해본 적이 없어요. 그렇기에 내 아이도 불행하지 않을 겁니다."

그 순간 그 여성이 어찌나 부러웠는지 갑자기 눈물이 왈칵 쏟아지려 했다. 영어가 짧아 내 마음을 표현하진 못했지만 나는 훌륭한 아이가 태어날 것이라며 그 여성에게 축하인사를 보냈다. 나는 그녀가

10여 년 전의 내겐 트랜스포머만큼이나 신기했던 호주의 저상버스,
그리고 작은 키로 거대한 행복을 거머쥔 호주의 왜소증 사람들.
"자신과 똑같은 장애아를 낳는 것이 걱정되진 않아요?"
"두려울 것 없습니다. 나는 장애인으로 태어나 불행하다고 생각해본 적이 없어요.
그렇기에 내 아이도 불행하지 않을 겁니다."

참으로 행운이라고 생각했다. 남들과 다르게 태어났으나 자신의 외모로 인해 차별받지 않았으며, 스스로를 한껏 사랑하는 모습이 아름다웠다. 그때까지 나는 겉으로는 당당한 척했으나 나 자신을 좀체 사랑할 수 없었다. 외모 때문에 늘 차별받고 있다는 생각과 나만 힘들고 외롭다는 생각으로 매사가 불행하고 즐겁지 않았다. 신체적으로 부족한 나 자신을 메워보기 위해 늘 노심초사 이리저리 뛰어다녀야 했다. 하지만 내가 먼저 나 자신을 사랑해주었다면 지금보다 더욱 행복한 삶을 살지 않았을까.

햇살은 눈부셨고 내 마음은 지금껏 꿈에도 본 적 없는 새로운 세계를 맞아 쿵쾅쿵쾅 날뛰고 있었다. 마치 높은 벽으로 둘러싸인 우물 안에 갇혀 있던 개구리가 세상 밖에 나온 듯한 느낌이었다. 지금까지 밝고 아름다운 땅이 있는 세상을 보지 못하고 우물 안에서 비참하게 가라앉아 있던 개구리가 된 것 같았다. 비록 내가 밝은 세상에 속하진 못할지라도 그런 세상을 발견한 것 자체가 행복이고 기쁨이었다. 나는 계속 호주가, 그리고 호주 사람들이 질투 나고 부러웠다. 더불어 나도 행복하게 살 수 있을 것 같다는 희망의 끈을 간신히 붙든 느낌이었다.

모임을 끝내고 나와 시드니 이곳저곳을 구경했다. 피로로 인해 몸은 쑤셔왔지만 마음은 그렇게 가볍고 상쾌할 수가 없었다. 어디를 가든 호기심과 동정이 아닌 그저 남들과 조금은 다른 나를 편하

불 편 하 지 만 불 가 능 은 아 니 다

게 스쳐지나가는 일상적인 시선들. 어떻게 장애인이 되었는지 궁금해하지 않고 남들보다 열등한 신체를 가진 것을 업신여기지 않는 눈빛들. 나는 그에 감사하고 또 감사했다. 국경을 넘어 한국으로 돌아가면, 나는 다시 구경거리가 되고 호기심의 대상이 되겠지만 그 순간만은 나 역시 신기할 것도, 괴상할 것도 없는 그냥 '사람'이었다. 행복하고 자유롭고 마음껏 웃고 다른 사람과 눈이 마주치면 생긋 웃을 수도 있는 그냥 '사람'.

언제쯤 우리나라에서도 장애인들이 이렇게 살 수 있을까 하는 안타까움과 서글픔도 느꼈다. 하지만 지구별 어딘가에 분명 장애인과 보통 사람들이 자연스럽게 더불어 사는 곳이 있기에 언젠가는 우리나라에서도 이런 따뜻한 시선이 오가는 날이 찾아오리라는 희망을 강렬하게 품을 수 있었다. 그리고 내가 그토록 꿈꾸던 세상을 직접 보았으므로, 다시 내 나라에 돌아가면 내가 사는 공간에서 그 꿈을 이루기 위해 모든 것을 다하겠다는 생각도.

하늘 아래 작은 아이,
켄 할아버지의 농장에서 행복을 발견하다

짧은 시드니 일정을 끝내고 호주의 전원생활을 체험하러 가기 위해 시드니를 떠나 기차를 탔다. 마음이 편해지니 빡빡한 일정마저 즐겁고 신나기만 했다. 기차역에서 한참 달려 허름한 시골농장에 도착했다. 농장과 평원이 끝없이 펼쳐진 한가운데 덩그러니 세워진 켄 할아버지의 농장에서 6일을 보내야 한다. 거대한 규모의 농장을 둘러보기 위해 허름한 도요타 차량에 탑승했다. 낡은 차여서 차가 덜컹거릴 때마다 엉덩이가 아팠다. 투어를 하고 집으로 돌아와서는 큰 식탁에 둘러앉아 카레를 먹었다. 주변의 모든 것이 불편했다. 텔레비전 하나 제대로 나오지 않는 집에는 여기저기 벌레가 출몰했고 내 키만한 개는 집에 들어올 때마다 이를 드러내며 나를 위협했다. 하지만 몸은 이토록 불편한데도 마음은 포근하고 아늑했다. 식탁에 앉을 때마다 주인인 켄 할아버지가 아바ABBA의 노래를 틀어주었다. 지금도 아바의 노래를 들으면 부엌에 들어차 있던 큰 식탁, 함께 여행했던 친구들, 그리고 따뜻한 켄 할아버지가 생각난다. 아마도 이렇게 힘든 일상 가운데서 뒤적여볼 추억을 만들려고 사람들은 떠나고 또 떠도나보다.

시골에서의 6일은 빠르게 지나갔다. 아침에 일어나 간단히 끼니를 때우고 양몰이를 따라나서거나 양털 깎는 것을 도왔다. 일을 하다가 쉬는 시간에는 타운에 위치한 수영장에서 옷을 입은 채로 수영하기도 했고, 잔디도 깔리지 않은 황무지 골프장에 가기도 했다. 내가 평생 할 수 없을 것이라 생각했던 일들을 호주에서는 다 하고 있었다. 발이 채 닿지 않는 수영장에서 친구들의 손에 몸을 맡기고 수영을 즐겼으며, 골프장에서는 아동용 골프채를 들고 한 눈을 잔뜩 찡그려가며 홀인원을 노렸다. 친절하게도 켄 할아버지는 한 사람 한 사람 신경써서 골프를 가르쳐주었다. 그 깊은 배려가 가슴에 와닿아 황무지에서의 아주 재미없는 골프였음에도 불구하고, 우리는 긴 인내심을 발휘해 노란 깃발까지 몇 번이고 골프채를 휘둘렀다.

어느 날 저녁에는 가족과 친구들에게 엽서를 써내려갔다. 부모님 이름, 친구 이름을 한자 한자 쓰다보니 갑자기 눈물이 날 정도로 우리나라가 그리워졌다. 지난 며칠간 나름대로 굉장히 힘들었나보다. 호주와 비교하면 나에게 그토록 가혹했던 한국이건만, 어쩌면 나는 호주에서 끊임없이 한국을, 한국에 있는 내가 사랑하는 사람들을 생각했는지도 모르겠다. 1년 동안 같이 힘들어하면서 수능 일주일 전 부둥켜안고 울었던 친구들이 생각났다. 미처 소중하게 대하지 못했던 주변 사람들에 대한 아련한 기억들이 몰려왔다.

호주에서 늦은 일정을 끝내고 새벽에 샤워를 하는데 전기가 나간 적이 있다. 너무 놀라 옷도 제대로 입지 못한 채 여기저기 고함을 지르며 도움을 요청했는데, 알고 보니 우리 일행 중 한 명이 전동휠체어를 충전하다 고압으로 인해 잠시 정전이 된 것이었다. 비눗물을 그대로 머리에 묻히고 나와 놀란 가슴을 쓸어내리며 "우리나라가 전기시스템만은 좋아" 하고 웃으며 이야기한 적이 있다. 그저 그런 일상에 활력을 넣어주는 것, 그리고 다시금 소중한 것들을 일깨워주는 게 여행의 묘미인가보다.

낮에는 소 경매장에도 가고, 학교에 방문해서 원주민들의 그림도 배우고 짬짬이 스쿼시와 볼링을 했다. 하루하루가 흘러가는 것이 그렇게 아쉬울 수 없었다. 평소엔 얌전히 두었던 근육들을 풀가동하는지라 몸은 늘 피곤했지만 저녁에는 알 수 없는 편안함이 몰려왔다.

밤에는 잠이 오지 않아 마당에 나가 하늘을 바라보았다. 사방이 어둠으로 둘러싸인 땅 위에 건물이라곤 켄 할아버지의 집 하나밖에 없는 곳에서 키 작은 나는 홀로 하늘을 올려다보았다. 나는 그때 처음으로 지구가 정말 둥글다는 것을 실감했다. 푸른 별들이 하늘에 반원을 그리며 동쪽에서부터 서쪽까지 끊임없이 반짝이고 있었다. 주변이 캄캄해 땅 위에선 아무것도 보이지 않아도 별들이 나를 지켜주고 있던 그날 밤을 생각하면 아직도 마음이 따뜻해진다. 돈으로 살 수 없는 그날 밤의 풍경은 사진을 찍어놓진 않았어도 선명하게 내 가슴에 새겨져 있다. 벌써 11년 전의 일이니 켄 할아버지의 농장은 어떻게 되었을까. 지금 가도 그 별을 볼 수 있을까. 가끔 궁금하다. 그리고 늘 그립다.

캡틴 이지영,
....
작디작은 나에게 열린 거대한 꿈과 희망
....

짧은 시골체험 후 여행은 브리즈번에서 다시 시작되었다. 주위 풍경이 많이 달라졌다. 땅 위는 황무지가 아니라 화려하고 도시적인

불편하지만 불가능은 아니다

건물들로 가득찼다. 그동안 가이드 역할을 해주던 분이 지금부터 우리 중에 한 사람이 직접 가이드가 되면 좋겠다는 제안을 했다. 그렇게 우리들만의 캡틴을 뽑자며 투표를 시작했고, 나는 영어를 잘하는 대학생 오빠를 추천했다. 결과는 나의 예상을 빗나가 내가 캡틴이 되어버렸다. 고급영어와 수많은 해외여행 경험을 자랑하는 대학생 언니오빠들 사이에서 내가 어영부영 여행자들의 인솔자가 된 것이다.

자리가 사람을 만든다는 말에는 일말의 진실이 숨어 있다. 캡틴이 된 순간부터 내가 일정을 주도해야 했기 때문에 지도를 들고 주변 사람들에게 길을 물어가며 여기저기 돌아다녔다. 처음에는 영어가 통하지 않아 길이나 잘 찾을 수 있을까 했는데 한 시간쯤 지나니 이상한 자신감이 생겼다. 어른들의 말씀처럼 사람 사는 건 다 엇비슷하구나 싶은 생각이 들었다.

유명관광지에 가기 위해 버스 타랴 입장권 사랴 휠체어 대여하랴 이래저래 바쁜 하루였다. 하지만 저녁에는 별다른 일정이 없어 숙소 테라스에 앉아 여행을 함께하는 벗들과 이런저런 이야기를 나누었다. 시드니에 비해 삭막하지 않고 포근한 브리즈번의 야경 아래로 잔뜩 멋을 부리고 빠르게 걸어가는 사람들이 보였다. 우리나라라면 아직 야근하고 있을 시간인데 다들 즐거운 얼굴로 데이트를 하거나 장을 보고 집으로 돌아가고 있었다. 우리에겐 없는 '여유'라는 것이 느껴졌다. 우리는 무엇이 그렇게 늘 바쁘고 힘든지 찌푸린 얼굴로 종종걸음 치다 저녁에는 만원버스를 타고 집으로 돌아와 휴식도 제대로 취하지 못한 채 내일을 위해 방전된 배터리를 충전하듯 겨우 잠자리에 든다. 우리가 삶을 살고 있는 것인지 삶이 우리를 지배하고 있는 것인지 도무지 분간할 수 없다. 어떻게 사는 것이 잘 사는 것일까. 나는 처음으로 스스로에게 진지하게 물어보았다. 그리고 아주 쉽게 답을 찾았다. 남에게 내세울 만큼 성공하지 않아도 좋으니 하루하루 즐겁고 편안하게 살아가는 게 중요하다는 것을.

2주간의 일정이 끝나가고 집으로 가는 비행기를 타야 할 시간이 점점 다가왔다. 여행이 끝난다는 게 실감이 나지 않았다. 걱정으로 시작했던 여행이었다. 그러나 혼란스럽고 힘들었던 우리나라에서의 일들을 잊어버리고 한껏 즐길 수 있었던 여행이었고, 좋은 사람들을 만나 내 인생을 다른 시각으로 보게 된 시간이었다. 세상은 넓고 그에 비해 내 키는 약간 작지만, 내가 할 수 있는 일과 갈 수 있는 곳은 세상에 많고 많았다. 나는 한국에서의 작디작은 이지영이 아니라, 어디든 갈 수 있고 무엇이든 할 수 있는 사람이라는 것을 깨달았다. 여행이 이렇게 좋은 것인 줄 알았더라면 진작 많이 해봤을 텐데, 하는 아쉬움이 나를 채웠다.

한국에 돌아오자마자 공항에서 앞을 제대로 안 보고 걸어가던 한 아주머니와 부딪쳤는데 미안하다는 말 한마디 없이 차가운 눈빛으로 돌아서는 뒷모습을 보자니, 내가 다시 한국에 돌아왔다는 사실이 실감났다. 옷깃만 스쳐도 연신 "쏘리"를 외쳐대던 호주에 어느새 익숙해져버렸나보다. 한여름밤의 꿈을 꾼 것처럼 모든 것이 연기처럼 사라졌다. 길을 건너려면 눌러야 했던 신호등 버튼이 눈에 아른거렸고, 호주 버스와 우리나라 버스를 자꾸만 비교하는 내 모습이 어색하기만 했다.

호주는 내게 놀랍고 아름다운 나라임에 분명하다. 사람을 배려한 장애인 시설들, 그 안에 담긴 따스한 마음과 친절이 아직도 기억에 남아 있다. 장애인에게 여행이란 손에 닿지 않는 꿈과도 같다. 그렇지만 내가 처음으로 걱정 없이 여행한 호주는 사람들의 집요한 시선을 피해 자유로울 수 있었던 곳이었으며, 길거리에서 내가 구경거리가 되지 않는 나라였다. 내가 장애인이 아니었다면 그냥 아름다운 자연을 가진 나라로 기억하고 지나칠 수도 있었겠지만, 장애인이기에 호주의 더 큰 아름다움을 발견할 수 있었다. 장애인이 살기에 좋은 나라인 호주에 다녀오니 가끔 우리나라에 사는 것이 더욱 힘들고 고단하게 느껴지기도 한다. 그러나 머지않아 호주보다 훨씬 더 좋은 나라로 거듭날 우리나라의 모습을 기대해본다. 실제로 지금 우리나라에는 11년 전에 비해 훨씬 더 많은 저상버스가 생겼고 휠체어를 탄 장애인이 이용할 수 있는 택시도 생겨났으며, 장애인들을 대하는 시각도 조금씩 따뜻해지고 있다. 세상은 이렇게 더디지만 조금씩 더 나아지고 있다.

첫 해외여행을 떠나기 전의 나는 우물 안에서 열심히 뛰던 개구리였다. 열심히, 쉬지 않고 점프했지만 나를 둘러싼 벽이 너무 높고 견고하다며 늘 의기소침해 있었다. 오직 보이는 것이라고는 눈앞의 벽뿐이라 한줄기의 햇볕에 아등바등하며 어떻게 벽을 뛰어넘을지 고민하던 개구리였다. 하지만 나는 한 번의 탈출을 감행했다. 우연찮게 우물 벽을 뛰어나가보니 우물 밖의 세상은 훨씬 더 넓고 평화롭다는 것을 알게 되었다. 또 우물 벽을 뛰어넘는 것이 그리 어려운 일이 아니라는 것도 깨달았다. 눈앞의 벽만 볼 게 아니라, 자꾸 뛰어 벽의 높이를 가늠하고 더 높이 뛸 수 있게끔 나를 단련하는 것이 중요하다는 사실도 알게 되었다.

하지만 늘 따뜻한 우물 밖에 있을 수는 없다. 넓고 따뜻한 우물 밖도 좋지만 우물 안도 나쁘지 않다. 우물 밖의 세상에 도달하기 위해 멀리, 또 높이 뛰는 연습을 반복하며 나는 늘 조금씩 성장해왔기 때문이다. 그리고 우물 안 개구리인 줄 알았던 내가 어느 순간 훌쩍 도약해 있다는 사실을 발견할 때, 벽으로 둘러싸인 줄 알았던 내 주변에 환한 빛이 들 때의 행복을 만끽하며, 나는 오늘도 나를 둘러싼 이 깊고 넓은 세상을 살아가고 있다.

　　　　　　　　불 편 하 지 만　불 가 능 은　아 니 다

우물 밖의 세상에 도달하기 위해 멀리, 또 높이 뛰는 연습을 반복하며
나는 늘 조금씩 성장해왔다. 그리고 우물 안 개구리인 줄 알았던 내가
어느 순간 훌쩍 도약해 있다는 사실을 발견할 때, 벽으로 둘러싸인 줄
알았던 내 주변에 환한 빛이 들 때의 행복을 만끽하며, 나는 오늘도 나
를 둘러싼 이 깊고 넓은 세상을 살아가고 있다.

백화점 거울 앞에
서기까지 24년

나는 깔끔한 옷차림을 좋아한다. 그렇다고 집안에 옷방이라도 만들어놓고 늘 화려한 차림으로 다니는 건 아니다. 내가 입을 수 있는 옷은 한정되어 있다. 다만 나는 옷으로 인한 이미지나 영향력에 대해 잘 알고 있기 때문에 최대한 깔끔하게 입으려고 노력한다. 외모가 워낙 눈에 띄다보니 후줄근하게 입고 다니면 나 자신이 초라해 보이는 것 같아 옷에 신경을 많이 쓰는 편이다. 또 장애인들은 가난하고 불쌍하고 왠지 지저분해 보인다는 세상의 못된 편견에 맞서기 위해서라도 좀더 좋아 보이는 옷을 선택하곤 한다.

어릴 적에는 늘 어머니가 사주는 옷을 입고 학교에 갔다. 비교적 체형이 작고 살이 찌기 전이라 아동복이 몸에 잘 맞았다. 어릴 적에 주로 입었던 옷은 투피스나 원피스였다. 다리가 많이 휘기 전이라 어머니는 4~5세용의 귀여운 원피스를 주로 사주었고, 나도 불만 없이 그 옷을 입고 다녔다. 하지만 내가 커가면서 어머니는 시장에 다녀올 때마다 나에게 화를 냈다. 옷을 사주고 싶어도 맞는 옷이 없으니, 어떻게 해야 할지 모르겠다고 속상한 마음을 내비쳤다. 가끔 어머니가 사준 옷이 나이에 맞지 않게 너무 어려 보여도 묵묵히 입었던 것은 어머니의 속을 더는 상하게 하고 싶지가 않아서였다.

중고등학생이 되면서 교복을 입어야 했다. 다행히 그때는 브랜드 교복이 활성화되기 전이었고 나는 학교 앞 교복집에서 교복을 맞추어 입는 세대였다. 중학교 교복은 조끼와 치마로 된 투피스 교복이었는데, 어머니는 투피스 교복이 입고 벗기에 불편할 것이라며 조끼와 치마를 붙여 원피스 교복을 만들어주었다. 다른 아이들과 다른 교복 디자인, 중학생이 입기에는 너무 어려 보이는 디자인의 원피스 교복에 작은 키. 모두 같은 옷을 입고 비슷한 길이의 단발머리를 하고 등교하는 아이들 사이에서 나는 외톨이가 된 것 같았다. 나는 거죽에서부터 남들과 결코 같아질 수 없었다. 그 교복을 입고 다닌 중학교 3년은 늘 외로웠다. 남들과 같아질 수 없다는 생각이 들었고 교복을 입고 당당하게 거리를 활보할 만한 자신감도 없었다. 원피스 교복만 입으면 빨리 집에 가고 싶었다.

다행히 고등학생이 될 무렵에는 다른 아이들처럼 투피스 교복을 입을 수 있었다. 하지만 몸길이가 다른 아이들보다 현저히 짧기 때문에, 완전히 똑같이 입지는 못하고 늘 디자인이 조금씩 변경되었다. 작은 키에 점점 살이 붙어가면서 일상복도 맞는 옷이 없어졌다. 바지를 사면 늘 반은 잘라내야 했고 상의도 몸에 맞추려면 팔부분을 잘라내야 했다. 아동복은 기장은 맞았지만 품이 맞지 않았다. 옷을 사는 건 늘 피곤하고 피하고 싶은 일이었다. 다른 아이들처럼 치마를 입는 것은 어린 나이부터 진작 포기했던 것 같다. 다리가 많이 휘다보니 치마를 입는 것이 부끄러웠다. 교복을 제외하면 나의 일상복에 아직까지 치마는 한 벌도 없다.

고등학생 때의 소망은 쫙 붙는 청바지를 줄이지 않고 입어보는 것이었다. 다음 세상에 태어나면 꼭 원 없이 청바지와 치마를 입어보고 싶었다. 자연히 외모에 대한 자신감도 없어지고 어떻게 옷을 골라야 할지도 몰랐다. 백화점이나 옷가게에 가서 옷을 입어보는 건 상상해보지도 못한 일이다. 점원 언니가 다가오기만 해도 무서웠다. 저 사람들이 나를 어떻게 볼까? 저 아이한테 맞는 옷은 없는데 왜 우리 가게에 들어왔을까 생각할까봐 지레 무서워 옷가게 근처에는 가지도 못했다. 늘 언니나 어머니에게 부탁해서 사온 옷을 집에서 입어본 뒤 다시 수선을 맡기는 식으로 옷을 구해 입었다. 자연히 내가 원하는 디자인과 스타일의 옷은 입어본 적이 없다. 그저 남이 좋아하는 스타일과 나의 체형을 그다지 고려하지 않은 옷을 받아들고 마지못해 입어보는 것이다. 남에게 계속 부탁하는 입장이다보니 싫은 티도 내지 못하고 그렇게 지냈다.

대학에 입학하면서부터 옷에 대한 고민은 더욱 커졌다. 고등학생

때까지야 대부분의 생활을 교복을 입고 했지만, 이제는 내 취향대로 옷을 골라 입어야 하는 것이다. 옷을 사는 것도 문제였지만, 내 취향이 무엇인지도 잘 몰랐다. 유행에 뒤처지는 것이 싫어서 처음에는 주변 친구들이 옷 입는 스타일을 유심히 관찰한 뒤 방학 때 집에 내려가서 언니에게 구입을 부탁했다. 절대 내가 먼저 옷가게를 가진 않았다. 그렇게 옷을 충당해 입다가 언니도 일이 바빠지면서 일일이 부탁하기가 어려워졌다. 가끔 친구들과 함께 백화점을 가긴 했지만 친구들이 피팅룸에서 나오면 그녀들의 옷을 옆에서 평가하기 바빴을 뿐, 내가 입어본 적은 한 번도 없다. 갓 20대가 된 나에게 백화점은 고문과도 같았다. 예쁜 옷들이 주위에 널려 있는데, 입어볼 수 없다는 건 참 슬프고 고통스러운 일이었다. 아무렇지 않게 옷을 고르고 자연스럽게 갈아입는 친구들을 볼 때마다 마음이 쓰라렸다.

　하지만 주변 친구들을 몇 번 따라다니다보니 약간은 용기가 생겼다. 그래서 처음에는 무작정 옷가게에 들어가 입어보지도 않고 대충 치수가 맞겠다 싶으면 사들고 왔다. 옷가게 점원들도 머쓱했는지 한 번도 나에게 먼저 다가와 입어보실래요, 라는 질문을 하지 않았다. 나의 쇼핑시간은 늘 십 분도 걸리지 않았다. 내가 보기에 맘에 들고 눈대중으로 치수가 대략 맞겠다 싶으면 입어보지도 않고 대뜸 계산을 해버렸기 때문이다. 그런데 막상 집에 와서 입어보면 내 체형과 어울리지도 않고 색깔도 매칭되지 않는 경우가 부지기수였다. 자신이 없어 교환하러 가지도 못해서 그 많은 옷들을 버리기도 하고 쌓아두기도 했다. 속이 상했다. 점점 멋져지는 또래친구들 곁에서 점점 더 작아지는 내 자신을 어떻게 추스려야 할지 몰랐다.

하지만 옷가게 출입에 몇 번 도전하다보니 차츰 내게 맞는 옷과 어울리는 색들을 알게 되었다. 그나마 키가 커 보이려면 어떻게 입어야 하는지, 내 얼굴에 어울리는 옷을 어떻게 코디해야 하는지, 옷을 버리는 양이 많아질수록 배우는 것도 늘어갔다. 수선도 못해보고 집에 쌓아두는 옷이 많아질수록 돈이 아깝기도 했지만 가슴이 아팠다. 그때마다 든 생각은 실패를 많이 할수록 내가 원하는 방향에 더 가까워진다는 믿음뿐이었다. 결국은 나에게 맞는 옷을 잘 고르는 날이 올 거야, 라고 스스로를 위로했다. 그렇게 어느덧 옷장에 쌓아두는 옷보다 실제로 입는 옷이 많아지기 시작했고, 이제는 제법 옷도 입을 줄 알고 나의 체형에 어울리는 옷을 척하면 알아내는 능력도 생겼다.

그리고 취직을 했다. 이제 마냥 캐주얼한 옷을 입을 수도 없었고, 무엇보다 남 앞에 서는 업무를 하다보니 옷차림이 중요했다. 이제 내가 좋아하는 옷이 아니라 '내가 만나는 이들에게 결례를 범하지 않는 옷'을 찾아야 했다. 아무 옷가게나 들어가서 대충 옷을 살 수는 없었다. 백화점에서 옷을 골라봐야겠다는 결심을 했다. 이전에도 백화점에서 옷을 산 적은 몇 번 있었지만 백화점에서 옷을 입어본 적은 없었다. 하지만 그 어렵다는 취업을 해냈다는 자신감 때문이었을까. 취업하고 몇 달 뒤 나는 갑자기 휘황한 백화점 매장으로 걸어가 마음에 드는 재킷을 집어들고 "이거 입어봐도 되나요?"라면서 불쑥 내밀었다. 나의 행동도 의외였지만, 내가 들어간 매장 점원의 반응도 의외였다. 아무렇지도 않게 "55사이즈 입으시죠?"라며 옷을 내주었다. 호기롭게 피팅룸에 들어설 때와 달리 그 안에서 내 꼴은 무척 우스웠다. 소매가 너무 길어 접지도 못하고 허수아비처럼 옷을 늘어뜨린 채 피팅룸 거울 앞에 망연자실하게 서 있었다. 그동안 그토록 마주하기 두려워했던 내 모습이었다. 어떻게 해야 할지를 몰랐다. 이걸 줄여달라고 해야 할지, 그냥 벗어야 할지 그저 난감하고 초조하기만 했다. 그렇게 발만 동동 구르고 서 있는데 점원이 아무 말 없이 다가와 소매 부분을 접어주며, 옷은 잘 맞는지 불편한 곳은 없는지 여기저기를 여며주었다.

아마도 그것이 고마웠나보다. 꽤 비싼 재킷이었는데, 일시불로 결제를 해버렸다. 점원은 내 팔길이에 맞게 수선을 맡겨주었고 그것이 백화점에서의 첫 피팅과 구입이 되었다. 그날 밤에는 마음이 설레 잠을 잘 수가 없었다. 비록 처음에는 허수아비가 따로 없었으나 어쨌든 백화점 거울 앞에 당당하게 선 내 모습이 뿌듯했다. 이제는 쭈뼛거리며 백화점에 들어가지 않아도 된다는 자신감이 생겼다. 누군가에게 대놓고 축하해달라 말하기도 뭣한 나만의 은밀한 도전이었으나 그만큼 한없이 두근거렸던 밤이었다.

세상 대부분의 일들이 그런 것 같다. 처음이 어려워서 그렇지 막상 처음이 해결되고 나면 이어지는 일들은 좀더 쉬워진다. 이제 나

백화점 거울 앞에 서기까지 나는 24년이 걸렸다. 그리고 나 자신에 대한 미움과 부끄러움 때문에 24년간 보지 못했던 백화점 거울 속엔, 놀랍게도 팔다리가 좀 짧을 뿐 나름의 예쁨을 가진 '이지영'이 너무 오래 기다렸다는 듯, 나를 보며 미소짓고 있었다.

는 백화점에 가면 내게 맞는 옷 위주로 거리낌없이 입어본다. 그리고 내 몸을 여기저기 거울에 비춰보며 돌아보기도 하고, 점원에게 이런저런 요청도 많이 한다. 어떤 점원은 그런 나의 심리를 이용해 이것저것 입어보라며 더욱더 적극적으로 권하기도 하고, 그래서 생각보다 많은 지출을 하게 되는 이제는 옷과 백화점 마니아가 되었다.

어떤 옷이든 내가 입으려면 기성복의 반은 덜어내야 한다. 비싼 옷일 때는 그것이 매우 아깝기도 하고, 점원들에게 옷값을 디스카운트해줘야 하는 것 아니냐며 구시렁대기도 하지만, 내가 입을 수 있는 옷을 스스로 선택하고 나에게 맞게 바꿀 수 있다는 것에 감사한다.

어머니는 늘 내 옷장을 보며 핀잔을 놓는다. "지영아, 네가 무슨 연예인이야? 무슨 옷이 이렇게 많아!" 그럴 때마다 "몸이 불편할수록 옷을 더 잘 입어야 해"라며 핑계를 댄다. 남들에겐 아무렇지 않은 일이지만, 백화점 거울 앞에 서기까지 나는 24년이 걸렸다. 그리고 나 자신에 대한 미움과 부끄러움 때문에 24년간 보지 못했던 백화점 거울 속엔, 놀랍게도 팔다리가 좀 짧을 뿐 나름의 예쁨을 가진 '이지영'이 너무 오래 기다렸다는 듯, 나를 보며 미소짓고 있었다.

네발자전거와 킥보드 타고
지구별 여행

심리학자 매슬로는 인간의 욕구를 5단계로 나누며 생리적 욕구, 안전의 욕구, 소속감과 애정의 욕구, 존경의 욕구, 자아실현의 욕구의 순으로 욕구의 층위가 발달한다고 설명했다. 그렇다면 여섯번째 욕구는? 나에게 감히 삶의 밑바탕에 둘 만한 가장 기본적인 욕구를 들어보라 한다면 '여행의 욕구'라고 주장할 것이다. '여행의 욕구'는 나에게는 생리적 욕구만큼이나 강렬하고도 마땅한 것이다.

만약 오늘 출근하지 않는다면 무엇을 하고 싶으냐고 묻는다면 난 지체 없이 '여행'이라고 대답할 것이다. 나는 여행 중독자는 아니다. 세계 몇 개국 여행 리스트를 작성할 만큼 많은 나라를 다녀보지도 않았다. 국내도 사정은 마찬가지이다. 큰맘 먹지 않으면 주말의 1박 2일 여행조차 나에겐 버거운 일이다. 하지만 나는 늘 여행을 꿈꾼다.

불편하지만 불가능은 아니다

충분히 채워질 수 없는 욕망이기에 그만큼 강렬하게 바라게 되는 건지도 모르겠다. 아마 몸이 불편한 사람들, 혹은 삶에 어떤 제약이 있는 사람들이라면 늘 마음속으로 간절히 여행을 원하게 되는 것인지도.

하지만 나는 그렇게도 갈망하는 여행이 두렵다. 온전치 못한 내 두 다리와 뒤뚱거리며 온 다리와 엉덩이를 사용해 힘겹게 걷는 걸음 때문이다. 연골이 없는 터라 조금만 걸어도 서로 부딪치는 뼈들 때문에 무릎은 둔해지고, 무거운 상체를 지지하는 허리에는 통증이 몰려온다. 그렇다보니 장시간 걷기가 어려워 그 좋다는 풍경들을 다 놓치고 관광지 입구에서 다리를 뻗고 앉아 쉰 적도 많고, 일행을 기다리며 마냥 바닥에 늘어져 있었던 적도 있다. 그래도 어떻게 꾸역꾸역 걸어본 날은 저녁이면 온몸에 근육통이 밀려오고 그 다음날은 엉치뼈와 다리가 어떻게 움직이는지도 모르게 둔해져 있다.

여행가방에 파스와 맨소래담을 잔뜩 챙겨가도 내 여행은 늘 상처투성이에 아픔으로만 가득했다. 오히려 여행은 혼자가 좋았다. 혼자일 때면 밤새 눈치보지 않고 끙끙댈 수 있고, 누군가에게 미안해하지 않고 실컷 아파할 수도 있었다. 그리고 무엇보다 내 컨디션에 맞춰 쉬어갈 수 있다. 그러지 못하는 단체여행이나 일행과 함께하는 여행일 경우에는 티나지 않게 아파하느라 고생깨나 해야 했다. 저녁에는 다리가 아파서 사람들이 모여 조촐하게 여는 술자리나 저녁파티에 참가하지 못하기 일쑤였고, 다리에 힘이 풀려 어기적어기적 걷는 모습을 보이기 싫어 몰래 숙소를 빠져나와 쉬기도 했다.

그래도 여행은 참 대단한 녀석이다. 떠나기 전의 기대감과 일상에서 맛보지 못하는 공기를 접하는 순간이면 그 모든 고통을 잠시 잊게 된다. 마약 같은 그 짧고도 강렬한 희열로 인해 그 희열의 몇백 배에 달하는 고통을 기꺼이 참아내는 것이다.

파란 네발자전거 타고
경주 여행

나는 국내 유명관광지를 갈 때는 주말이나 성수기는 웬만하면 피한다. 남들 다 떠나는 여름휴가 기간에 여행을 떠나는 것도 피한다. 이유는 단 한 가지이다. 많은 사람들의 시선 때문에 마음 편히 쉬려고 간 휴가지에서 당최 쉴 수가 없기 때문이다.

유람선을 기다리거나 공항에 가거나 유명관광지를 걸을 때, 언제나 나를 뜨겁게 감싸는 건 주위의 시선이다. 평소 주변에서 볼 수 없는 특이한 사람이 걸어다니니 신기해하는 건 당연지사이고, 누구와 걷고 있는지 무슨 옷을 입고 있는지까지 뚫어져라 관찰하기 시작한다. 그래서 나에겐 휴양지 패션이란 게 없다. 조금은 과감한 노출과 커다란 선글라스는 해외에서나 가능한 일이다. 이렇다보니 친구나 가족들과 함께 제때 휴가를 가는 것이 매우 부담스럽다. 나 때문에 그들까지 관찰의 대상이 되고, 본의 아니게 부담을 안겨주는 것 같아서다.

가끔 여행이 필요할 때는 월요일이나 금요일을 비워둔다. 가장 편한 길동무도 친언니이다. 마음 맞는 친구들은 시간 맞추기가 쉽지 않을뿐더러 혈육이라는 이유만으로 언니는 나의 육체적 피로감과 짜증을 받아주는 고마운 동반자가 되어준다. 더군다나 도움을 요청해도 내 마음이 무겁지 않으니, 이보다 더 좋은 여행친구가 어디 있겠는가.

언니와 내가 택한 첫 여행지는 봄에서 여름으로 넘어갈 무렵, 조금은 한산한 경주였다. 우리 언니는 '장롱면허'이다. 그래서 운전은 늘 내 몫이다. 나는 브레이크와 액셀까지 손으로 작동해 운전하기 때문에 두 시간 이상이 걸리는 먼 곳에는 다녀오지 못한다. 그래서 선택한 곳이 집에서 한 시간 반 정도 떨어진 경주였다. 마침 봄도 지난 터라 한창 번잡한 시기는 피할 수 있었다.

1박 2일의 짧은 코스였고, 둘 다 직장생활에 조금 지쳐 있던 터라 관광명소를 낱낱이 둘러보는 빠듯한 일정보다는 한적하게 길을 거닐며 얻는 소소한 즐거움을 택했다. 첫번째 여정은 하늘을 관측하기 위해 만들었다지만 내 키처럼 귀엽다 싶을 만큼 나지막한 옛사람들의 천문대, 첨성대였다. 나는 그 아담하고도 우아한 첨성대가 좋아서 한동안 뱅글뱅글 그 앞을 맴돌았다.

그런데 그때부터가 문제였다. 그렇게 귀에 못이 박이도록 들었던 첨성대도 직접 보니 이렇게 어여쁘고 정이 가는데, 구경거리가 넘쳐 날 이 경주에서 어떻게 하면 알차게 여행할 수 있을 것인가. 언니와 나는 막상 관광지 앞에 다다라 어떻게 할지 몰라 한참 고민했다. 지도를 보니 경주는 관광지끼리 대체로 붙어 있어 전부 차로 돌기에는 동선이 적절치 않았다. 또 관광지 내부까지는 차로 들어갈 수가 없기 때문에 대부분의 관광객들이 걸어다녔다. 그러나 한번 입구에 들어서면 족히 한두 시간 코스는 될 법해서 괜히 들뜬 마음에 나도 따라 걸어갔다가 내 다리로 걸어 나오지도 못하고 언니에게 업혀 나오는 참사가 벌어질 것만 같았다.

언니에게 무슨 죄가 있으랴. 그래서 내가 생각해낸 이동수단이 자전거였다. 마침 자전거 대여소가 눈에 띄었다. 성인용 자전거뿐만 아니라 아이들을 위한 네발자전거도 있었다. 야호, 해결! 다리가 짧아 두발자전거는 타지 못하지만 네발자전거는 동네에서 몇 번 타본 적이 있어서 자신 있었다. 그래서 네발자전거를 장기대여하고 나는 자전거에 앉고 언니는 내 옆에 서서 걸으며 두런두런 이야기를 나누면서 경주여행을 시작했다.

얼굴은 어른인데 새파란 아동용 자전거를 타고 다니는 내 모습이 사람들의 눈에는 영락없이 우스웠을 것이다. 하지만 나는 그렇게 기분좋을 수가 없었다. 내가 편하고 좋은데 남의 시선이 무슨 상관이랴. 그리고 나에게 이토록 적당한 여행수단이 또 어디 있으랴. 산들바람에 머리칼이 날리고, 평소 걸어다닐 때는 다리의 통증과 함께 간신히 와닿던 풍경들이 더 아름답고 풍요롭게 다가왔다. 첨성대와 고분, 그리고 신라의 탄생을 알리는 계림까지. 나는 꽤 먼 거리를 네발자전거를 타고 다녔다. 마냥 힘들 것이라 예상했던 여행은 네발자전거 덕분에 알찬 여행이 되어갔다.

유적지를 빠져나와 안압지로 이동할 때도 자전거를 타고 이동했다. 그런데 그 길은 울퉁불퉁 튀어나온 보도블록 때문에 네발자전거를 타기가 영 쉽지 않았다. 퉁퉁퉁 드르럭드르럭 네발자전거를 끌고 가는데 소리가 어찌나 크던지 민망함에 얼굴이 시뻘게졌다. 그나마 비가 올 듯 어두컴컴한 날씨에 일요일 오후였던지라 관광지가 붐비지 않아 다행이었다. 그렇게 나는 요란한 소리를 내며 안압지에 들어섰다.

처음에는 구세주처럼 유용했던 자전거가 점점 처리하기 부담스러운 천덕꾸러기가 되어가고 있었다. 안압지 내부의 바닥에는 모래와 잔디가 섞여 있어 그냥 걷는 것보다 자전거를 끌고 다니는 게 더 불편했다. 그리고 사람들은 또 어찌나 붐비던지. 군중 속에 섞이려니 나의 기특한 발이 되어준 네발자전거가 조금은 부끄러웠다. 그래도 어깨 펴고 당당하게 안압지를 누비고 다니려 애썼다. 하지만 그렇게 애쓰는 것조차 조금씩 힘들어지기 시작했다. 바지런히 페달을 밟는 것도 시간이 흐를수록 무릎에 통증이 밀려오는 게 영 힘이 들었다. 초반에는 쌩쌩 잘 달리기만 했는데 아무래도 이제는 네발자전거와 헤어질 시간이 다 된 것 같다.

자전거를 재빨리 반납하고 언니와 숙소로 향했다. 마음은 미처 다 하지 못한 여행에 대한 욕심으로 가득했지만, 오늘 하루는 이만 정리해야 내일의 일정에 지장이 없을 것 같았다. 많이 걷지는 않았지만 페달을 열심히 돌린 탓에 무릎과 엉덩이에 통증이 밀려왔다. 밤이 무서웠다. 텔레비전에서는 한창 개그콘서트가 방영되고 있었고 여기저기 관객들이 폭소를 터뜨리는 모습이 비쳤다. 나도 괜스레 따라 히죽거리면서 다리에 열심히 파스를 문질러가며 오늘의 나를 격려했다. 몸을 움직일 때마다 아팠지만 그래도 이런 소소한 즐거움을 찾아 여기 오지 않았더라면 느끼지 못했을 뿌듯함이었다. 언니는 화장실도 반쯤 엎드려 기어가다시피 하는 나를 보더니 내일은 아침에 박물관 한 곳만 들렀다가 바로 집으로 돌아가자고 말했다. 나는 절박하게 외쳤다.

"안 돼! 어떻게 온 경주인데. 더 보고 가야지."

다음날 내 마음은 날개를 달고 박물관 곳곳을 누볐지만, 내 다리는 이만 쉬고 싶다고 격렬한 통증으로 사인을 보냈다. 아, 몸과 마음이 이렇게 부조화를 이룰 수 있나. 몇 개의 동으로 이어진 박물관을 꼼꼼히 보지 못하고 기념품만 끌어안고 집으로 돌아와야 했지만, 네발자전거와 함께 한 경주여행은 다리의 통증만큼이나 강렬한 기억으로 남았다.

날아라, 킥보드!
노란 킥보드 타고 후쿠오카 여행

　　경주가 네발자전거와 함께한 여행이었다면 일본 후쿠오카는 아동용 킥보드와 함께 누빈 여행이었다. 역시나 이번에도 동행은 언니이다. 언니는 아주 오래전부터 일본, 일본, 일본 노래를 부르며 휴가철만 되면 일본에 가고 싶어했다. 그래서 언니와 나는 기필코 이번에는 한번 가보자며, 일본 여행에 대한 의지를 불살랐다. 그런데 휴가 시작 며칠 전에 급작스레 결정한 일인지라 비행기표가 매진이었다. 마침 부산에서 후쿠오카로 가는 배편이 있길래 여행사에 냉큼 예약을 걸었다.

　　언니는 일본에 대한 기대감으로 가득했지만 나는 가슴에 무거운 짐이 얹히는 것 같았다. 새로운 세상에 대한 동경은 마음에 가득했으나, 길도 모르는 그곳에서 나는 또 어떻게 돌아다닐까. 떠나기 전, 인터넷으로 수백 번 '후쿠오카'를 검색했다. 현지에서 자전거를 빌릴 수 있을까 해서 연관검색어를 수백 번 찾았다. 여행카페에 가입해서 아무리 들여다봐도 자전거를 들고 입국했다는 이야기는 찾아볼 수가 없어 한국에서 자전거를 들고 가는 건 포기 상태였고, 일본에서 내 사이즈에 맞는 자전거를 빌리는 일도 쉽지 않을 것 같았다. 하다못해 후쿠오카에서 자전거를 사는 것도 생각해보았지만, 비용상 만만치 않을 것 같아 관두었다. 일본은 물가와 택시비가 엄청나다는 것을 미리 들은 터라, 다리가 아파도 쉽사리 택시를 탈 수 없겠다는 생각에 걱정은 나날이 더해갔다.

그러다가 우연히 생각난 것이 가수 '세븐'이 처음 나왔을 때 유행시킨 바퀴 달린 신발, 일명 '힐리스'였다. 운동화 밑창에 작은 바퀴가 붙어 있어 신발을 신는 사람이 제어만 잘하면 정지와 이동이 가능한 운동화였다. 저거면 되겠다 싶어 여행 전에 미리 사서 힐리스를 신고 다니는 연습을 해보기로 했다. 이번에 내 여행수단이 되어줄 힐리스를 찾기 위해 여기저기 쇼핑몰을 찾아 헤맸는데, 아뿔싸! 내 발에 맞는 사이즈의 힐리스는 아예 판매되질 않았다. 내 발사이즈는 200mm가 채 되지 않는데, 바닥에 바퀴를 달아야 하다보니 너무 작은 사이즈의 운동화는 상품화되지 않는 것이었다. 잔뜩 실망한 채 정신없이 다른 대안을 찾아다녔다.

아무리 찾아 헤매도 딱히 아이디어가 떠오르질 않아 일본까지 가서 호텔 붙박이장 신세가 되려나, 막막해하던 그때 갑자기 떠오른 것이 있었으니 바로 킥보드였다. 다소 우스꽝스러울 수는 있겠지만 배에 들고 타는 데는 문제없을 것 같았다. 이번에도 결국 좌충우돌 끝에 나만의 기상천외한 이동수단을 발견해낸 것이다. 킥보드를 주문하려고 이리저리 물건들을 비교해보면서 제일 작은 사이즈를 찾아다녔다. 제일 작은 사이즈라도 무게가 5kg 정도 되어서 꽤 무거웠다. 고민 끝에 나는 언니에게 킥보드를 가져가도 되겠느냐고 물었다. 언니는 꽤 오래 걸어야 될 테니 가져가는 게 낫겠다며 이동할 때는 자신이 들어주겠노라고 약속했다.

킥보드를 주문하고 배송받아 이리저리 물건을 훑어보는데 생각보다 꽤 무거웠다. 성인 남자가 들어도 장시간 이동하기엔 힘들 것 같았다. 이걸 어떻게 갖고 다녀야 할지 고민되었지만 일단 걱정은 내려놓고 부푼 마음으로 일본으로 가는 배를 탔다. 하지만 예상과 달리 킥보드는 출발부터 미운오리새끼였다. 언니가 그 무거운 킥보드를 어깨 한쪽에 메고 걷는 것을 보니 마음이 편치 않았다.

엎친 데 덮친 격으로 일본의 날씨는 정말 헉 소리가 나올 정도로 더웠다. 사람들이 모두 목에 흰 수건을 매고 다니길래 이게 뭔가 생각하고 있었는데 그 궁금증은 금방 풀렸다. 쉴새없이 흘러내리는 땀을 닦기 위해 아예 목에 흰 수건을 걸고 다니는 것이었다. 한국의 더위와는 비교할 수 없는 섬나라만의 후끈한 열기가 우리 자매를 덮쳤다. 숙소에 짐을 풀고 킥보드와 최대한 가벼운 가방만 들고 나왔지만 여전히 짐은 천근만근이었다. 그뿐 아니라 후쿠오카 타워로 가기 위해 버스를 타고 내렸는데 길을 몰라서 한참 헤맸다. 이때다 싶어 킥보드를 꺼내 이리저리 쌩쌩 달렸다. 내가 이 찰나의 순간을 위해 이 무거운 걸 언니 어깨에 얹고 왔나 싶어 한편으로는 마음이 무거웠지만 영 쓰임새가 없는 것은 아니었다. 그러나 킥보드는 평탄한 길에서는 제 역할을 하는 물건이었지만 울퉁불퉁하고 복작복작한 길에서는 오히려 보행을 방해하는 골칫덩이였다. 어깨에 메기도 무거워 이리저리 끌고 다니다가 언니와 나는 결국 저녁 무렵 탈진하고

이번에도 좌충우돌 끝에 나만의 기상천외한 이동수단을 발견해냈다. 하지만 누군가 다시 킥보드를 타고 여행하라고 하면 절대 못한다며 손을 내저을 것이다.

말았다. 어깨에 얹었다가 실내에서는 접었다가, 또 사람들에게 거치적거릴 때에는 어디로 치워둬야 할지 몰라 난감했다. 후쿠오카 시내에서 킥보드는 정말 쓸모없는 물건 중의 하나였다.

둘째 날은 후쿠오카 인근 도시 나가사키에 가는 날이었다. 박물관도 가보고 그 유명한 나가사키짬뽕도 먹어보자며 의기양양하게 숙소를 나섰다. 처음 몇 시간은 왁자하게 수다도 떨며 여정을 즐겼지만 언니와 나는 이내 더위와 '그놈의' 킥보드에 빠르게 지쳐갔다. 나가사키는 후쿠오카보다 훨씬 오래된 도시이다보니 길도 고르지 못하고 경사도 심해서 킥보드를 끌고 다니는 게 후쿠오카 시내보다 더 여의치가 않았다. 급기야 언니는 더위에 너무 지쳐 짜증을 내기 시작했다. 왜 이런 걸 가져왔느냐며 화를 냈다. 언니도 힘들어서 그랬을 텐데, 나는 그 말에 마음이 내려앉았다. 그래도 남에게 피해를 끼치지 않고 자유롭게 다니고 싶어 샀던 킥보드인데, 킥보드가 나의 여행뿐만 아니라 언니의 여행까지 망가뜨리고 있었다.

그래서 셋째 날은 과감하게 킥보드를 숙소에 두고 나왔다. 더이상 무거운 짐 때문에 언니를 괴롭힐 순 없는 노릇이었다. 오늘은 걷다가 한번 죽어보자, 라는 심정으로 숙소를 나왔다. 후쿠오카 주변의 작은 온천도시 유후인을 찾아가는 일정이었는데, 그나마 일정이 단순해서 걱정을 덜 수 있었다. 킥보드 없이 내내 걷던 그날, 힘든 여행에서 해방된 그날은 참 운이 좋았다. 날씨가 흐려서 햇살이 그다지 뜨겁지 않았고 중간에 온천욕을 즐기며 다리에 뭉친 근육까지 풀 수 있었기 때문이다.

온천에 들어가 있는 동안 밖에는 세찬 비가 내렸다. 노천탕에 앉아 얼굴에는 비를 맞고 목 아래는 물속에 폭 담근 채 여행의 고단함을 씻어내렸다. 전신에 서서히 퍼지는 따뜻한 기운이 그간의 힘들었던 여정을 다 위로해주는 것 같았다. 어찌나 좋았던지 언니와 나는 한 시간가량 온천을 즐기려던 당초의 계획을 깨버리고 세 시간이 지나서야 노천탕을 나왔다. 일본으로 또 여행을 간다면 이 온천만은 꼭 다시 방문해보고 싶다. 그리고 약속이나 한 듯, 그날처럼 하늘에서 비가 온다면 더 좋겠지.

분명 힘겹게 더위와 싸우고 집으로 돌아왔는데 기분이 상쾌했다. 한 번은 꼭 가보고 싶었던 일본을 갔다 온지라 숙제 하나를 해치운 것 같았고, 온천욕이 주는 위안이 얼마나 따뜻하고 아늑한지 온몸으로 느끼고 왔다. 미운오리새끼 같았던 킥보드는 여행을 다녀오자마자 바로 중고장터에 팔아버렸다. 잠시나마 유용하게 썼지만 내 의욕이 너무 앞서 도리어 다른 사람을 힘들게 한 경우였다.

누군가 다시 킥보드를 타고 여행하라고 하면 절대 못한다며 손을 내저을 것이다.

너무도 작은 내가 올라탄 '빅버스',

홍콩 여행의 '빅재미'

이야기와 장소의 스케일이 점점 더 진화하고 있다. 급기야 홀로 떠난 홍콩 여행. 난 참 겁도 없나보다. 쇼핑의 천국, 금융의 허브라는 홍콩. 휘황찬란한 홍콩 야경사진을 보면 한 번쯤 가보고 싶다는 생각이 들곤 했다. 그리고 2011년 10월, 나는 드디어 그 소망을 이루었다.

회사생활 5년차 업무에서도 그랬지만, 내 심리상태도 30대를 향하면서 조금은 안정된 것을 찾기 시작했다. 이제는 '치열함'이라는 단어에서 벗어나고 싶었다. 조직에 적응하기 위해, 그리고 내 일에서 주도권을 잡기 위해 한동안 서바이벌을 달고 살았던 것 같다. 내가 얻은 것 가운데 좋은 것도 많았지만 피로감도 컸다. 그래서 이때가 아니면 언제 가랴 싶어 부랴부랴 떠났다.

그래도 혼자 가는 여행인 만큼 호사를 부려보고 싶어 숙소도 혼자서는 감당하기 비싼 숙소를 예약했다. 할부로 결제한 카드 덕에 몇 달간은 힘들겠지만 또 그 몇 달을 즐겁게 보내기 위한 힘을 충전해올 수 있으리라 생각했다.

홍콩은 최상의 선택이었다. 명성에 비해 도시 크기가 작아 이리저리 다니기가 편했고, 무엇보다 택시비가 저렴했다. 우리나라와 비슷한 물가로, 그나마 힘들면 택시를 쉽게 이용할 수 있다는 게 나에겐 엄청난 장점이었다. 홍콩은 혼자 떠나도 심심하지 않은 도시였다. 휴양지가 아닌 볼거리 위주의 바쁜 도시라 적적하지 않고 나름의 매력이 있을 것이라는 생각이 들었다. 2박 4일의 홍콩 여정은 여행사이트의 추천 일정을 그대로 따랐다.

사실 떠나기 전에 일이 바빠서 숙박과 항공권 외에는 별다른 준비를 하기가 힘들어 인터넷에 올라온 일정과 맛집을 그대로 인쇄해 가는 것 외에 나는 무방비 상태였다. 그렇게 날짜가 닥쳐서야 홍콩 관련 검색을 하다가 우연히 '빅버스'를 알게 되었다. 빅버스는 쉽게 풀이하면 일종의 시티투어버스인데, 홍콩의 명물인 이층버스를 타고 다니며 관광지마다 내려 구경을 하고 또다시 그 버스를 타고 이동하면 처음의 자리로 돌아올 수 있는 시스템이었다. 나는 다시금 손바닥을 치며 홍콩이야말로 나를 위한 도시라며 빅버스에 대한 정보를 수집했다.

천천히 도시를 지나는 이층버스를 타고 도시의 풍광을 바라보다가 문득 마음이 끌리는 곳에서 내려 자유롭게 구경하고 버스에 올라 다음 관광지를 둘러볼 수 있다니, 얼마나 좋은가. 굳이 내가 관광지를 찾아다니지 않아도 빅버스만 타면 천천히 홍콩 사람들과 건축물들을 구경할 수 있었다. 더군다나 버스에서 한국어 가이드 방송이 나오기 때문에, 나에게 이보다 더 좋은 여행수단은 없다며 빅버스만 믿고 홍콩으로 향했다.

퇴근 후 서둘러 공항에 도착해 비행기에 몸을 구겨넣었다. 비행기

안에는 하루종일 정신없이 바빠 기름기로 떡진 머리를 한 나 같은 직장인은 얼마 없었다. 멋있게 차려입고 하이힐을 신은 화려한 쇼핑 관광객들을 보며, 나도 한 번쯤은 저렇게 화려한 스커트에 부러질 듯한 하이힐을 신고, 긴 머리를 휘날리며 멋지게 공항에 들어설 수 있을까 그려보다가 단숨에 나와 맞지 않는 꿈임을 깨닫고 잠을 청했다. 그렇게 도착한 홍콩에서의 하루는 아침부터 분주했다.

나의 첫 미션은 빅버스 티켓판매소에서 이용권을 사는 일이었다. 내가 유일하게 준비해 간 정보는 빅버스 티켓판매소까지 가는 방법이었다. 지하철에서 내린 후 걷고 또 걸었더니 인도 아저씨가 빅버스 안내 책자를 들고 여기저기 홍보를 하고 있다. 제대로 찾아온 것이 분명했다. 이리저리 비교해보는 게 귀찮았던 나는 원데이 자유이용권을 구입했다. 그러고는 간단히 햄버거로 요기를 하고 버스에 몸을 실은 채 홍콩을 구경하기 시작했다. 빅버스는 정말 유용했다. 그냥 앉아만 있어도 주요관광지를 다 볼 수 있었다. 홍콩의 거리, 발 디딜 틈 없는 시장, 장국영이 마지막으로 머문 곳이 되었다는 호텔을 지나오니 80년대 홍콩영화가 생각났다. 다닥다닥 틈새도 없이, 또 끝도 없이 서 있는 아파트를 바라보니 이 좁은 곳에 모여 사는 사람들의 엄청난 열기가 느껴졌다. 그 열기는 빅버스 2층에서도 그대로 느낄 수 있었다. 버스 아래로 내려다보이는 바쁘기 그지없는 사람들, 그리고 그들 사이에 한껏 멋을 부린 홍콩 사람들. 크리스마스의 명동보다도 더 혼잡할 것 같은 시장은 네온사인으로 휘감긴 한문 때문에 더 이국적이고 화려해 보였다. 많은 사람들이 홍콩을 다녀온 뒤 홍콩의 잔상을 뚜렷하게 기억하는 건 아마 이 네온사인과 홍콩영화에 대한 향수 때문이 아닐까 싶다.

빅버스는 야경을 즐기는 데도 전혀 무리가 없었다. 야경이 아름다운 코스를 따라 홍콩의 화려한 밤으로 나를 안내해주었다. 다만 아쉬웠던 것은 '혼자'라는 사실이었다. 밤이어서인지 주로 연인들이 버스 여기저기에 자리를 잡고 있었는데, 특별한 볼거리가 없어도 그들은 행복해 보였다. 비어 있는 옆자리가 쓸쓸하게 느껴지기도 했지만 혼자여서 자유롭다는 사실이, 그리고 끝없이 높은 빌딩과 반짝반짝 빛나는 야경을 혼자서도 충분히 즐기고 있다는 사실이 우울한 기분을 깡그리 떨쳐주었다.

빅버스에서 내려서 호텔까지 삼십 분 남짓 걸어오면서 이렇게 뿌듯하고 알차게 집중하며 하루를 보낸 게 얼마 만인가 실감이 나지 않았다. 오로지 내가 원하는 볼거리와 욕구에 맞춰 다른 것은 아무것도 생각하지 않고 보낸 시간이었다. 중간에 한 번 길을 잃는 바람에 미리 인쇄해두었던 맛집을 가지 못한 건 정말 아쉬웠다. 하지만 이리저리 걷다가 찾아간 작은 식당에서 베트남 쌀국수와 함께 먹은 칭다오 맥주는 잊지 못할 추억이 되었다. 식당 간판이 맞는지, 상호가 한문인 건지 구분도 안 되는 간판을 보고 무작정 문을 열어 들어갔더니 다행히 식당은 맞았다. 아무 말도 통하지 않는 식당에 홀로 앉아 열심히 국수와 맥주를 먹고 있던, 땀에 흠뻑 전 이방인으로서의 내 모습을 생각해보면 가끔 자다가도 피식 웃음이 나온다.

내가 생각해도 나는 참 대책 없고 무자비하게 용감하기도 하
다. 여행은 바로 그런 것 같다. 그 순간 해야 할 것이 있다면 뒤
돌아보지 말고 해보는 것. 그것이 바로 추억이 될 수 있는 밑바
탕이기 때문이다.

다음날도 나는 어김없이 빅버스 정거장으로 갔다. 오전에 스탠리
쪽을 버스로 구경하고 오후에는 홍콩의 구석구석을 한눈에 볼 수 있
다는 빅토리아 피크로 이동했다. 야경으로 보지 못한 게 안타까웠지
만 맑은 날씨에 홍콩이라는 도시 전체를 조망할 수 있다는 것만으로
도 행운이었다. 일요일이라 가족 단위로 많은 사람들이 붐볐고 드디
어 피크에 올라 홍콩의 전경을 눈에 담았다. 열기 때문에 안경에 김
이 약하게 서린 듯한 느낌이 들었지만 그 전경은 나의 피로를 풀어
주기에 충분했다.

새벽 비행기를 타기 전에 아직 가야 할 곳이 남았다. 바로 '스타의
거리'이다. 바닷가를 따라 긴 산책로에 홍콩영화계의 내로라하는 배
우와 감독들의 손도장이 찍혀 있고, 이소룡의 동상도 서 있는 재미
있는 거리이다. 여기에는 유명한 시계탑이 있는데 이 시계탑에서 바
다 건너 야경을 보는 게 큰 구경거리이다. 저녁 8시가 되면 '심포니
오브 라이트Symphony of light'라고 하여 건물들마다 불빛들이 화려하
게 춤을 추고 큰 해안가에 노랫소리가 들려오며 관광객들의 흥을 돋

운다. 전날에 심포니 오브 라이트 시간에 맞춰 가는 데 실패했기 때문에 나는 서둘러 시계탑으로 이동했다. 그리고 결국 나는 그 유명한 야경을 보고야 말았다.

도시의 화려한 불빛에 사람들은 왜 열광하는 것일까. 나는 왜 그 야경이 그리도 보고 싶었을까. 낮에 힘들게 일했던 우리의 일터가 밤이 되면 그렇게 밝게 빛난다는 것을 미처 알지 못했다. 그 빛은 아마도 우리가 그토록 열심히 일해서 얻고자 하는 미래의 불빛이 아닐까. 서글프고 힘들기도 하지만 언젠가는 반짝반짝 빛날 미래를 기대하는 우리들의 애틋한 희망이 담긴 것은 아닐까. 아스라한 불빛을 바라보며 나는 조금 울었다.

분위기에 취해 한 시간 정도 스타의 거리를 걷다가, 문득 내가 나온 홍콩 사진 한 장이 없다는 사실에 마음이 급해졌다. 혼자 온 여행은 '사진'에서 늘 막힌다. 야경을 배경으로 한 사진 한 장 남겨가지 못하면 주변 사람들에게 홍콩이 아니라 해운대에 다녀온 게 아니냐는 놀림을 들을지도 모르겠다는 생각이 번뜩 들었다. 그래서 사이좋아 보이는 동양인 부부에게 다가가 영어로 사진을 찍어달라고 요청했다. 나는 당연히 홍콩 사람일 줄 알았는데 알고 보니 한국인 부부였다. 나를 홍콩 사람 아니면 다른 나라 관광객으로 착각했던 것인지 부부는 사진을 찍어준 뒤 내가 듣지 못하게 "잘 나왔는지 봐봐, 여보 잘 찍어줘야지" 하면서 사진을 체크했다. 나는 한국인이라고 말할 타이밍을 놓치는 바람에 사진기를 받아들고 "땡큐" 하고 외쳤다. 아직도 그때 일을 생각하면 웃음이 터진다. 그냥 허리를 굽히면서 "고맙습니다" 말할걸.

　비행기 수속시간을 남겨두고 나는 온몸의 에너지를 다 쏟아부었다. 마지막까지 홍콩에서 눈을 떼지 못해 공항에 도착하고 난 뒤에야 내 욕심 때문에 혹독한 경험을 했던 무르팍을 어루만졌다. 돌아오는 비행기 안에서는 근육통에 시달려 결국 진통제를 먹을 수밖에 없었다. 사방이 막힌 좌석에서 벨트에 묶여 앉아 있노라니 욱신거리는 몸이 더욱 아팠다.

　집에 돌아와서는 가족과의 재회를 기뻐할 틈도 없이, 짐도 풀지 않고 침대에 뻗어버렸다. 남들에게는 그다지 어렵지 않은 소소하고 유쾌한 2박 4일의 일정이었겠지만, 나에게는 다시 없을 만큼 기쁘고도 힘겨웠던 2박 4일이었다.

　홍콩 빅버스 여행은 정말 유용했지만 돌아와보니 사진이 죄다 흔들려 있었다. 움직이는 버스에서 야경과 풍경을 찍다보니 내 손이 버티지 못하고 사진을 전부 망쳐놓았던 것이다. 여행 가면 남는 건 사진뿐이라는데 홍콩이 남겨준 제대로 된 사진은 한국인 부부가 찍어준 나의 상반신 사진뿐이다.

　하지만 내 기억에 남은 것은 사진뿐만이 아니다. 치열함과 번잡함이 싫어 떠났던 도시에서 만났던 또다른 바쁨과 화려함, 그리고 그 번잡함이 주는 사람 냄새. 그것이 내가 있던 자리가 결코 잘못되거나 나쁜 자리가 아니라는 것을 또 한번 증명해주었다. 그것만으로도 빨간 빅버스와 함께 한 홍콩 여행은 값어치가 있었다. 비록 그후 몇 달은 카드값에 시달렸지만.

아무래도 나는 또 혹독한 병에 걸렸나보다. 여행병. 이 글을 쓰는 내내 작년 출장차 갔던 샌프란시스코가 떠오른다. 서늘한 바람과 아기자기한 집들을 잊지 못해 인터넷에서 한참 이미지를 검색해서 컴퓨터 바탕화면에 깔아두었다.

내겐 너무 힘들지만 그래도 나는 여행이 좋다. 세상 어디에선가 자신의 모습으로 살아가는 사람들을 보는 것이 좋다. 그리고 돌아와 애틋하게 느끼는 일상의 소중함이 좋다. 넓은 세상을 경험하려고 애쓰는 나의 방식이 안쓰럽지만 대견하다. 샌프란시스코는 언제 어떤 방식으로 또 갈 수 있을지 모르겠다. 이번에는 렌터카를 빌려볼까. 과연 나의 거친 운전이 미국에서 살아남을 수 있을지, 네발자전거와 킥보드에 이어 또 어떤 나만의 여행방식을 만들어낼지 기대된다. 근육통은 물론 덤으로 따라오겠지만, 다치지만 않는다면 아무 상관 없다.

모든 것은
나 자신에게 달렸다

모든 것은 나 자신에게 달렸다. 이것이 맞는 말이라는 건 몇 번이나 되새겨서 알고 있으면서도 가끔 핑계를 댄다.

세상 살기 힘들다고 느낄 때 나는 핑계를 댄다.

세상이 나쁘다고, 내가 태어난 환경이 좋지 않다고 핑계를 댄다.

환경 때문이고,

얼굴 때문이고,

운 때문이고…… 등등

주위 환경 때문에 내가 성공할 수 없는 것인가? 환경 때문에 모든 것이 변할 수 있을까? 미국 대통령 링컨이 집 주위의 도서관 시설이 훌륭해서 독서광이 되었을까? 설마. 그렇다면 링컨과 한마을에 사는 애들은 다 대통령이 되었을 것이다. 링컨이 독서왕이 될 수 있었던 건, 집 주위에 도서관이 있든 없든 간에 책을 좋아했던 링컨의 욕망 때문이다.

외모가 떨어져서 내가 지금 이렇게 힘들다고? 예쁘면 해결된다고? 예쁘면 세상 살기가 편할까?

물론 어느 정도는 편할 수 있다. 부정할 수 없는 사실임에 틀림없다.

하지만 예쁜 생김새뿐만 아니라 예쁜 마음도 외모가 될 수 있다.

표정은 나의 생각과 태도를 대변해주는 거울이다.

내 생각과 태도가 부정적이라면 얼굴에 부정적인 아우라가 나타날 것이고 내 마음이 행복하고 기쁘다면 그것이 예쁜 표정으로 드러날 것이다.

그렇다면 표정, 미소, 또 나아가 얼굴까지…… 외모라는 건, 자신을 설득할 수만 있다면 어느 정도는 바꿀 수 있는 것이라는 결론이 나온다.

내가 운이 없어 매사 힘든 것인가?

매일 버스 타고 집에 오가면서 어떻게 운을 바라고 있나?

하늘에서 돈이 떨어지길 바라거나 땅만 보다가 우연히 떨어진 돈

뭉치를 발견하길 기다리고 있는 것인가?

운이란 새로운 것을 항상 치밀하게 준비하고 도전할 때 찾아오는 것이다. 그리고 어느 날 문득 운이 찾아올 때는 약간은 변덕스러운 확률이란 신과 동행한다. 그렇기에 운이 없어서, 라는 말은 내가 충분히 준비하지 못해 아직 그 확률에 미치지 못했음을 의미한다.

우리 삶의 대부분은 나에게 달렸다.

장애인이라고
어학연수 왜 못 가?

; 나 홀로 떠난 호주 어학연수기

결심_ 꿈을 잃어버렸을 땐 떠나야 한다

사람들에겐 저마다 결코 돈으로 바꿀 수 없는, 억만금을 주고도 살 수 없는 경험이 있다고 한다. 인생에 그런 소중한 경험이 하나라도 떠오르지 않는다면 당신은 불행한 사람일지도 모르겠다. 침대에 누워 잠들기 전에 당시의 기억들을 떠올리면 어느새 미소가 지어지는 날들이 나에게도 있다. 그리고 엄청난 용기로 나를 채찍질했던 그 시절이 매우 그립다. 지금은 그때의 용기와 패기의 절반이나마 내게 남아 있을까. 어렸지만 어른스러웠던, 아무것도 없었지만 온몸에 열기만은 가득했던 그때로 나는 돌아가고 싶다.

불편하지만 불가능은 아니다

나는 해외 어학연수를 가고 싶었다. 그러나 어학연수라는 허울좋은 핑계로 들여야 할 돈은 사실 만만치 않은 금액이었다. 그간 집안 형편도 넉넉지 못한데 다른 대학생들처럼 아르바이트 하나 하지 못해, 내 생활비는 오롯이 부모님의 몫이었다. 그 짐을 덜어드리려고 매번 내 힘으로 할 수 있는 일이 없을까 고민했지만, 결국 내가 도달하는 답은 늘 똑같았다. 부모님이 나를 믿고 투자해주시는 만큼 훌륭한 경험들을 쌓아나가는 것이 내 나름대로 보답하는 길이었다. 재정적으로 부모님을 돕는 것보다 나중에 부모님이 날 걱정하시지 않게끔 자립심을 키우는 것이 오히려 돈보다 값진 일이라 생각했다.

현실적으로 아르바이트는 내겐 꿈도 꿀 수 없는 일이었다. 대부분의 아르바이트가 단순육체노동에 초점이 맞춰져 있다보니 장애를 가진 몸으로 알바생이 되는 것은 꿈도 꿀 수 없었다. 집안 형편을 감안해 생각해보면 나는 늘 이기적인 아이였다. 집에서 한참 먼 서울의 사립대학 진학을 결심한 것도, 어학연수를 결심한 것도 어떻게 보면 나에겐 주제넘은 선택임이 분명했다. 선택에는 늘 대가가 따르기 마련이다. 혹독한 대가를 치르는 쪽은 언제나 내가 아니었다. 나는 좋은 환경이 주는 혜택을 누리는 쪽이고 부모님은 대가를 치르는 쪽이었다. 가끔은 엄청난 죄책감에 몸서리치기도 했다. 어린 시절부터 나는 늘 부모님의 가장 무겁고 아픈 짐이었다. 그러나 어떻게든 다른 사람들처럼 평범해지기 위해 노력했던 나로서는 부모님에 대한 죄송함은 잠시 뒷전으로 미뤄둘 수밖에 없었다.

반드시 어학연수를 떠나야겠다고 결심한 것은, 단순히 영어실력을 향상시키고 싶기 때문만은 아니었다. 영어는 국내에서도 얼마든지 공부할 수 있다고 믿었고, 충분히 해낼 수 있다는 자신감도 있었다. 나에게는 영어보다 더 넓은 '세상'을 배우고 싶다는 욕망이 있었다. 넓은 세상, 다른 환경에서 나를 테스트해보고 싶었다. 우리나라가 아닌 어디에서라도 잘 먹고 잘 살 수 있다는 것을 증명해 보이고 싶은 마음이 컸다.

결심의 씨앗은 아마도 고등학교 3학년 때 수능시험을 끝내고 한 국작은키모임의 제안으로 갔던 호주 여행이었던 것 같다. 내가 처음 느꼈던 자유, 내가 어떤 사람이든 될 수 있다는 자신감. 그것은 열지 말아야 했던 판도라의 상자를 연 것과 같은 기분이었다. 그 여행을 앞두고 나는 두려움으로 가득찼지만 한편으로는 기대감으로 몸이 떨렸다. 열아홉 살의 호주 여행은 어쩌면 최상의 조건이었는지 모른다. 몸은 힘들었지만 나를 도와주는 사람들이 있었고 그들에게 보답하기 위해 나는 더욱더 열심히, 기쁘게 생활했다. 그러나 여행은 분명 외국에서 일정기간 머물며 일상생활을 하는 것과는 질적으로 다르다. 한 지역을 스쳐지나는 것뿐이므로 경제적인 부담감도 적다. 하지만 나는 그 잠깐의 여행이 언젠가는 호주에서의 일상생활로 이어지리라는 묘한 예감을 갖고 있었다.

겉으로만 매우 당당한 척하는 헛똑똑이였던 나는 늘 나에 대한 불편함을 가지고 살았다. 사람들이 많은 곳에는 가지 않았고, 이유 없

　　　　　　　불편하지만 불가능은 아니다

이 나를 싫어하는 사람이 있으면 당당히 맞서지 못하고 내버려두었다. 사람들은 내 당당한 모습이 좋다고 했지만 내면의 나는 스스로에 대해 늘 겁먹고 있었다. 어딘가 열등감이 있었고, 백화점에서 옷하나 사지 못하는 겁쟁이였다. 장애인에게 억압적인 세간의 시각으로부터 나는 자유롭지 못한 아이였다.

사람들 앞에서 넘어지는 것이 두려워 늘 등허리가 땀으로 젖을 만큼 조심스럽게 걸었고, 어설프게 넘어질 때는 무릎이 깨질 정도로 아픈데도, 아무렇지 않은 척 벌떡 일어나기도 했다. 우리나라를 떠나면 이 열등감에서 벗어날 수 있을까. 나는 늘 이런 궁금증을 품고 살았다. 왜 나는 늘 열등감에 휩싸여 살아야 할까. 왜 다른 사람들을 부러워만 해야 할까. 왜 나를 떳떳하게 드러내지 못할까. 언제까지 이 벽장 안에서 살아야만 하는 것일까. 나는 탈출하고 싶었다.

그 당시 나는 내가 벌여놓은 수많은 욕심들에 지쳐 있었다. 대학교 3학년이 되면서 언론사 입사를 꿈꾸며 학교 언론고시반에 들어가 6개월간 공부하는 동안 많은 고민을 했다. 과연 방송사나 신문사가 정말 내가 가야 할 방향인지, 이 공부가 나에게 맞는 것인지 좀체 구분하기 힘들었다. 내 키를 감안하자면 리포터나 앵커 등에 적합한 사람은 아닌 것 같고, 그렇다고 기자들의 전형적인 모습대로 마이크를 들고 현장을 누비는 일에도 부적합한 것처럼 보였다. 내가 언론사에서 무엇을 할 수 있을까를 매번 고민해야 했다. 그러다 생각한 것이 라디오 프로듀서였다. 자극적이지 않은 따뜻한 뉴스를 사람들에게 전달해주고 싶었다.

라디오 프로듀서를 꿈꾸는 사람들은 음악에 조예가 있어야 한다고들 말한다. 하지만 나는 음악과는 거리가 먼 사람이었다. 그러다 보니 고시반에 있으면서도 늘 자신감이 없었고 노상 고민에 휩싸여 공부에 몰두하기가 힘들었다. 언론사 입사도 고시화가 되어버려 좁은 관문을 통과하기 위해서는 상식필기시험, 작문테스트, 합숙시험을 연달아 통과해야 한다는데, 이것이 과연 실제로 일하는 것과 무슨 상관이 있을까 고민스러웠다. 두께만 족히 10cm는 넘을 듯한 상식 책을 몇 개로 분권하여 달달 외우면서도, 과연 이것이 훌륭한 기자나 프로듀서가 되는 데 얼마나 도움이 될까 하는 물음표를 가지고 있었다.

아니, 쉽게 말하자면 나는 하기 싫었던 것 같다. 왜 해야 하는지 알 수 없었다. 비겁하게도 나는 내 선택에 최선을 다하지 못했고, 도망치듯이 메일 한 통만을 남기고 짐도 챙기지 않은 채 고시반을 나왔다. 지금 생각해봐도 그때의 나는 참으로 비겁했다. 고시반에서의 생활을 떠올리면 언제나 마음이 불편하다. 나에게 작은 도움이라도 되고자 많은 조언을 아끼지 않은 선배들과 교수님들에게 여전히 죄송한 마음뿐이다.

궁극적으로 나에겐 시간이 필요했고 내가 누군지 알아야 했다. 당장 배가 고파 밥을 먹어야 할 때 냄비보다 중요한 건 쌀이듯 무슨 꿈을 꾸고 어떻게 살 것인가에 대한 고민은 부차적인 일이었다. 내가 어떤 사람인지 왜 당당해지지 못하는지 답을 얻고 싶었다. 하지만 이대로라면 그에 대한 대답은 죽었다 깨어나도 얻지 못할 것 같다는 생각을 했다. 변화의 순간이 필요했다.

해외에 나가면 변화와 깨달음이 거저 주어지는 것인가, 라고 누군가 묻는다면 나는 아니라고 분명하게 이야기한다. 하지만 그 변화를 만들어야만 하는 절박한 이유가 있다면 분명히 상황은 달라진다. 내 마지막 종착역은 무조건 일단 떠나야겠다는 결심이었다. 나에 대해 알고 싶은 욕망, 호주에 대한 동경, 새로운 환경에 대한 선망, 경제적인 부담을 포함해 그 모든 걱정을 제쳐두고서라도 오로지 가고 싶다, 라는 생각만이 나를 이끌었다.

출국 _ 반대하는 가족, 가야만 했던 나, 그리고 여행가방 시위

그렇게 떠나야겠다는 결심은 벽돌처럼 단단히 다져졌다. 이제는 준비를 시작해야 한다. 이리저리 인터넷 사이트를 배회하며 정보를 모았다. 처음에는 호주보다 미국으로 가는 편이 나을 수도 있겠다는 생각을 잠깐 했다. 어학연수를 잘 끝내려면 무엇보다도 잘 갖춰진 연수시스템이 필요했고, 아무래도 호주 영어보다는 우리나라에서 많이 쓰는 미국 영어를 배울 수 있는 곳으로 가는 게 나을 것 같았다.

호주와 미국, 둘 다 장애인을 위한 시스템은 잘되어 있는 편이었지만, 호주보다 미국이 훨씬 더 놀라운 장애인들의 천국이라는 이야기를 듣고 마음이 혹하기도 했다. 하지만 곧 생각이 바뀌었다. 이미 여행 경험이 있는 호주가 적응하기에 나을 것이란 생각이 들었고, 무엇보다 안전이 가장 큰 문제였다. 미국의 경우 아무래도 총기 소지가 허가되어 있다보니 겁도 났고, 자가용이 없으면 다니기 힘들 정도라는 불편한 대중교통이 내 발목을 잡았다. 하긴 영국 영어, 미국 영어, 호주 영어 구분하는 것이 뭐 그리 대수랴. 결국 공부도 생활이 편하고 재미있어야 잘된다는 생각이 들어 마음 편히 호주를 선택했다.

결심이 섰으니 이제 부모님의 허락을 받아내는 것이 숙제였다. 3학년 2학기 중반이 흘러갈 때쯤 집에 내려와 이야기를 꺼내기 시작했다. 처음에는 호주로 떠나겠다고 선언한 것이 아니라 "엄마…… 친구들이 요즘 어학연수를 다 가네…… 나도 가야 할 텐데……"라며 슬며시 부모님의 표정을 관찰했다. 부모님은 짧게 한마디하셨다. "돈이 어딨노." 그러고는 마치 내 이야기를 들은 적이 없다는 양 태연하게 행동하셨다. 정말로 내가 강하게 가고 싶어한다고는 미처 생각지 못하셨던 것 같다. 부모님의 계획대로라면 나는 휴학 없이 곧장 4학년을 졸업해야 했다. 빨리 졸업해서 자립하고 나에게 맞는 일을 찾아야 부모님의 짐을 덜어드릴 수 있었다.

나는 3학년 2학기를 마칠 때쯤 기숙사를 비워두고 집으로 내려왔다. 혼자서는 이미 휴학과 어학연수에 대해 기본계획을 짜둔 상황이라, 영어공부를 시작해야 할 시점이었다. 부모님께는 알리지 않았지만 나는 이미 물밑작업을 준비하고 있었던 것이다. 일단 집에 내려오긴 했는데 머리가 아팠다. 도대체 어디서부터 말을 꺼내 어떻게 허락을 받아야 할지 감이 오지 않았다. 부모님을 떠나 서울로 대학을 가겠다고 속을 썩인 전력이 있긴 하지만, 조용히 대학을 졸업할 것 같던 자식이 기필코 어학연수를 가야겠다고 고집을 피우면 부모님이 얼마나 당황하실지 눈앞이 아득했다.

아버지는 평소에 내가 하려는 일에 대해 크게 반대하지 않는 분이었지만, 문제는 어머니였다. 어머니의 경우 어렸을 적부터 내 학교생활을 가까이서 지켜보면서 내가 낯선 사람들 사이에서 얼마나 고생하는지 알고 계신 터라, 가급적이면 내가 힘들고 어려운 일은 피해 가기를 간절히 바라신다. 내가 조금만 힘들어해도 본인이 아픈 것처럼 끙끙 앓으시기 때문에 나는 개인적으로 몸이 아프거나 힘들어도 어머니께는 잘 말씀드리지 않는다. 그런 어머니 때문에 요즘에도 나는 당일출장 정도는 따로 말씀드리지 않고, 그냥 회식이나 야근으로 늦게 퇴근한 것처럼 조용히 집에 들어올 때가 많다.

한번에 폭탄을 투하해버리면 어머니가 또 얼마나 걱정하고 앓으실까 싶어, 나는 틈날 때마다 부모님을 찔러댔다. "아 글쎄, 연수를 갔다 와야 취업이 된다던데!" 또는 "어학연수 가면 나도 잘할 수 있어" 하고 부모님을 자꾸 안심시키는 수밖에 없었다. 내가 하도 어학연수 노래를 해대자 부모님은 어느 정도 내 의중을 파악하셨지만,

그래도 그때까지는 그냥 저렇게 졸라보다 말겠거니 생각하셨던 것 같다. 겨울이 점점 다가오자 나는 초조해졌다. 그래서 부모님께 진지하게 이야기를 꺼냈다. 어학연수를 가겠노라고, 아니 가야만 한다고. 부모님은 진지한 나의 눈빛에 드디어 올 것이 왔다고 생각하셨는지 아연실색하셨다. 아버지는 여전히 별말씀이 없으셨다. 아니 하실 말씀은 많아 보였지만 평소처럼 그저 침묵으로 그 많은 이야기를 대신하셨다.

그러나 어머니는 대번에 결사반대 입장을 취하셨다. "몸이 불편한데 대체 또 어디를 가겠다는 거냐" "아는 사람 하나 없는데 너 혼자 가서 행여 아프기라도 하면 어떻게 할 거냐" "무슨 헛바람이 들어서 또 이러냐" "너 혼자 어떻게 외국에서 살겠다는 거냐" 어머니는 그날 이후로 나와 대화를 꺼렸다. 그날부터 어머니의 이마는 고민으로 인해서 늘 찡그려져 있었다. 아버지는 늘 어머니의 결정을 따르는 편이라 어머니가 허락을 해주셔야만 나는 떠날 수 있었다. 어떻게 해야 부모님을 설득할 수 있을까. 고민에 휩싸였다.

잠이 오질 않았다. 부모님이 허락하지 않는다면 출발하지도 못하고 흐지부지될 상황이었다. 언니는 별말이 없었지만 집안이 어려운 상황에서 꼭 나가야겠느냐며 나의 선택을 되돌리려 했다. 나는 회사일로 늦게 퇴근한 언니에게 부모님께는 채 드러내지 못한 짜증을 다 모아서, 내 친구들에겐 당연한 일인데 왜 나는 안 되는 거냐며 화를 펄펄 내곤 했다. 결국 어머니가 조용히 나에게 말씀하셨다. 돈이

불 편 하 지 만 불 가 능 은 아 니 다

얼마나 필요하겠느냐고. 나는 최소 2천만 원은 족히 들 거라고 이야기했고, 어머니는 한숨을 푹푹 쉬며 지금은 그럴 만한 여유가 없다고 잘라 말씀하셨다. 다른 걱정을 다 떠나서 네가 그렇게 가고 싶은데 부모라고 왜 뒷받침해주고 싶지 않겠느냐고, 하지만 집안 사정이 정말 좋지 않다고 말씀하시는 어머니의 표정이 너무나 어두웠다. 나 또한 낯선 호주땅에서 어떻게 1년이나 생활할지 두려움뿐이었다. 모두가 마음 편한 길은 내가 그대로 우리나라에 남는 것이었다. 하지만 도저히 그것만은 하고 싶지 않았다. 나는 그 모든 한숨을 또 외면해야 했다.

여전히 상황이 지지부진하던 어느 날, 나는 내 가슴께까지 오는 캐리어 가방을 구해왔다. 한 28인치 정도 되는 사이즈였던 것 같다. 시간은 계속 흘러가고 부모님의 허락은 떨어질 기미가 보이지 않아 마음이 급해져 그냥 짐이라도 싸보자는 생각에, 무턱대고 그 커다란 가방을 집에 들고 와 마룻바닥에 펼쳐놓고 짐을 싸기 시작했다. 나의 가방 시위(?)는 이렇게 느닷없이 시작되었다. 간디에게 비폭력운동이 있다면 이는 나만의 비폭력 방식임이 분명했다. 그리고 어떻게든 출발하고야 말겠다는 내 의지의 표현이었다. 이렇게 짐이라도 싸고 있으면 부모님이 안쓰러워서라도 언젠가는 허락해주지 않을까. 안 그래도 살림으로 가득차 있던 마룻바닥에 여행가방까지 펼쳐져 있으니 집안이 어수선해서 지나다니기 힘들 지경이었다. 그러나 그때부터 나는 아무 말도 하지 않고 매일같이 계속 짐을 싸기 시작했다. 뭘 싸야 할지 몰라서 그저 가방을 펼쳐놓고 일기장 몇 권을 넣기도 하고, 그 다음날에는 여름옷 한 벌을 집어넣었다. 어머니는 내 가방이 눈에 띌 때마다 속상한 맘 반, 어이없는 맘 반으로 빨리 가방 치우라고 고함을 치기도 하고 가방을 내 방에 던져넣기도 했다. 나는 들은 척도 하지 않았고 아무 말도 하지 않았다. 가방이 내 방에 던져져 있을 때마다 꾸역꾸역 다시 짐을 싸서 마루에 내놓았다. 부모님은 결코 쉽게 허락하지 않았다. 그리고 나 역시 굴하지 않고 꿋꿋이 가방을 쌌다. 가방이 비워졌다 채워지고 내 방과 마루를 하루에도 몇 번씩 오가는 사이, 어느덧 2개월이 흘러 한겨울을 지나고 있었다.

짐짝을 마루에 펼쳐놓고 마냥 놀고 있을 수는 없었다. 아직 부모님의 반응은 냉랭했지만 언젠가는 허락하시겠지, 하는 생각에 내 나름대로 준비를 시작했다. 인터넷 사이트에 들어가서 학생비자 신청 방법, 유명한 유학원, 호주의 어학원, 홈스테이 등 여러 정보를 모아놓는 한편 영어공부도 게을리할 수 없었다. 무슨 자신감이었는지 나는 딱히 영어학원도 다니지 않았다. 백수로 놀고 있는 상황에서 부모님에게 부담을 안겨드리는 것 같아 영어는 독학으로 준비하기로 했다. 인터넷에서는 하나같이 어학연수 전에 영어실력을 올려놓아야 효과를 볼 수 있다는 글이 대부분이었다. 나의 영어공부법은 단순했다. 원어로 된 기초문법책을 사서 처음부터 끝까지 다섯 번 정도 정독했다. 그리고 낄낄거리면서 미드를 보고 또 보았다. 그렇게 하루이틀이 가고 2월이 되어도 딱히 무언가 하지 않고 가방을 싸거나 미드만 보고 있던 나를 보며 부모님은 긴 한숨을 내쉬었다.

어학연수를 향한 나의 간절한 시위가 3개월을 넘어가고, 어느덧 봄이 다가올 무렵. 마침내 부모님의 허락이 떨어졌다. 아직 철없던 나는 부모님의 걱정도 눈에 들어오지 않았고 그저 눈앞에 펼쳐질 호주에서의 생활에 대한 기대감으로 가득차 있었다. 지금 생각해봐도 나는 정말 이기적인 아이인 것이 분명하다. 어머니와 함께 유학원을 다녀오고 나서 본격적인 준비를 시작했다. 겨우내 불확실한 상황 속에서도 온갖 정보를 캐고 각종 준비를 해둔 덕에 특별히 더 준비할 것은 많지 않았다. 부모님은 학비를 송금하는 날까지도 혼자서 잘할 수 있겠느냐며 근심하셨다. 그때마다 "내가 누구야, 나만 믿어!" 하고 가슴을 쿵쿵 두드리면서도 속으로는 슬슬 걱정이 쌓이기 시작했다. 나는 떠나기 전날까지 아무 일도 아니라는 듯이 대범한 척 행동했다. '아무것도 아니야, 아무것도 아니야, 난 잘할 수 있어.' 처음엔 부모님을 안심시키기 위한 말이었지만 두려워하는 나 자신에게 건네는 말이기도 했다.

호주로 떠나는 날 아침, 아버지는 회사를 제쳐두고 내 가방을 싣고서 공항으로 함께 출발했다. 사실 속으로는 어찌나 겁을 먹었던지 아직도 그날 아침은 또렷하게 기억난다. 혹시나 긴장감에 체할까, 밥을 물에 말아먹고 가족들과 이렇다 할 요란한 작별인사 없이 캐리어를 차에 실었다. 앞좌석에 탄 부모님은 무슨 생각을 하고 계신지

도무지 알 수가 없었고, 나는 큰 가방 옆에 몸을 구부리고 앉아 공항까지 넓게 뚫린 길을 바라보며 멍하니 앉아 있었다. 이제부터는 온전히 내가 감당해야 할 몫들만이 남아 있었다. 혼자 비행기를 타야 했고 혼자 공항에 도착해 혼자 짐을 찾아 홈스테이 집으로 이동해야 했다. 내가 과연 그 일들을 혼자 할 수 있을까. 아니, 이제는 할 수 있다 없다의 문제가 아니었다. 해야만 했다.

공항에 도착해 체크인을 끝내고 부모님과 출발 전 마지막으로 점심을 먹었다. 여전히 부모님은 아무 말씀이 없으셨고, 묵묵히 식사만 하셨다. 이렇게 무겁고 버거운 게 헤어짐이라면 다시는 하고 싶지 않다는 생각을 했다. 입국장에 막 들어서기 전에 돌아보니, 부모님은 차마 내게 눈물을 보이지는 못하셨지만 많이 울적하신 것 같았다. 이렇게 마음의 짐을 지워드리고 또다시 훌쩍 떠나야 하다니. 나의 선택에 처음으로 후회가 밀려왔다. 후회와 긴장과 슬픔과 두려움 속에서 비행기를 타니 금세 잠이 들었다. 그리고 자다 깨다 이것이 꿈인가 생시인가 오락가락하는 사이, 긴 비행을 끝내고 나는 결국 시드니에 도착했다.

호주생활의 시작_

동양에서 온 기이한 작은 소녀

비행기에서 내려 짐을 찾는 데서부터 문제는 시작되었다. 내 키만한 가방을 신고 왔으니, 당최 어떻게 찾아야 할지 난감했다. 호주 여행을 갔을 때는 일행이 있어서 내가 힘들어하는 부분을 도와주었지만 이제는 아무도 없이 오롯이 나 혼자였다. 컨베이어벨트 위에 나의 캐리어가 빙빙 돌고 있었다. 바짝 다가서 있다가 타이밍을 맞추어 힘껏 잡아당겼는데, 웬걸. 가방은 꿈쩍도 하지 않고 나만 뒤로 벌렁 나자빠졌다. 허탈한 웃음이 나왔다. 자기 짐도 못 찾으면서 무슨 어학연수냐 싶은 쓸쓸한 마음에 어찌해야 할지 몰라 우물쭈물댔다. 차라리 작은 가방 여러 개를 들고 올 걸 잘못했다 싶었다. 그러나 이제 와서 집에 가서 바꿔 올 수 있는 것도 아니고 후회해봐야 소용없는 일이다. 다시 내 캐리어가 먼길을 돌아 다가오고 있었다. 이제는 아까처럼 넘어지지 말고 잘해야겠다며 의지를 불태우고 있는데, 갑자기 어디선가 키 큰 백인 남자가 다가와 너의 짐이냐는 듯 손가락으로 가리키더니 짐을 쑥 들어 빼준다. 고맙다는 인사를 건넬 틈도 없이 백인 남자는 내 곁을 지나갔다. 호주에서의 첫 출발은 그렇게 다른 누군가의 도움으로 시작되었다. 마치 앞으로의 일들을 예감케 하는 듯이.

내가 캐리어를 옮기는 모습을 보면 다들 감탄을 금치 못한다. 제 키만한 캐리어를 요령 있게 옮기는 모습에 재미있어한다. 다른 사람들은 한 손을 이용해 캐리어를 몸 뒤로 따라오게끔 끌고 간다. 하지만 나는 캐리어를 끌지 않고 내 양옆에 세로로 세워놓고 밀고 간다. 캐리어가 나만큼 크기 때문에 내가 만들어낸 방식이다. 누군가의 눈에는 우스꽝스러운 모습이겠지만 내 방식에 나는 당당해져야 했다.

스물한 살의 내가 자기 키만한 캐리어를 몸 양쪽으로 하나씩 세우고 땀을 흘리며 걸어가는 모습이 지금은 상상이 안 된다. 서른 살의 나는 정말 그랬던 적이 있던가, 그때의 용감한 내 모습이 부럽다. 다시 그때로 돌아가면 그대로 할 수 있을까, 웃음을 머금기도 한다. 뱁새가 황새 따라가려면 가랑이가 찢어진다고 한다. 이 속담은 본디 주제넘은 짓을 하지 말라는 조상들의 말씀이기도 하지만, 나는 한편으로는 남을 따라가지 말고 자기만의 방식을 만들어내라는 말도 되지 않을까 생각한다. 나는 다리 짧은 뱁새이다. 황새는 애초에 될 수 없다. 억지로 가랑이를 찢기는 것보다 느려도 천천히 걸어가며 먹잇감을 스스로 찾는 뱁새가 되고 싶었다.

시드니는 가을을 지나 겨울에 다가서고 있었다. 날씨는 분명 선선한데 땀이 삐질삐질 났다. 짐 두 개에 매달리다시피 하며 나는 홈스테이를 하게 될 집 앞에 도착했다. 온통 나무로 둘러싸인 마을이었

　　　　불 편 하 지 만　 불 가 능 은　 아 니 다

다. 시드니의 주택단지는 낯설었다. 우리나라의 주택단지는 집이 다 닥다닥 붙어 있는데, 호주에서는 단지라고는 해도 낮은 단층주택이 서로 내외하는 양 거리를 두고 떨어져 있었다. 편의점과 피시방이 즐비한 주택단지만 보다가, 음식점도, 편의점도, 허름한 버스정류장도 뜨문뜨문 떨어져 있는 것을 보니 여유로워 보이기도 했고 외로워 보이기도 했다. 그리고 수많은 나무들, 가끔 보이는 넓은 잔디 운동장…… 도심이 아니었던 탓인지 한가해 보였다.

아무려면 어떠랴. 나는 시드니에 도착하자마자 1단계 적응과제를 받아들었다. 누군가에게는 정말 어처구니없을 만큼 쉬운 일일지 모르지만 나에게는 일상생활이 가능한가 아닌가를 가름하는 엄청난 미션이었다. 짐을 들고 홈스테이 문을 열려고 했더니 웬일인지 문고리가 보이지 않았다. 어찌된 일인지 영문을 몰라 고개를 젖혀 이리저리 살펴보니 내 손을 최대한 쭉 뻗은 것보다도 15cm쯤 위에 문고리와 벨이 달려 있었다. 갑자기 다리에 힘이 쭉 풀리는 느낌이 들었다. 열 시간의 비행 끝에 겨우 내가 앞으로 살아야 할 집에 도착했건만 문조차 내 손으로 열지 못한다니…… 내가 나 자신에게 누차 되뇌었던 모두 다 잘될 것이라는 주문은 호주에 도착하자마자 먹히질 않았다.

'모두 다 잘되지 않아. 잘될 리 없어. 그러니까 이제부터 네가 노력해야 해.'

그것이 내가 맞닥뜨린 현실이었다. 그리고 이것은 아주 사소한 시작일 뿐이었다. 앞으로 이런 일들이 비일비재하게 다가올 것이고 나는 그때마다 혼자서 방법을 찾아야 했다. 내가 한국말로 외는 주문이 대번에 튕겨나가는 호주는 분명 한국과 다른 곳임에 분명했다. 내가 왜 이런 어려움들을 미리 생각하지 못했나. 스스로가 한심해 망연자실해하다가 어떻게든 해결해야 한다는 생각에 몸을 일으켰다.

내 인기척에 홈스테이 주인이 나와 열렬한 포옹과 함께 나를 반겨주었다. 그러나 나에게는 주인의 반가운 인사보다 당장 어떻게든 문고리를 내 손에 닿게끔 해결하는 일이 더 시급했다. 시드니에 도착하기 전에는 홈스테이 주인을 만나면 오래오래 이야기를 나누리라 생각했다. 아직 영어가 서툴러도 내가 어떤 사람인지, 또 어떤 포부로 왔는지 내 소개도 길게 하고 한국에서 준비해 간 선물들도 나눠줄 작정이었다. 하지만 나는 그 많은 일을 단숨에 해결하고 짐을 방 안에 내팽개친 뒤 곧장 집을 나섰다. 집에 들어갈 때마다 문을 두드릴 수도 없는 노릇이고, 아무도 없는 집에 내가 제일 먼저 들어올 수도 있는 일이었다. 그렇다면 내가 스스로 집에 들어가고 나올 수 있는 방법을 찾아내야만 했다. 그것이 과연 뭘까. 나는 인적 드문 동네를 걸으며 해결방법을 고민했다.

발받침대가 필요했다. 문고리를 내 손에 잡기 위해서는 발받침대를 딛고 올라서는 방법밖에 없었다. 발받침대를 어디서 구해야 할지 고민하며 동네를 멍하니 걸어다니다 우연히 조그마한 슈퍼를 발

불편하지만 불가능은 아니다

견했다. 그 앞에는 버리려고 내놓은 박스들이 많이 쌓여 있었다. 종이박스가 아니라 철사로 엮인 것이어서 발을 딛고 올라가도 될 만큼 꽤 튼튼해 보였다. 나는 살며시 다가가 박스를 이리저리 손으로 두드려본 다음에 집으로 끌고 왔다. 시드니에 도착한 첫날부터 나는 일반 대학생이 아니라 고물 수집가 꼴을 하고 있었다.

박스 하나를 현관 앞에 놓아두고 내 방으로 가니 방 문고리도 내 손이 닿지 않는 곳에 달려 있었다. 소변이 급해 화장실에 갔더니 화장실 문고리도 마찬가지였다. 서양인들의 평균 신장이 한국인보다 훨씬 크긴 큰 모양이었다. 나는 버리는 박스를 하나 더 주워왔다. 그러고는 내 방과 화장실 앞에 비치해놓고 필요할 때마다 박스를 딛고 올라가 문을 열었다. 그것이 이 집에 적응하는 나만의 방식이었다. 하루이틀 지내는 거라면 필요할 때마다 다른 사람의 도움을 얻어 생활할 수도 있겠지만, 매번 그럴 수는 없었다. 홈스테이 주인은 내 어려움을 눈치챘는지 단단한 발받침대를 새로 가져다주었다. 그 발받침대 덕분에 나는 어렵지 않게 현관을 통과할 수 있었다.

발받침대는 여러모로 유용하게 쓰였다. 집안에서는 국제전화를 쓰기가 쉽지 않았기 때문에 나는 동네에 있는 공중전화를 찾아나섰다. 역시 공중전화도 내가 만질 수도 없는 높은 키를 자랑하며 설치되어 있어, 나는 발받침대를 공중전화 부스까지 끌고 가서 집에 전화를 걸었다. 그런데 그게 꽤 고단했던 터라 나중에는 집에 자주 전화를 걸지 못했다. 참고 참다가 집에 전화를 하려고 발받침대를 한참 끌고 나와, 겨우 어머니의 목소리를 듣는 순간에는 눈물이 왈칵 쏟아졌다.

홈스테이 생활도 썩 즐겁지 않았다. 나는 호주인 부부와 내 몸집만한 개 한 마리, 그리고 일본인 여자 연수생과 함께 생활했다. 나는 이때 처음으로 일종의 민족 차별 같은 것을 경험했다. 저녁식사는 대개 부부와 일본 여학생과 내가 한 식탁에 앉아 먹었는데, 꼭 일본어로 "이타타키마스(잘 먹겠습니다)"라고 외치고는 식사를 하는 것이었다. 식사중에 나누는 대화 주제도 일본인 여학생이 하루를 어떻게 보냈는가, 또 일본의 문화는 어떤가 하는 것이었다. 나는 처음에는 혼자 한국말로 "잘 먹겠습니다"라고 크게 외치다가 나중에는 점점 눈치가 보여서 입모양으로 "이타타키마스"라고 웅얼거리고는 씁쓸한 마음으로 식사를 했다.

일본인 여학생과의 이야깃거리가 바닥나면 호주인 부부는 그제야 나에게 오늘은 학원에서 무엇을 배웠느냐고 물어보았다. 자존심이 상했다. 잘못한 것도 없이 눈치보는 게 싫었다. 집안에서 기르던 큰 개도 나만 보면 숨겨온 공격성을 드러냈다. 내 몸집이 자기와 같다고 생각했던 것인지 나만 보면 따라다니며 몸을 이리저리 툭툭 치는 것이었다. 여기서는 개까지 나를 무시하나 싶어 서러운 생각이 들었다.

식사자리에서의 따돌림은 사실 약과였다. 호주인 부부는 나에게

불편하지만 불가능은 아니다

현관문 열쇠조차 맡기지 않았다. 다들 귀가하는 시간이 다르기 때문에 현관문 열쇠가 개인별로 필요함에도 불구하고 일본인 여학생에겐 열쇠를 주었으면서도 나에게는 주지 않았다. 내 키가 문고리에 닿지 않으니 필요없다고 생각했을 수도 있다. 몇 번인가 내가 가장 먼저 집에 도착하는 바람에 가로등 없는 거리에 혼자 쪼그려 앉아 하염없이 문이 열리기를 기다린 적도 있었다. 그 시간이 어찌나 길고 춥던지…… 아직도 그 어둡던 거리에 작은 먼지 더미처럼 오그리고 앉아 있던 내 모습이 기억난다. 지금의 나라면 가만히 참지 않고 똑부러지게 항의했겠지만, 불편함을 참는 데 익숙해진 그때의 나는 그런 생각조차 하지 못했다.

시드니 도착 후 초반의 생활은 외로움의 연속이었다. 같이 지내던 일본인 여학생은 마음이 착했지만 부부의 은근한 눈치를 견디기가 힘들었다. 하루는 내게 왜 부엌일을 많이 하지 않느냐며 부인이 나에게 화를 냈다. 부엌 식기들이 전부 내 손이 닿지 않는 곳에 높이 배치되어 있어 내가 돕는다고 건드렸다가 실수라도 할까봐 일부러 조심한 것인데, 그것이 그들의 눈에는 게으름으로 보였나보다. 나는 당황해서 사정을 잘 설명하지도 못하고 연신 미안하다며 고개를 숙였다.

집에 있는 것이 불편해서 동네를 몇 시간씩 일없이 걸어다니거나, 버스를 타고 시내를 돌면서 하루를 보내기도 했다. 어느덧 시드니에는 겨울이 다가오고 있었다. 우리나라만큼 춥진 않았지만 전기장판도, 난로도 없는 방에서 밤에는 옷을 세 벌씩 껴입고 잠을 청했다. 집이 낡은 탓에 난방시설이 전혀 갖춰져 있지 않았고, 방안에서는 제대로 작동하지 않는 라디에이터가 시끄러운 소리를 내며 자리만 차지하고 있었다. 그래도 슬프거나 힘들지는 않았다. 이 먼 곳에서 슬퍼하고 힘들어하기에는 시간이 너무 아깝다고 생각했다. 모든 것은 지나가기 마련이다. 힘들거나 좋거나 하늘이 무너질 정도로 슬픈 일들도 다 지나간다는 사실을 나는 일찍이 알고 있었다.

적응_ 한국에서 받은 상처마저 위로해준
'마이 시드니 브라더' 토니

학원에 가는 첫날, 일본인 여학생이 내가 길을 헤맬까봐 학원 앞까지 데려다주었다. 버스에서 내리고도 학원까지 삼십 분을 꼬박 걸어가야 했는데 긴장 때문에 등에 땀이 흥건하게 배었다. 학원에서 바로 레벨테스트를 시작했다. 다행히 한국인이 꽤 많아서 안심이 되었다. 독학과 미드 감상이라는 참으로 단순한 방법으로 영어를 공부했건만, 놀랍게도 나의 '막무가내 영어 독학'은 레벨테스트에서 그 효과를 발휘했다. 예상치도 못한 높은 레벨을 배정받아 나는 한국인은 거의 없고 유럽인들만 바글거리는 고급반에 배치되었다. 첫날은 오리엔테이션 겸 학원 주변의 유명관광지를 돌아보았다. 모두 삼삼오오 짝을 지어 걸어가는데 내 곁엔 누구 하나 함께 걸어주는 친구가 없었다. 가끔 형식적으로 인사를 건네는 친구들이 있었지만, 걸음이 느린 나를 뒤로하고 이내 끼리끼리 걸어갔다. 그때 뒤처진 내게 다가와준 한 사람이 있었다. 그는 한국인도 아니고 어학연수생도 아닌 시드니의 학원 강사 '토니'였다.

귀한 사람과의 인연은 전혀 생각지도 못한 곳에서 운명적으로 시작되게 마련인가보다. 토니는 깡마른 체구에 키는 훌쩍 크고, 얼굴은 너무 하얘서 투명해 보일 지경이었다. 첫날 관광지 투어의 인솔자였던 토니는 학원의 한 클래스를 담당하면서 방과후에도 다양한 액티비티를 운영하고 있었다. 뜻하지 않게 학원에 온 첫날부터 나는 베테랑 선생님과 나란히 길을 걷게 된 것이다. 친구들보다 선생님을 먼저 친구로 사귈 줄은 생각도 못했다.

첫날인 탓에 나는 그가 무슨 말을 하는지 제대로 이해하지도 못하고 그냥 어색하게 웃으면서 걷고 또 걸었다. 그러다 분수대 근처에서 잠시 쉬어가게 되었는데 토니가 다가와 자신에 대해 몇 가지를 이야기해주었다. 그리고 나에게 이런 질문을 했다.

"한국에서 장애인으로 살아가느라 힘들지 않았어?"

나는 예상치 못한 그의 질문에 "응, 어떻게 알았어?"라며 놀란 표정을 지었다. 토니는 웃으며 한국에서 3년 동안 영어 강사로 일한 적이 있다고 말했다. 그래서 한국 사회의 분위기가 어떤지 잘 알고 있다고, 더불어 한국에서 장애인들이 힘겹게 생활하는 것을 많이 봐 왔다고 말했다. 아이러니하게도 나는 타국에서 외국인에게 한국에 서 입은 상처를 위로받고 있었다. 친구란 그리고 관계란, 이렇게 상 대방을 이해하는 데서부터 출발하는 것 같다. 토니는 한국에서 내가 처할 수밖에 없었던 상황들에 대한 이해가 깊었고, 내가 시드니에서 좋은 경험을 쌓고 돌아가기를 간절히 원했다. 투어를 마쳤을 때 토 니와 나는 급격히 친해졌다. 토니는 학원 앞 펍pub에 들러 간단히 맥 주 한잔 하자고 제안했고, 나는 몇몇 사람들과 함께 펍으로 향했다.

퇴근시간 무렵, 호주 도심의 펍은 멋졌다. 저녁 6시부터 시드니의 펍은 퇴근한 직장인들로 북적거렸다. 그들은 정장을 입은 채로 삼삼 오오 짝을 지어 맥주 한잔씩을 들면서 하루의 피로를 풀고 있었다. 그러나 거기엔 와자하고 과장된 건배사도 없었고 만취한 아저씨도 없었다. 좋은 사람들끼리 모여 적당히 몸과 마음이 젖어들 만큼만 마시는 술! 술이 사람들을 서로 친하게 만들어준다는 것은 동서양을 넘어선 진리인가보다. 나는 학원에 간 첫날부터 집으로 가는 마지막 버스를 타고 저녁 8시가 넘어서야 집에 도착했다. 당시엔 휴대폰도 없었기 때문에 홈스테이의 부부는 내가 길을 잃은 게 아닌가 엄청나 게 걱정하고 있었다. 나는 그렇게 학원생활의 첫날을 '토니'라는 친 구로 인해 뿌듯한 마음으로 시작할 수 있었다.

학원에 적응하는 데는 큰 어려움이 없었다. 만약 해외에서 친구를 어떻게 사귀어야 할지 고민하는 사람이 있다면 나는 무조건 먼저 인사하라고 이야기하고 싶다. 나는 남이 먼저 나에게 다가오길 기대하지 않는다. 나에게 먼저 다가와줄 사람은 없다. 그렇게 생각하는 편이 마음 편하다. 그러나 내가 먼저 알은체하고 스스럼없이 다가갔을 때는 모두가 마음을 열고 다가와주었다. 마치 오랫동안 내가 다가와주길 기다렸다는 듯이.

나는 같은 반 친구는 물론이고 선생님, 나를 휙휙 스쳐지나는 친구들에게까지도 항상 반갑게 인사했다. 물론 나 역시 대뜸 인사하는 것이 어색할 때도 있었다. 하지만 남이 과연 나를 알아줄까 아님 무시할까 마음 졸이며 기다리는 것보다는, 내가 먼저 "하이" 하면서 다가가는 것이 오히려 쉽고 편한 일로 느껴졌다.

한 태국친구는 내게 다가와 이렇게 말하기도 했다.

"우리나라에도 너처럼 작은 키를 가진 개그맨이 있었어. 그런데 안타깝게도 그 사람은 바위에 깔려서 비극적으로 죽었어. 나는 네가 밝아 보여서 정말 좋아. 그 개그맨은 너무 일찍 죽었지만 너는 평생 다른 사람들을 웃게 하면서 잘 살아갈 거야."

호주에서 만난 아시아인들은 대부분 착한 심성을 갖고 있었다. 내게 혼자 해외에 사는 것이 힘들지 않으냐고 물어왔고, 웃는 모습이 보기 좋다며 마주 웃어주기도 했다.

친구들을 사귀는 데는 전혀 부담이 없었지만 하이레벨 클래스에서 영어를 공부하는 것이 감당하기 힘들었다. 레벨테스트에서 내 실

만약 해외에서 친구를 어떻게 사귀어야 할지 고민하는 사람이 있다면 나는 무조건 먼저 인사하라고 이야기하고 싶다. 나는 남이 먼저 나에게 다가오길 기대하지 않는다. 나에게 먼저 다가와줄 사람은 없다. 그렇게 생각하는 편이 마음 편하다. 그러나 내가 먼저 알은체하고 스스럼없이 다가갔을 때는 모두가 마음을 열고 다가와주었다. 마치 오랫동안 내가 다가와주길 기다렸다는 듯이.

력에 비해 지나치게 높은 레벨을 받고 우수한 사람들이 너무 많은 고급반에 속하게 되면서 영어에 대한 흥미가 많이 떨어졌다. 우리 반의 학생들 대부분이 유럽 출신일뿐더러 이미 시드니에 온 지 4~5개월 된 친구들이라 회화에도 능숙했고 구사하는 어휘도 수준급이었다. 늘 나만 뒤처지는 기분이 들었다. 하지만 공부하다가 다른 클래스의 친구들과 점심을 먹고 이야기하는 것은 더없이 재미있었다. 결국 나는 레벨 변경 신청을 해서 비즈니스 영어반으로 옮겨 새로운 생활을 시작했다.

초기의 학원생활은 공부보다는 친구를 사귀는 데 많은 시간을 투자했다. 내가 좋아하지 않는 사람이 있더라도 학원생들이 우르르 몰려가는 자리에는 나도 따라나서야 한다고 생각했다. 이리저리 다니다보니 어느덧 시드니의 지리에도 적응했고, 시드니 시내의 '핫스팟'에도 거리낌없이 드나들 수 있게 되었다.

내가 처음으로 사귀었던 외국인 친구 토니는 나에게 잊지 못할 경험들을 선물해주었다. 그는 맨 처음엔 호주식 풋볼 경기장으로 나를 이끌었다. 나는 호주만의 독특한 축구 게임을 경험했고 토니의 유쾌한 친구들도 소개받았다. 현지인으로 가득찬 경기장 안에서 동양인은 손에 꼽을 정도였다. 골리앗처럼 커다란 사람들이 한 손에 맥주잔을 들고 우리나라의 축구광들보다도 더 거친 응원을 해대고 있었다. 그들이 흩뿌리는 맥주를 얼굴에 맞으면서 나도 흥에 겨워 그들보다 더 크게 소리를 질러댔다. 속이 뻥 뚫리는 것 같았다. 그들의 허벅지께에서 방방 뛰는 나를 향해 골리앗처럼 큰 호주 사람들은 그저 따뜻하게 웃어주었다.

경기장을 나오면서 나는 벅찬 가슴으로 "땡큐"를 연발했다. 토니는 늘 그랬듯이 아무것도 아니라는 듯 묵묵히 앞장서 걸었다. 그런데 문득 토니가 멈춰서더니 나를 돌아보았다. 풋볼 경기를 관람한 시드니의 아레나 경기장은 지하철역과 상당히 멀리 떨어져 있어서 걸어가려면 족히 이십 분은 넘게 걸렸다. 흥분 반 피로 반으로 힘들게 걸어오는 나를 가만히 바라보던 토니가 자기 등에 업히라고 손짓했다. 나는 당황스러워 "노 땡큐"를 외쳤지만 토니는 괜찮다며 연신 자기에게 업히라고 했다.

키는 작지만 이래 봬도 내가 속이 알차기(?) 때문에 몸무게가 꽤 나간다. 나는 거절했지만 토니는 계속 나를 향해 등을 내밀고 있었다. 결국 계속 거절하는 것도 예의가 아닌 것 같아 불편한 맘으로 토니의 등에 업혔다. 토니의 등은 땀으로 흠뻑 젖어 있었다. 축축한 등에서 뿜어져나오는 열기와 함께 나를 걱정하는 그의 마음이 그대로 내게 옮겨오는 것 같았다. 문득 나는 참 행운아라는 생각이 들었다. 지구 반 바퀴를 돌아온 곳에서 알게 된 지 겨우 2주밖에 안 된 외국인이 나를 업어주겠다고 땀에 젖은 등을 내밀다니 얼마나 고마운 일인가. 나는 어설프게 등에 업혀 토니에게 이렇게 말했다.

"You are my Sydney brother."

토니가 나의 말에 미소지었다. 나는 이제 그만 내려달라고 한 뒤 토니와 나란히 걸었다. 다행히 아까보다 걸음이 가벼워져 집으로 가는 길이 생각보다 짧게 느껴졌다. 그렇게 밤늦게 집에 돌아오는 버스에서 나는 그토록 고집스러웠던 나의 선택이 결코 헛되지 않은 것이었음을 느낄 수 있었다.

호주에서의 내 일상은 일반 어학연수생들과 다를 게 없었다. 수업이 끝나면 학원에서 방과후 액티비티에 참여하거나 영화를 보러 가기도 했고 도서관에 가서 책도 빌려 읽었다. 그러다 휴대폰이 생겨 친구들과 연락을 취하게 되면서 삼삼오오 이리저리 몰려다니기도 했다. 하지만 이내 친구들은 서서히 호주생활에 적응해갔고 여기저기 일자리를 구하러 다녔다. 홀로 남은 나는 남아도는 시간에 무엇을 해야 할지 몰랐다.

난관_ 호주에서 나를 살아남게 한
'나무젓가락' 신공

홈스테이에서 지낸 지 한 달이 지나면서 나는 새로운 자취방을 찾아다니기 시작했다. 호주에 먼저 입국한 친구의 도움을 얻어 방을 보러 다녔다. 두세 군데의 한국인 가정에서 나는 퇴짜를 맞았다. 내가 내 돈 내고 빌리는 집이야 쉽게 구할 수 있을 것이라고 생각했는데 의외로 쉽지가 않았다. 몇 번의 거절 끝에 반신반의하면서 찾아간 어느 한국인 부부의 집에서 나는 새로이 자취를 하게 되었다. 한국인 부부는 나에게 더없이 친절했고 나는 마치 한국에 와 있는 것처럼 포근한 기분 속에 하루하루를 보낼 수 있었다. 학원을 마치고 집에 가면 그 집의 귀여운 딸아이도 볼 수 있어서 나는 좋은 방 외에도 큰 복덩이를 하나 얻은 기분이었다.

그러나 한국인 부부에게 폐를 끼치지 않으려고 나름대로 애쓰다가 사고를 친 적도 많았다. 세탁기가 고장난 줄도 모르고 한국인 부부가 교회에 간 사이에 세탁기를 돌리려다가, 물이 넘치는 바람에 바닥에 물이 고여 저녁 늦게까지 부부와 바닥을 닦기도 했다. 혼자서도 음식을 만들어 먹을 수 있다며 큰소리를 떵떵 쳤지만 이것저것 요리를 해보다가 식기들을 잘못 다루는 바람에 오히려 불안감만 안겨드렸다. 한국인 부부는 그런 나의 어려움을 눈치챘는지, 냉장고 안에 미리 만들어둔 반찬을 꺼내먹어도 된다며 내가 조금이라도 더 편히 지낼 수 있도록 배려해주었다.

이 집은 정말 좋았지만 딱 한 가지 문제가 있었다. 그것은 현관의 엘리베이터 버튼이 내가 팔을 쭉 뻗었을 때의 높이보다 약간 더 높은 곳에 있다는 것이었다. 마침 내가 집에 들어갈 때 같이 들어가는 사람이 있으면 전혀 문제될 것이 없었지만, 거주하는 사람이 그리 많지 않은 빌라이다보니 엘리베이터를 함께 탈 사람이 즉각 나타나지 않는 경우가 많았다. 또다시 호주의 홈스테이에 처음 왔을 때와 같은 문제에 봉착한 것이었다. 그때 불현듯 떠오른 것이 한국에서 쓰던 나무젓가락이었다. 나는 나무젓가락을 가방에 넣어갖고 다니며 엘리베이터를 타야 할 때마다 젓가락을 꺼내 버튼을 콕 찌르는 방법으로 문제를 해결했다.

그 모습을 멀리서 지켜보던 빌라의 관리인 할아버지는 늘 나를 보면 칭찬을 아끼지 않았다. 내가 필요한 게 있다면 뭐든지 해주겠다고 했지만, 나는 이곳에 장기간 체류할 예정은 아니었기 때문에 필요치 않다며 사양했다. 할아버지는 내 외모에 대한 칭찬도 듬뿍 해주었고, 나를 볼 때마다 아예 시드니에 정착해서 공부하지 않겠느냐고 권유하기도 했다. 언젠가부터 나는 집에서 나갈 때면 관리인 할아버지를 만나기를 은근히 기다리기 시작했다. 할아버지를 만나면 자신감을 충전할 수 있었고, 내가 호주에서 잘 지내고 있다는 것을 확인할 수 있었다.

친구를 사귀는 것 외에도 시드니에서의 생활은 불편함과 해결해야 할 것들투성이었다. 나는 누가 호주 어학연수 시절 이야기를 해달라고 하면 말로 다하긴 입이 아프다며 손을 절레절레 흔들어버린다. 문고리와 엘리베이터 문제를 해결하자마자 나를 곤경에 빠뜨린 것은 현금인출기였다. 시드니에서는 주별로 방세를 지급하기 때문에 일주일에 한 번은 돈을 뽑아야 하는데, 현금인출기 또한 내 손이 닿지 않는 곳에 있었다. 돈을 인출하는 작업이라 낯선 사람들에게 부탁하기도 어려웠다. 몇 번을 기계 앞에서 맴돌다 인출을 실패하고 난 뒤에 나는 이번에도 도구를 활용하기로 했다. 집 인근의 잘 가는 쇼핑몰 앞에 '내가 이용할 기계'를 점찍어두고 난 뒤 나무막대기를 짊어지고 출동했다. 다행히 터치스크린이 아닌 탓에 막대기로 비밀 번호 버튼을 누를 수 있었다.

이어진 난관은 지하철 개표구였다. 역시나 내 손이 닿지 않는 곳에 있었다. 호주의 지하철 티켓판매기는 돈을 넣고 행선지를 누르는 시스템이었는데, 역시나 버튼 위치가 높았다. 어떤 역은 역무원에게 직접 표를 구매할 수 있긴 했지만, 표 파는 역무원이 자리를 비우는 경우도 많았고, 부스가 너무 높아서 내가 깡충깡충 제자리뛰기를 해봐도 역무원이 나를 보지 못하기 일쑤였다. 그렇게 티켓판매기 주변을 끙끙대다가 약속에 늦은 적도 많았다. 막대기를 꺼내서 해결해볼까 했지만 버튼 시스템이 역마다 달라 막대기도 제기능을 발휘하지 못했다.

이럴 때 해결방법은 딱 하나였다. 주변 사람들에게 부탁하는 것. 다행히 돈을 좀 투자해서 7일간 사용할 수 있는 표를 사고 나면 한 주는 거뜬히 지낼 수 있었다. 처음에는 누구에게 어떻게 부탁해야 할지 감을 잡을 수가 없었다. 돈을 맡겨야 하는 일이라 믿음직한 사람이 필요했다. 대부분은 남자보다 여자에게 부탁했고, 나이가 너무 많은 사람보다는 직장인처럼 보이는 여성들에게 표를 대신 뽑아줄 것을 부탁했다. 말을 걸기 전까지는 냉담해 보이던 사람들이 내가 용기를 내어 부탁하고 나면 제 일처럼 친절하게 도와주는 모습에 움츠러들었던 마음도 차츰 편해졌다.

호주에서의 나는 좌충우돌 사건사고의 중심에 있었다. 그러나 끊임없이 문제에 맞닥뜨려도 어떻게든 해결책은 만들어졌고, 오로지 내게만 주어지는 일상의 사소한 미션들을 해결해나가는 즐거움이 있었다. 그리고 그렇게 할 수 있었던 원동력은 나를 특별한 사람이 아닌 보통 사람으로 보아주고 배려해주는 시드니 사람들이었다.

생활_ 비극을 생활로 이겨내는
일상의 영웅들을 만나다

우리나라에서 나는 몸은 사회시스템에 어느 정도 적용되어 있었지만 마음은 늘 가시방석 위에 앉은 듯 불편했다. 하지만 시드니에서의 생활은 정반대였다. 교통비를 아끼려고 많이 걷는 바람에 다리는 늘 아프고 불편했고, 집에만 오면 공부는커녕 고단함에 지쳐 곧장 침대로 쓰러지기 일쑤였다. 하지만 마음만은 한없이 평온했다. 호주에서는 마주치는 사람마다 불편한 호기심과 묘한 찡그림이 아닌 미소로 나에게 힘을 주었고, 낯선 이들조차 나를 응원해주었다.

한번은 시드니에서 가장 큰 사거리 앞에서 길을 건너려고 신호를 기다리고 있었다. 그런데 내 또래의 예쁘장한 여자가 다가오더니 자신의 가장 친한 친구가 나와 같은 장애를 가지고 있다고 말했다. 자신의 친구도 대단하지만 당신도 참 멋지다며 수줍은 듯 격려의 말을 해주고는 길 건너로 뛰어가는 것이었다. 나는 갑자기 일어난 일에 당황하기도 했지만 동정이 아닌 격려로 다가온 그녀의 응원에 감동받았다. 또 어떤 날은 본의 아니게 중남미 쪽에서 온 듯한 관광객들에게 붙들린 적도 있었다. 시드니에서 가장 행복해 보이는 사람과 사진을 남기고 싶다면서 나에게 함께 사진을 찍어달라고 부탁하는 것이었다. 나의 모습이 다른 사람에게 추억이 될 수 있다니 나는 감사한 마음으로 함께 사진을 찍었다. 지금쯤 그 사진 속의 나는 어디에 어떤 모습으로 저장되어 있을까 궁금하다.

나는 소위 말하는 '날라리'는 아니지만 펍도 참 많이 다녔다. 토니를 알게 된 후로 관광객이나 어학연수생들은 잘 모르는 지역의 훌륭한 펍을 많이 알게 되었다. 그곳에서 현지인들과 어울리다보면 또다시 좋은 장소를 추천받게 되는 것이었다. 록밴드로 문전성시를 이루는 홍대 클럽보다 더 하드한 음악이 나오는 펍도 가보았고, 담배연기 자욱한 재즈클럽에서 약간의 멜랑콜리를 즐기기도 했다. 호주판 오디션 프로그램 우승자가 공연하는 클럽에도 자주 드나들었다. 무슨 용기였는지 모르겠지만 혼자서, 혹은 토니나 다른 선생님과 함께 종횡무진 펍을 순회했고, 덕분에 반 친구들로부터 '파티걸'이라는 별명까지 얻었다.

내가 펍을 유난히 좋아한 이유는 격식 없이 다양한 사람들을 만나고 관찰할 수 있기 때문이었다. 한번은 해변에 위치한 아주 럭셔리한 펍을 갔는데, 몸집이 큰 여인이 다가와 술을 주문하는 모습을 볼 수 있었다. 별생각 없이 그 풍경을 바라보는데 그녀의 팔이 약간 이상했다. 한쪽 팔은 손가락부터 어깨까지가 모두 잘려나가 뭉툭했고, 다른 한 팔은 손가락부터 팔목까지 절단되어 있었다. 두 팔이 없는데도 불구하고 그녀는 아주 화려한 민소매 드레스를 입고 있었다. 나는 그녀가 어떻게 술잔을 들고 갈 것인지가 정말 궁금했다. 그녀는 걱정 어린 내 시선을 뒤로하고 아무렇지도 않게 칵테일잔에 술을 받아 태연히 한쪽 어깨 위에 올리고 머리로 술잔을 지탱하며 유유히 걸어갔다. 아주 조금 남아 있는 팔근육을 이용해 술잔이 움직이지 않도록 능숙하게 고정한 뒤에 빠르게 내 눈앞에서 사라져갔다. 순간, 펍 안의 요란한 음악소리가 멈춘 듯했다.

나는 호주에서 비극을 아무렇지 않게 받아들이며 즐겁게 생활하는 사람들을 보았다. 물론 그 비극을 극복하기까지 엄청난 시간이 걸렸겠지만, 자신을 비하하지도, 세상을 저주하지도 않으면서 불가능해 보이는 일들을 아무렇지 않게 해내는 일상의 영웅들이 호주 곳곳에 자리잡고 있었다.

시드니에 온 지 6개월이 넘어가면서 내가 더 경험해볼 일이 없을지 고민했다. 나름대로 이력서를 써서 '쿠지 비치'라는 해변가에 쭉 늘어선 가게마다 모두 돌리고 왔지만 전화 한 통 오지 않았다. 다른 해변가를 찾아가볼까 고민했지만 워낙 일자리가 없던 때라 희망적인 생각이 들지 않았다. 그러다 생각한 것이 나도 토니처럼 학원 선생님을 할 수 있다면 좋겠다는 것이었다. 늘 나에게 친절했던 선생님 한 분이 있었는데, 현지인의 인맥을 이용하면 일자리를 얻을 수 있을까 싶어 이력서를 보냈다. 그는 나에게 장차 어떤 일을 하고 싶으냐고 물었다. 전공도 신문방송학이고 라디오 프로듀서의 꿈을 품고 있었던 터라 나는 관련 직종이라면 좋겠다고 대답했다. 그는 마침 자신의 친구가 시드니 한 대학의 라디오 부스를 운영하고 있다며 시급 없이 자원봉사 정도로 시작해보지 않겠느냐고 제안해왔다. 거부할 이유가 없었다. 내가 원한 것은 돈보다는 경험이었다. 나는 곧바로 면접을 보고 좋은 결과를 얻어냈다. 궁한 것이 있거든 발품을 팔고 나를 도와줄 사람들을 직접 찾아나서면, 어떻게든 해결의 실마리가 보이는 것이 세상사의 진리인 듯하다.

그렇게 호주에서의 시간들이 빠르게 지나가고 있었다. 내 키만한 짐을 들고 어리바리 입국했던 내가 현지인의 옷을 입고 유행하는 헤어스타일을 한 채 시드니 중심가를 자유롭게 거닐고 있었다. 최대한 늦은 시간까지 돌아다니겠다고 욕심을 부리는 바람에 불량청소년들에게 끌려갈 뻔했던 적도 있고 힘들고 위험했던 순간들도 많았지만, 그 시절은 분명 내 인생의 가장 빛나는 시간이었다. 그때 나는 내 인생의 중심에 서 있었다.

불편하지만 불가능은 아니다

호주에선 때론 나에게 이성적으로 관심을 갖는 사람도 만날 수 있었다. 어느 날 지하철역에서 길을 묻다가 만난 한 남성이 무작정 나를 따라와 나와 한번 만나보고 싶다며 정중하게 식사 제안을 한 적이 있었다. 사양하긴 했지만 나는 그 마음이 참으로 고마웠다. 우리나라에서 나는 한 번도 '여성'으로 대접받은 적이 없었다. 사춘기 이후로 나에게 이성적인 관심을 보여준 남성은 아무도 없었다. 그들에게 나는 '여성'이라기보다는 장애를 가진 '무성'으로 인식되었고, 시각적인 미를 우선시하는 남성들에게 나는 전혀 매력적인 사람이 아니었다. 소개팅이나 연애 이야기에서 나는 늘 제외되어 있었고, 나 또한 그것을 알고 있었기 때문에 크게 상황을 바꾸고자 노력하지 않았다. 하지만 시드니에서 나는 예쁜 옷을 입으면 매력적이라는 칭찬을 받았고, 가끔은 뚫어질 듯 쳐다보는 이성의 눈길도 느꼈으며, 그들이 관심 어린 표정으로 진지하게 접근하는 경우도 몇 번 있었다. 시드니에서 나는 '장애를 가진 사람'이 아닌 '사랑받을 수 있는 여성'이 되어 있었다.

시드니는 봄을 지나 여름을 맞이하고 있었고, 내가 두고 온 한국은 겨울의 길목에 서 있었다. 서서히 귀국을 준비해야 했다. 괴로움이 가득한 졸업학기가 다가오고 있었다. 향수병이 심할 때는 빨리 집에 가고만 싶다고 생각했는데, 완전히 적응을 끝내고 나니 오히려 다시 우리나라로 돌아가는 것이 두렵게 느껴졌다. 좀더 머물 수는 없을까 백방으로 고민했지만 경제적인 상황을 더는 외면하기 힘들어 귀국을 미룰 수가 없었다. 1년이 채 되지 않는 짧다면 짧은 기간, 영어를 공부하기에도, 친구를 사귀기에도 부족한 시간이었다. 그러나 나는 호주에서 찰나의 시간도 허투루 보내지 않았다. 힘든 일이 있으면 이 시간도 곧 지나간다며 나 자신을 달랬고 무슨 일이든지 일단 해보려고 도전했으며, 이 시간이 나에겐 마지막 기회인 것처럼 살았다. 우리나라에서는 언제나 '장애를 가진 나'로 살았지만, 시드니에서는 '내가 가진 많은 것 중 장애가 있을 뿐'이라는 생각을 갖고 살아갈 수 있었다. 장애보다 내가 하고 싶은 일, 내가 좋아하는 일, 내가 정말 원하는 근본적인 일들에 관심을 가지며 '장애인 이지영'이 아닌 '인간 이지영'에 대해 탐색할 수 있었던 시간이었다.

나는 내가 생각했던 것보다 훨씬 더 많은 것을 할 수 있는 사람이었다. 많은 친구들을 사귀고 그 누구보다 환하게 웃을 수 있는 사람이었다. 그리고 스스로 내 문제를 해결하고 처리할 수 있는 사람이었다. 나 자신을 알기 위해 감수해야만 했던 어렵고 두려웠던 변화가 지금은 나에게 엄청난 힘이 되었다. 그때 그 시간이 없었다면 나는 아직도 나 자신에 대한 두려움을 감춘 채 살아왔을지 모른다. 그러나 이제는 나 자신을 믿고 의지하고 내 앞길에 놓인 돌부리를 스스로 걷어낼 수 있는 근육을 얻었다.

2007년 1월 12일
새벽 2시의 일기

; 다시 마음을 다잡기 위해!

백수가 되었다. 대학 졸업을 앞둔 찰나에. 의도하지 않았는데, 백수가 되어버렸다.

더불어 병을 얻었다. 첫째는 불면증이요, 둘째는 우울증이고, 셋째는 대인기피증이다. 불면증은 여전히 치료중이고, 우울증은 반쯤 치료되었고, 대인기피증은 거의 다 치료가 되어간다.

이 병을 고치는 데는 시간이 약이 아니라 노력이 약이다. 만나기 싫은 사람이라면 만나지 말아야 한다. 괜히 만나서 상처받지 말고, 괜히 자괴감에 빠지지 말고, 괜히 샘내지 말고, 괜히 열받지 말고, 괜히 되새기지 말고, 괜히 술 먹지 말아야 한다. 만나고 싶은 사람 만나서 하고 싶은 이야기만 하고, 듣고 싶은 이야기만 들어야 한다. 그렇지 않으면 생뚱맞게 초면에 "왜 취업

못했어요? 내 주위 사람들은 잘만 하던데……" 하는 식의 날카로운 화살을 맞고 얼굴엔 경련 어린 웃음을 띠지만 속으로 피를 철철 흘릴 수 있으니, 조심 또 조심해야 한다.

마음에 병이 오니 몸에도 병이 왔다. 각막염에 허리 근육통에 목과 어깨에 경련까지 왔다. 취업사이트를 돌아보려고 노트북을 켤라치면, 시작하기도 전에 목이 아프다. 백수가 되다보니 드러내놓고 위로받기도 힘든지라, 몰래 인터넷에서 인근 병원을 찾아 철새처럼 떠돌고 있다. 물리치료실에 누운 내 육체를 보며, 이놈의 웬수덩어리 몸뚱아리, 골백번 외쳐봤자 소용없다. 치료사가 시키는 대로 납작 엎드리고 허리를 대줘야 한다. 운동해야지 다짐하며, 학교 언덕을 왔다갔다하고 나니 무릎이 더 아프다. 에휴…… 병 버리려다 더 골병들겠다.

아무것도 안 하니까 시간이 더 잘 간다. 잠자는 시간은 또 왜 이리 길어지는지. 공부에 집중해보려는데, 본격적으로 집중하기까지 시간은 또 왜 이리 잘 가는지…… 마음을 굳세게 다잡지 않으면 나와 2인 3각 경기를 한다 생각했던 시간이란 녀석은 이미 저 멀리 도망가고, 나는 아직도 여기에 묶여 있다. 시간은 내게 먼저 잔소리를 하지 않는다. 내가 쫓아가서 잔소리하지 않으면 코빼기도 보이지 않고 멀어져간다.

이게 백수다. 이게 나라는 백수다. 나라는 백수는 간간이 내가 들어갈 회사가 과연 있을까, 소심한 고민을 한다. 그러다 파전 굽듯이 10초 뒤에 생각을 훌쩍 뒤집어 열심히 하면 뭐든지 된다, 라며 따뜻한 기름을 마음에 두른다. 절망과 희망을 뒤엎는 한 번의 역전. 오 분 후에 또다시 뒤집힐지라도, 나 자신에게 용기라는 기름을 둘러본다.

60전 61기
넘어지면 다시 일어난다!

; 면접에서 취업까지

회사에 들어온 지도 벌써 7년이 되어간다. 시간이 참 빠르다. 일반 기업에 취업한다는 것이 과연 나에게 이루어질 수 있는 꿈인가를 생각하며 조마조마하게 지냈던 게 엊그제 같은데 그사이 승진도 하고 어느덧 후배들 앞에도 종종 서는 선배가 되었다. 힘들었던 시절도 지나고 나면 좋게 기억된다고들 하는데, 그러나 나에게 취업하기 전까지의 이야기는 아직도 힘들고 고통스러운 기억이다. 마지막에 결국 취업에 성공했을 때의 성취감과 기쁜 마음도 기억에 생생하지만, 그 이전의 면접들에서 황당하다는 듯 나를 바라보던 싸늘한 표정의 면접관들이 아직도 가끔 꿈에 나타나 비수처럼 나를 찌르곤 한다.

대학교 4학년 때의 나는 그랬다. 두려울 게 없고 스스로에 대한 자

불편하지만 불가능은 아니다

신감으로 가득차 있는 아이였다. 열심히 살아왔고 앞으로도 열심히 살아갈 것이라는 확신이 있었다. 어느 곳에 취업하든 귀여움받는 신입사원, 무슨 일이든 열심히 잘하는 신입사원으로 살아갈 자신이 있었다. 그래서 비록 장애를 갖고 있지만 나의 진가를 봐주는 기업이 분명히 있을 것이라는 믿음을 갖고 있었다.

4학년 때는 학과공부도 신경쓰이긴 했지만, 이력서와 자기소개서, 취업에 대한 고민이 내 머리를 채우고 있었다. 내가 썼던 이력서와 자기소개서를 헤아려보자면 60개 정도는 족히 되는 것 같다. 최근 모교 입학식 강연자로서 대학 후배들과 이야기할 기회가 있었는데 요즘은 이력서 100개를 써도 취업이 되지 않을 만큼 채용시장이 좋지 못하다는 이야기를 들었다. 자소서라고 하면 이젠 징글징글하지만, 요즘의 취업준비생들은 일반 학생들조차도 장애인인 나 못지않게 어려운 환경에 놓여 있는 것 같다는 생각이 들었다. 말이 이력서 60통, 100통이지, 그것은 60번 혹은 100번 넘게 실낱같은 희망과 사회에서 거부당했다는 절망 사이를 오간다는 뜻이기 때문이다.

신입채용 프로세스는 회사마다 조금씩 다르고 복잡하지만, 대체로 서류심사를 통과하면 회사 자체 필기시험을 본다. 각 회사에서 출제하는 이 시험들은 회사마다 출제 기준과 범위도 다르고 꽤 까다롭기 때문에 회사 자체시험을 통과하는 것만도 쉽지 않은 게 사실이다. 이 시험을 통과하면 1차로 실무진(과장, 부장급) 면접을 보고 2차로 임원진 면접을 보는 게 관례이다. 물론 어떤 회사는 영어 면접, 토론 면접, 프레젠테이션 면접 등이 뒤따르는 경우도 있다. 각 회사의 채용절차에 맞춰 면접을 준비하다보면 시간이 후딱 지나가버리는 경우가 많았다. 그렇게 4학년 1학기도 정신없이 지나갔다.

내가 60여 통의 이력서를 쓰고 나서 회사 자체시험을 본 횟수는 열두 번 정도이다. 그래도 이 과정까지는 장애인이기 때문에 받는 차별이 없는 편이었다. 아니, 없는 편이라고 '믿었다'. 나는 늘 이력서에 '지체장애인'임을 기입했다. 그리고 설마 장애인이라 기입했다고 해서 한 사람의 재능이 마음에 드는데 면접도 보지 않고 떨어뜨리겠느냐 생각했다. 지금 생각해보면 그게 탈락의 원인이 될 수도 있었겠다고 막연히 짐작해볼 따름이다. 정작 문제는 시험에 합격하고 난 뒤에 뒤따르는 면접이었다. 나는 그나마 좋은 회사의 면접 기회를 많이 잡은 편이다. 이름만 대면 알 만한 우리나라의 대기업, 그나마 좀 개방적인 기업이란 곳에서 잇따라 면접을 보았다. 일곱 군데 정도의 기업에서 면접을 봤는데 솔직히 이야기하자면, 장애인 채용에 대해 어떠한 인식도 없다는 생각이 들었다. 심하게 얘기하자면 거의 무지의 상태랄까? 이전까지 겉모습만 봐도 딱 장애인으로 느껴질 만한 사람을 면접에서 대면해본 적이 없기 때문이다. 그런 탓인지 면접장에서 나에게 어떤 질문을 해야 할지 몰라 우물쭈물하는 임원도 있었고, 그저 보기만 해도 부담스러운지 눈길 한번 주지 않는 면접관들이 99%였다. 힘들게 준비해 간 면접에서 입도 뻥긋해보지 못하고 나올 때 그날은 정말 내 자신이 장애인이란 것이 눈물나게 슬펐다.

　첫 면접을 봤던 대기업에서는 운좋게도 최종면접까지 갔다. 면접 대기장소에 들어간 순간부터 긴장했지만, 그 회사의 면접관들은 내게 이상한 눈길을 보내지 않고 프로답게 잘 대해주었다. 한국에 엄청난 인재들이 넘쳐난다는 것을 느낀 첫 면접이었다. 지원자 모두 말도 잘하고 영어도 잘하고 심지어 외국 명문대 졸업자들이 수두룩한 걸 보고는, 자극도 받았고 더 노력해야겠다고 다짐했다. 모든 면에서 똑똑하고 당찬 그들 앞에서 나는 왠지 더 작아지는 것 같았다. 최종면접 후 한 달이란 시간을 기다렸지만, 결과는 낙방이었다. 부모님은 크게 실망하셨다. 어떻게든 내 짐을 덜어주고자 기도도 많이 하셨는데, 내가 받을 상처를 걱정하며 오매불망 잠들지 못하셨다.

　단번에 합격하리라는 기대는 하지 않았지만 나도 사람인지라 최종면접에서 탈락했다는 소식을 듣고는 많이 절망했다. 어떻게 잡은 기회인데 여기서 떨어졌나. 다시 다른 회사에 원서를 쓰고 그 기나긴 대장정을 시작하려니 자신이 없었다. 다른 면접장에 가서 매몰찬 대접을 받을 것을 생각하니 막막하기도 했다. 그래도 나 스스로를 위로하는 수밖에 없었다. 아직은 내가 거부당한 곳보다 도전할 곳들이 더 많고 언젠가는 합격할 것이라는 희망적인 생각으로 마인드컨트롤을 했다. 몇 달 동안 자소서와 이력서를 내고 초조하게 소식을 기다리는 별다를 것 없는 하루가 이어졌다. 누가 나에게 빨리 취업하라고 재촉하는 것도 아닌데, 내 마음은 스스로를 모질게 채찍질하고 있었다. 그러다가 겨우, 다시 면접을 볼 기회를 잡았다.

두번째 면접은 첫번째 경험이 조금 도움이 된 건지 중압감은 덜했다. 자그마한 건물에 들어가니 몇 명의 대기자들이 있었고, 작은 방에 세 사람씩 들어가 실무진 면접을 보게 되어 있었다. 나와 함께 면접을 볼 사람은 남녀 지원자 각 한 명이었다. 첫 면접의 기억 때문에 나는 내가 어느 방면에 약한지 알고 있었고, 내 단점들을 보완하기 위한 준비를 많이 해갔다. 하지만 나는 면접시간 내내 질문도 거의 받지 못한 채 면접장을 나섰다. 왜 면접관들은 나한테 관심이 없을까, 되짚어보니 우울과 눈물이 밀려왔다. 허탈한 마음으로 기숙사로 발걸음을 옮겼다. 면접비라고 건네받은 봉투를 흘낏 열어보니 쓸쓸함과 괴로움이 잔뜩 몰려왔다.
나는 정말 안 되는 걸까. 일반기업에서 다른 사람들과 어울려 일하고 퇴근하고 내 손으로 돈을 벌어 생활해나가는 평범한 삶이, 내겐 지나친 욕심이었던 걸까. 꼬인 생각들이 내 머릿속을 뒤덮었다. 무엇을 해도 즐겁지가 않고 신이 나지 않았다. 머지않아 패배자가 되어 방구석에 처박혀 있을 것만 같아 두려웠다. 적당한 직업을 찾지 못해 부모님에게 신세를 지며 평생을 살게 되나 않을까 하는 걱정이 나를 덮쳤다. 이런저런 생각들로 인해 정상적인 생활을

불 편 하 지 만 불 가 능 은 아 니 다

할 수 없는 나날들이 계속되었다.

서류단계에서 몇 군데 회사에 합격하기도 했다. 하지만 면접장에 가는 게 죽을 만큼 두려웠다. 그래도 마음을 다시 강하게 다잡아야 했다. 내가 여기서 그만두면 나와 같은 장애를 가진 사람들이 도전할 기회가 더 줄어들겠다는 생각 때문이었다. 내가 어떻게든 회사에 들어가서 할 수 있다는 것을 보여주고 올라갈 수 있는 데까지 올라가야만 그나마 세상의 이 견고한 편견을 무너뜨릴 수 있을 것 같았다. 그들이 나를 보고 괴물을 본 것처럼 놀랐다면, 이다음에 다른 장애인을 보면 조금 덜 놀라기를. 그리하여 언젠가는 나와 같은 장애인들도 보통 사람들처럼 질문받고 자신의 의지와 열정을 표현해볼 수라도 있기를.

그 무렵 내 주변의 많은 장애인 친구들은 면접과 취업 사이에서 힘들어하고 있었다. 나는 내 장애인 친구들을 생각해서라도 좀더 도전해봐야겠다고 결심했다.

그러나 면접횟수가 쌓여갈수록 화가 났다. 당당히 서류심사와 필기시험을 통과해서 면접장에 섰는데 면접관들은 실력을 보려는 노력을 하지도 않고, 장애인이라는 이유 하나 때문에 이미 저 사람은 '불가능'할 것이라고 단정짓고 있었다. 억울했다. 억울해서 견딜 수가 없었다. 삶을 살아오며 무슨 일이든 최선을 다했고 열심히 살았다고 생각했는데, 사회에서 필요로 하는 인재는 최선을 다하는 사람이 아니라, 회사에서 순조롭게 일할 수 있다는 믿음을 주는 사람이

내가 어떻게든 회사에 들어가서 할 수 있다는 것을 보여주고 올라갈 수 있는 데까지 올라가야만 그나마 세상의 이 견고한 편견을 무너뜨릴 수 있을 것 같았다. 그들이 나를 보고 괴물을 본 것처럼 놀랐다면, 이다음에 다른 장애인을 보면 조금 덜 놀라기를. 그리하여 언젠가는 나와 같은 장애인들도 보통 사람들처럼 질문받고 자신의 의지와 열정을 표현해볼 수라도 있기를.

라는 것을 인정하기까지 많은 시간이 걸렸다.

그렇게 분노와 오기 속에 세번째 네번째 면접을 거치고 한 은행의 면접에 가게 되었다. 사실 은행 면접이니 경제 관련한 질문이 나올 것이라 예상하고 다른 기업 면접에 비해 훨씬 더 많은 준비를 하고 갔다. 차가운 면접관들의 눈빛도 연속해서 응대하고 나니 견딜 만했다. 나를 뚫어지게 관찰하는 시선에도 익숙해진 상태였다. 무서울 것도 없었고, 긴장하지 말고 잘해야겠다는 생각뿐이었다. 그런데 나는 그 자리에서 의외의 복병을 만났다. 내가 면접장에 들어설 때부터 나를 날카롭게 쳐다보던 면접관이 폭탄을 던졌다.

"그 몸으로 고객을 유치할 수 있겠나?"

"직장동료에게 피해를 주진 않겠나?"

나는 이런 직접적인 질문은 예상하지 못했다. 이전의 면접관들은 나를 차갑게 바라볼 뿐 직접적으로 나를 비난하지 않았지만, 이 면접관은 직접적으로 나를 비난하고 상처를 주었다. 그리고 내가 대답할 수 없는 범위의 질문을 던졌다. 나는 이후로 말을 이어갈 수가 없었다. 어떻게 그 면접관의 얼음장 같은 시선을 피해 나왔는지조차 기억나지 않는다. 겨우 화장실에 찾아들어가 엉엉 울며 내 자신을 추스르려 했지만, 그곳을 나설 때 나는 힘없는 장애인일 뿐이었다.

그 면접 이후로 우울증이 생겼다. 나는 다시 의기소침하고 주눅든 아이로 변해갔다. 아무도 만나기 싫었고, 한 달간은 방에만 처박혀 있었다. 지금 생각해보니 그때 나는 인생에서 처음으로 스스로에게 비참함을 느꼈던 것 같다. 가슴이 답답하고 사람들이 무서웠다. 어릴 때 나를 손가락질하고 놀려댔던 모진 아이들처럼 온 세상이 나를 그렇게 바라보고 있는 것 같아 방을 나서는 게 두려웠다. 지독한 불면증에 시달리면서 아침에는 집 주변의 산책로를 헤매다녔고, 사람들이 하나둘 나오기 시작하면 도망치듯 다시 집으로 들어갔다.

우리나라에는 아직 장애인 취업에 대한 전문가가 없다. 여러 헤드헌팅회사들이 취업클리닉을 열지만, 장애인이 취업상담을 받으려 하면 헤드헌팅회사조차 난감해하는 모습이 역력했다. 장애인 취업에 대해 개인적으로 찾을 수 있는 정보가 한정되어 있었기 때문에 나도 헤드헌팅회사 몇 군데를 찾아가 취업이 안 되는 점에 대해 상담했는데 뾰족한 수가 없었다. 그저 면접 전까지 장애인임을 절대 드러내지 말라고 하는 게 다였다. 면접에서는 어차피 볼 수밖에 없지만, 면접까지라도 가고 싶으면 서류에서 장애인임을 절대 밝히지 말라는 식이었다.

한번은 취업컨설팅회사에 이력서와 자기소개서를 들고 찾았는데, 내가 준비한 자료들을 대충 훑어보더니 하는 말이 '텔레마케팅'을 해보라는 것이었다. 내가 텔레마케팅에 적성이 맞아서 권하는 것이 아니라, 그저 왜소증인 사람들은 거의 다 텔레마케팅을 한다는 식이었다. 순간 눈물이 왈칵 쏟아지려 했지만 참고 참다가 나는 울음처럼 이 말을 쏟아놓고 나왔다.

"왜소증을 가진 사람은 직업 선택권이 없는 겁니까? 왜소증 장애인은 다 텔레마케팅을 해야 합니까?"

나름 장애인 취업에 대해 추진 이력이 있다고 해서 찾아간 곳이었는데, 장애인의 적성을 개발하고 취업을 돕는다기보다는 그저 장애 유형만 보고 세상 사람들이 받아들여줄 만한 직군에 이리저리 사람들을 끼워넣고 있을 뿐이었다. 왜소증 장애가 겉장애(외형으로 곧바로 다름이 드러나는 장애) 중에서도 사람들이 시각적으로 충격을 느끼는 유형의 장애라 기업들이 많이 기피한다면서, 왜소증이 있는 사람과 키는 크지만 손가락이 없는 사람이 함께 면접을 보면 백이면 백 왜소증을 가진 사람이 떨어진다는 말을 들었다. 실제 업무능력에서는 손가락이 없으면 컴퓨터를 사용하지 못해 큰 손실이 있는데도 불구하고 말이다.

이미 이렇게 단단하게 뿌리박힌 사람들의 편견을 뚫고 어떻게 직장을 잡느냐 하는 문제가 고민으로 자리잡았다. 더불어 이런 일련의 일들을 겪고 나서 장애인 취업은 누구에게도 의지할 수 없고 결국 나 혼자 준비해야 하는 일이라는 깨달음을 얻었다. 결국 내가 직접 부딪치는 것밖에 길이 없었다.

어느덧 나는 졸업하고 백수로 지내며 매일 집에서 눈칫밥을 먹었다. 공부한다고 책상에 앉긴 하는데 머리에 아무것도 들어오지 않았다. 면접을 보러 가면 항상 미운오리새끼 대접을 받다보니 스스로에 대한 자신감도 점점 떨어져갔다. 집에서는 장애인은 일반기업에 못

들어가는 게 세상이라고, 대체 안 되는 일을 갖고 왜 이렇게 고집불통이냐며 성화여서 결국 내키지 않는 공무원 시험까지 보게 되었다. 실패의 트라우마가 내 머릿속에서 떠나지 않았다. 가끔 용기를 내서 면접을 보러 가도 장애인이라고는 눈을 씻고 찾아봐도 없는 면접 대기실에서 앉아서 면접진행요원들의 걱정스러운 눈길을 받았다. 당차고 꿋꿋하게 면접에 임하고 싶었지만 의자에도 제대로 앉지 못하는 내 장애가 미웠다.

면접이라는 게 뭘까? 나는 처음부터 다시 생각해보기로 했다. 면접이란 이삼십 분 안에 한 사람의 근성과 능력을 드러내고 또 파악하려는 양쪽의 줄다리기이다. 짧은 시간 안에 나 자신의 가능성과 강함을 입증해야 하는 싸움이다. 다른 면접자에 비해 나는 면접관들이 편견을 가질 만한 외모를 갖고 있기에, 그 편견을 깨는 데만도 삼십 분으로는 부족할 듯했다.

졸업 후 5월이 되자 조바심에 잠을 이루지 못했다. 그러나 자꾸 떨어질수록, 면접장에서 모욕을 받으면 받을수록 오기가 생겼다. 끝내 안 되는 일일지라도 무조건 면접이라도 많이 봐서 최대한 많은 곳에 왜소증 장애를 보여주고 싶었다. 그 공고한 편견의 벽을 조금이라도 얇게 만들어놓아서 나보다 더 나은 후배들이 이 회사를 지원할 때는 편견 없이 시험을 볼 수 있게 하고 싶었다.

3월에 삼성에 원서를 넣었다. 4월에 시험을 보고 5월에서야 면접을 보게 되었다. 면접에서 내 장애를 인정하고 오히려 낱낱이 드러내겠다는 생각으로 임했다. 더이상 물러설 곳이 없었다. 어떻게든 여기에서 승부를 봐야겠다고 생각했고, 내 장점이 무엇일까를 깊이 고민했다. 모든 면접에는 늘 마지막 순서가 있다. 면접관이 "마지막으로 하고 싶은 말씀 있으면 해보세요"라고 할 때이다. 나는 이제 승부를 내야 했고 강펀치가 필요했다. 그래서 이 마지막 코너에서 해야 할 말을 미리 고민했다. 그리고 승부를 걸었다. 나는 단호하게 외쳤다.

　"저는 장애를 가진 사람입니다. 하지만 장애는 불가능이 아니라 불편함일 뿐입니다!"

　나의 승부처였다. 나 자신을 가장 잘 보여줄 수 있는 단어, '장애인 이지영'이 아닌 '인간 이지영'을 보여줄 수 있는 단어를 고민하다가 떠오른 것이 바로 '불편함'이었다. 지금까지의 내 삶은 불편함과 시련, 도전으로 가득했지만 모든 것이 '불가능'은 아니었다. 오히려 그 '불편'을 피하지 않고 맞닥뜨리며 하나하나 넘어서는 과정에서, 나는 내가 무엇이든 해낼 수 있다는 가능성과 희망을 보았다. 면접장에서 나를 향해 '자네는 안 되겠구먼'이란 말을 삼키고 있는 면접관들에게, 그리고 장애인은 일반기업에 입사하면 민폐일 뿐이라고 말하는 세상에, 내가 외치고 싶었던 한마디, 그것은 장애는 불가능이 아니라 불편함일 뿐이라는 것이었다.

2주 후 결과가 나왔다. 합격이었다. 이날 나는 울었다. 결과를 보자마자 '악' 소리를 내면서 뛰어가 부모님을 얼싸안고 한참 동안 울었다. 그간의 괴로움과 마음고생이 씻겨나가는 순간이었다. 오랫동안 취업이 안 된 탓에 나는 그동안 평소답지 않게 내 장애를 많이 원망했다. 나 자신이 미워 견딜 수 없었다. 어릴 때 일리자로프 수술이라도 받을걸, 한 번에 안 되면 두 번이고 세 번이고 수술을 거듭 받아서라도 키를 좀더 늘려놓을걸 하는 후회도 많이 했다. 장애인 취업에 대해 무지한 우리나라도 미웠다. 그러나 뭐 어쩌랴. 이미 이렇게 태어나고 살아온, 바꿀 수 없는 내 삶이었다. 뭐라도 찌르고 말 듯한 날선 칼처럼 예민하게 지내온 취업준비 기간이었다. 그리고 지금의 회사에 합격한 날은, 내가 먼저 세상을 포기하지 않는 한 언젠가는 내 노력에 대한 답을 들을 수 있다는 오랜 믿음이 결코 틀리지 않았음이 드러난 순간이었다.

불 편 하 지 만   불 가 능 은   아 니 다

이지영이 장애를 가진 아이를 키우는 부모님들께 쓰는 편지

조금은 남다른 아이를 둔
부모님께

어제 작은 천사를 둔 부모님들의 커뮤니티에서 이런 글을 보았습니다. "우리 아이가 유치원 운동회 달리기에서 꼴찌를 하지 않았습니다. 우리 아이 뒤에 달려오던 그 아이의 존재가 얼마나 감사했는지 모릅니다." 다른 부모님들이라면 우리 아이가 일등을 해주었으면 하고 바라겠지만, 장애를 가진 아이를 키우는 부모님들은 아이가 꼴찌가 아닌 것에 감사했습니다.

오늘도 아마 아이 때문에 마음 아파하며 하루를 보내셨을 것입니다. 그리고 문득문득 이게 악몽이 아닐까, 왜 하필 나에게 이런 일이 일어났을까, 아픈 마음을 부여잡고 계실 겁니다. 그러고는 다시 환하게 웃는 아이를 보며 마음을 추스르고 강해져야지, 내가 강해져야지, 다짐하며 잠자리에 드실 겁니다. 저의 어머니와 아버지처럼요.

제가 지하철 계단을 힘들게 오르락내리락하면 가끔 이런 얘기를 하는 어른들이 있습니다. "에휴…… 우리 애가 저렇게 되지 않은 게 얼마나 다행이야?"

그분들은 아마 저를 보며 건강하게 태어나고 자란 아이에게 감사하고 계실 테지만, '저렇게 된 아이'를 오늘도 열심히 기르고 있는 나의 부모님, 그리고 수많은 장애인의 부모님들을 생각하면 그분들의 차가운 시선에 가슴이 아픕니다.

조금은 남들과 다른 아이가 태어난 것. 그것은 부모님의 잘못이 아닙니다. 제가 이렇게 태어난 것에 대해 가끔 어머니는 되새겨보십니다. "내가 너를 임신했을 때, 약을 먹은 것도 아니고 나쁜 생각을 한 적도 없다. 단지 사과를 많이 먹었을 뿐인데……"

다른 부모님들 또한 한 번도 이런 아이가 태어나리라고는 생각해본 적이 없을 것입니다. 그런데 좀 남다른 아이가 태어나자 꼭 죄인처럼 살아갑니다. 범죄를 저지른 것도 아니고 아이가 이렇게 태어나라고 기도를 한 것도 아닙니다. 그런데 왜 죄인처럼 살아가시나요. 당신은 건강한 아이를 기다리며 10개월 동안 아이를 걱정하고 사랑한 죄밖에 없습니다.

분명 죄가 아닌데, 죄라고 생각한다면 죄인처럼 살아가게 됩니다. 아이가 잘못이라도 저지른 것처럼 사람 많은 장소에 가지도 못하고 집안에 숨겨놓기도 하며, 정작 아이가 하고 싶은 일이나 아이의 재능에 대해서는 생각해보지 않습니다. 내 마음의 죄책감이 너무 커서

불편하지만 불가능은 아니다

아이가 무슨 생각을 하는지에 대해서는 관심도 없습니다. 그러다보면 결국 아이는 부모님의 죄책감이 투영된 영혼 없는 인간이 되어버립니다. 내 죄책감을 덜기 위해 아이를 보호하고 죽을 때까지 책임져야 한다고 생각합니다. 아이가 그 보호를 벗어나 꿈틀대기 시작하면 오히려 불안해집니다. 아이에 대한 보호로 덮어왔던 내 죄책감이 다시 살아나는 것 같아 두렵습니다.

  그런 부모님들께 드릴 말씀이 있습니다.
  아이가 가진 결핍보다 아이의 재능을 좀더 많이 봐주세요.

  그 아이는 물론 신체적으로 남들보다 열등할지 모릅니다. 그렇지만 어떤 재능을 갖고 있는지 발견되기 전까지는 알 수 없습니다. 때로는 그 재능이 신체적 열등을 뛰어넘을 수도 있고, 세상을 남다른 방식으로 재미있게 살 수 있는 열쇠가 될 수도 있습니다. 아이의 결핍을 채워주고자 보호만 하다보면 아이의 재능을 발견하기 힘듭니다. 직접 걷고 뛰게 해보아야 아이는 스스로 나는 법을 찾기 시작합니다. 지적 능력이 뛰어난 아이임에도 불구하고 걷지 못한다는 이유로 집안에 갇혀 있는 아이를 본 적이 있습니다. 부모는 걷지 못하는 아이가 힘들어할까봐 학교에 보내지 않았지만, 결국 아이가 힘들어하는 건 자신은 친구도 없고 아무것도 배우지 못한다는 사실입니다. 아이의 부족함을 채워주려고 아이의 풍요로운 재능을 외면하지 말아주세요.

아이가 부모님 없이도 세상을 살아갈 힘을 키워주세요. 저의 부모님은 남들과는 다른 모습을 지닌 저에 대한 안타까움에 어린 시절부터 저를 학교에 직접 등교시켰다가 곧장 데려가셨습니다. 그래서 저는 중학생이 되어도 버스를 어떻게 타는지 몰랐습니다. 시외버스를 처음 혼자 타게 된 건 고등학교 2학년 때입니다. 처음 버스를 타던 날, 너무 무섭고 힘들었지만 스스로 무엇인가를 해냈다는 사실에 짜릿함을 느꼈고 앞으로 무엇이든 나 스스로 해보겠다고 강한 의지를 다지게 되었습니다. 아이는 결국 자기만의 세상에서 제 힘으로 살아내야 합니다. 부모님의 세계에서 안전하게 머물 수 있는 건 어린 시절뿐입니다. 그렇다면 아이가 컸을 때 느낄 당혹감과 낯섦을 어릴 때부터 줄여주셔야 합니다. 그러기 위해서는 보통 아이처럼 세상을 대하게 하고, 세상의 어려움을 미리 겪게 해주어야 합니다. 여기서 중요한 부모님의 역할은 아이의 입장에 서서 무엇이 필요할지 진지하게 먼저 고민해야 한다는 겁니다.

다리가 좋지 않아 아이가 대중교통을 이용할 수 없다면 스무 살이 되자마자 운전하는 방법을 알려주세요. 그러면 버스를 타고 여기저기 가지 못한다는 상실감보다 내 차로 어디든지 갈 수 있다는 희망을 먼저 가질 수 있습니다.

그리고 언제 어디에서나 아이를 자랑해주세요. 부모님이 가는 곳이면 어디든지 데리고 다니시면서 아이의 장점을 자랑해주시고 열심히 하는 것을 칭찬해주세요. 그래야 아이의 자존감이 높아져 다른 친구들을 만나 어울릴 수 있습니다. 또 그것이 다른 친구들로 하여금 조금은 남다른 아이를 대할 때 느끼는 낯섦과 어려움을 줄여주는 방법입니다.

제가 뒤뚱뒤뚱 걷게 되면서 부모님은 혹여나 제가 놀림을 받지 않을까 해서 사람이 많은 곳에서는 저를 꼭 업고 다니셨습니다. 저는 제 존재가 부모님의 오점이 되지 않을까 늘 마음 졸이며, 부모님에게 부끄럽지 않은 존재가 되려고 제 자신을 더 많이 괴롭혔습니다.

부모님이 나를 부끄러워하고 숨기고 있다는 사실을 알게 되면 본인 스스로도 남들 앞에 당당할 수 없습니다. 사실 모든 것이 처음이 힘들 뿐입니다. 처음 영화관에 혼자 영화를 보러 갔을 때, 저는 남들이 나를 불쌍하게 생각하지는 않을까 마음 졸였습니다. 서로를 알아볼 수조차 없는 불 꺼진 영화관에서도 남들의 시선을 신경쓰며 초조해했습니다. 하지만 지금은 오히려 혼자 영화를 봐야만 몰입이 잘될 정도로 익숙하고 아무렇지 않은 일이 되었습니다.

처음에는 남다른 우리 아이를 신경쓰는 타인들의 시선이 두렵고 힘드실 겁니다. 우리 아이를 멀리하거나 놀려대는 다른 아이들도 낯설고 어려우실 겁니다. 하지만 결국 모든 면에서 남다른 것만 같았던 내 아이도 평범한 아이가 되고, 나중에는 아이의 부족함조차 신경쓰이지 않는 시기가 올 것입니다. 그때까지만 부지런히 노력해주세요. 내가 우리 아이를 부끄러워하고 숨기고 싶어하는데 세상 사람들이 우리 아이를 따뜻하게 바라봐주기를 바라는 것은 지나친 욕심일 수 있습니다.

저와 같은 장애아를 자녀로 둔 부모님들을 많이 만나면서 부모님들의 눈에 비친 두려움과 슬픔이 보입니다. 그리고 우리 부모님도 나를 키우면서 얼마나 많은 아픔을 겪었을까 생각하면 슬픔이 밀려옵니다. 하지만 그런 두려움보다는 이 아이로 인해서 얻게 되는 즐거움을 좀더 자주 떠올려주시길 바랍니다. 그러다보면 결국에는 다른 부모님이라면 느낄 수 없는 남다른 따뜻함과 감동을 이 아이가 선물해줄 것입니다.

세상 어딜 가도 벗어날 수 없는 장애라는 편견과 굴레. 그러나 장애아들은 자신의 부모님 앞에서만은 자유롭고 평범한, 꿈꾸는 아이여야만 합니다.

제 3 부

당신도 회사생활에
결정적인 결핍을
지니고 있나요?

삼성의 '선배' 이지영의 타박타박 회사생활 적응기

합격의 기쁨은 잠시뿐

아직도 입사가 확정된 그날을 잊을 수가 없다. 인터넷 화면을 통해 "최종합격되었습니다"라는 문구를 보고 곧장 "으악" 소리를 지르며 어머니와 부둥켜안고 뛰었다. 평소 가족들에게 내 감정을 잘 표현하지 않는 터라 나의 들뜬 모습에 부모님까지 설레어하셨다. 그렇게 날뛰다가 잠시 멍해졌다. 그간 어렵고 힘들었던 상황들이 주마등처럼 스쳐지나갔다. 나를 원하지 않는 사람들 앞에서 내 모든 걸 어떻게 보여줘야 할까 고민하고, 기죽지 않기 위해 지나치게 꼿꼿이 세운 등 때문에 밤마다 통증으로 앓기도 했다. 하지만 모든 것에는 결과가 있기 마련이었다. 좋은 결과든 그렇지 않은 결과든 간에 결과는 나타나기 마련이다.

그러나 합격의 기쁨은 잠시뿐이었다. 서서히 걱정이 몰려들었다.

면접장에서 그토록 대범하게 내게 '불가능'한 건 없다고, 열심히, 잘할 수 있다고 당당히 소리쳤건만…… 아직 경험해보지 못한 세계에 대한 두려움은 점점 커졌다. 게다가 이제 나는 그 무섭다는 '사회생활'로 진입하는 것이다. 환경이 바뀔 때마다 나는 늘 변화로 인한 성장통과 향수를 겪었다. 집을 떠나 서울에 있는 대학을 왔을 때, 그리고 호주 어학연수를 떠났을 때도 성장통은 극심했다. 하지만 그럴 때마다 나는 늘 잘 대처해왔고 고통과 시련에 대해 어느 정도 근육이 단련되어 있다고 믿어왔다. 그래서 매사 자신 있다는 생각이 들다가도, 평범한 몸을 가진 친구들도 끙끙대는 신입사원 시절을 내가 너무 만만하게 보는 것은 아닌가, 이것은 나의 자만심이 아닌가, 두려워지기도 했다.

내 생에 한 번도 겪어보지 않았던 변비가 찾아왔다. 화장실에서 나는 오 분 이상 머문 적이 없는 '호쾌한' 아이였다. 하지만 합격 이후로 이상하게 화장실에 자주 가게 되고, 갈 때마다 볼일을 보지 못했다. 자꾸 머리가 멍해지고, 내가 볼일을 보러 왔다는 사실조차 까먹어서 속이 늘 불편한 상태였다. 그렇게 잘 먹던 밥도 좀체 넘어가지가 않았다. 부모님과 어른들이 입사 축하한다고 맛있는 음식을 몇 차례 사주셨는데, 그럴 때마다 마음만 더 불편해졌다. '내가 이 많은 축하를 받을 만한 자격이 있을까? 이분들이 축하해준 것에 부응하지 못하고 회사를 그만두게 되면 어떡하지?' 가시방석에 앉은 기분이었다.

그토록 원했던 일이었음에도 최종합격을 하고 신입사원 교육이 시작되는 그날까지 나는 내내 괴로웠다. 밤마다 똑같은 질문으로 언니를 괴롭혔다. "내가 잘 적응할 수 있을까? 회사 사람들은 날 어떻게 볼까? 내가 너무 잘난 척해댄 게 아닐까? 작은 일도 견디지 못하고 퇴사하는 건 아닐까?" 처음엔 "아니야, 넌 잘할 거야, 넌 뭐든 잘할 수 있어"라고 위로해주던 언니도 급기야 짜증을 냈다. 웬 걱정을 그렇게 미리부터 하고 앉아 있느냐며 더이상 똑같은 위로를 반복해주는 것에도 진저리를 냈다. 불안했던 나는 이제 친구들을 괴롭히기 시작했다. 대학교 때 알고 지낸 장애인 친구들에게 전화를 걸어 회사생활에 불편함은 없는지, 상사와의 관계는 어떤지, 내가 어떤 걸 미리 준비해야 하는지 묻고 또 물었다. 친구들은 다들 그렇게 크게 걱정하지 말라고 했지만 내 마음은 계속 좌불안석이었다.

난 이럴 때 내 자신의 처지가 너무 싫다. 한없이 기쁘고 설렐 순간에 남들은 하지 않아도 될 고민을 해야 하고, 나 자신을 다른 사람들이 어떻게 바라볼까 끊임없이 의식해야 하고, 그 쓸모없는 걱정들로 내 자신을 괴롭히고 있다는 사실을 알면서도 어쩌지 못한다. 나 스스로에게도 거듭 묻곤 한다. '왜 이렇게 쓸데없는 걱정을 미리 하니?' 그 걱정들이 나를 신중하고 꼼꼼한 사람으로 성장하게 해주었다는 걸 알지만, 때론 그저 나를 갉아먹는 자학이란 생각도 든다.

걱정한다고 해서 달라지는 것은 없다. 나도 이 사실을 알고 있지만 어쩔 수가 없다. 어쩔 수 없이 걱정되고 조바심이 나고 염려스럽

다. 아마도 내가 욕심이 많기 때문인 것 같다. 그리고 어떤 자리에서
나 그냥저냥 적당히 눌러앉아 뭉개는 존재가 되고 싶지 않기 때문일
것이다. 신입사원 교육을 들어가는 바로 그날까지, 나는 쉽게 잠을
이루지 못했다.

이것이 뜨거워서 나는 눈물이냐,
힘들어서 나는 눈물이냐

; 용접과 영혼

불편한 진실이 하나 있다. 나는 늘 내가 하는 것보다 다른 사람에게 받는 것이 많다. 그래서 늘 감사하며 살아야 하고 다른 사람들에게 그것을 되돌려주어야 한다.

키 110cm의 아이가 용접하는 모습을 상상해본 적이 있는가. 우리 회사가 제조업을 하는 곳이다보니 회사에 들어와 3주간 현장실습 기간이 주어졌다. 여러 가지 프로그램이 짜여 있었는데, 직접 현장을 돌며 이것저것 보고 배우는 기간이었다. 조립라인도 가보고 물류라인도 가보고 엔진 돌아가는 모습도 구경하고 한 번도 보지 못한 새로운 것들에 눈이 휘둥그레져 연일 신기할 뿐이었다.

실습 프로그램 중에 '용접' 공정도 있었다. 용접이 뭔지 모르는 것은 아니었지만, 며칠 전부터 나도 할 수 있을까 하는 걱정이 앞섰다.

용접은 TV화면 속에서 본 게 다였다. 내가 할 수 있는 일이라고 생각해보지도 않았고, 나와 관련이 없다고 생각해서인지 관심도 없었다. 그런데 '신입사원 이지영'은 이제 그걸 해내야 하는 것이다. 불안했지만 미리 물어보거나 알아보러 다니진 않았다. 왠지 여기저기 묻고 다니면 내가 그 상황을 피하고 싶어하고 두려워하는 것처럼 오인될까봐 그저 그날이 오기만을 담담하게 기다렸다.

　　드디어 용접 실습의 날이 다가왔다.

　　나를 포함한 네 명의 사원이 공장 한 귀퉁이 용접대 앞에 섰다. 담당자가 오더니 안전장비와 마스크 등 여러 가지 비품을 나누어주고 착용하라고 했다. 나도 빠지기 싫어 용접복을 받았는데, 내가 입기에는 용접복이 너무나 컸다. 남자 체형에 맞게 제작되었을뿐더러 작업복이다보니 일상복보다 훨씬 품이 컸다. 여기저기 팔다리를 접어입고 나니 나는 어른옷을 입은 아기가 되어 있었고, 몸은 식은땀으로 푹 젖어갔다. 시작하기도 전에 용접복과 씨름하고 있는 내가 안쓰러웠던지 주위의 동기들과 용접담당자가 와서는 내 옷을 여기저기 접어주었다. 마치 유치원에 처음 들어와 옷도 못 입는 어린아이가 되어버린 것 같은 느낌이 들어 마음이 쓰렸지만, 그래도 옷을 여며주고 부족한 나를 손수 챙겨주는 담당자의 따뜻한 마음이 느껴져 뭉클했다.

　　어쨌든 보호장구는 우여곡절 끝에 착용했지만 문제는 이제부터였

　　　　　　불 편 하 지 만　불 가 능 은　아 니 다

다. 용접을 시작해야 하는데 나는 정작 용접기조차 잡지 못했다. 동기들은 이미 하나둘씩 실습에 들어간 상태였다. 어설프긴 했지만 각자의 몫을 하고 있었다. 나는 어떻게 해야 하나. 머릿속이 복잡했다. 옷까지 입어놓고 못한다고 할 수도 없고, 이렇게까지 다른 사람들이 도와주었는데 못한다고 말하고 싶지도 않았다. 다른 사람들과 똑같은 기회를 주기 위해 노력하는 선배들의 마음이 무슨 일이 있어도 반드시 해내야 한다는 책임감으로 다가왔다. 더운 공기와 숨쉬기조차 힘든 마스크 속에서 수많은 고민과 자책으로 내 몸은 점점 처져갔다.

드디어 내 차례가 되었다. 나는 키가 너무 작아서 내 키보다 높은 용접대 앞에 서지도 못했다. 현장에 있던 담당자가 아무 말 없이 의자를 가져오더니 그 위에 나를 올라서게 했다. 꾸역꾸역 올라섰더니 겨우 어느 정도 키가 맞는데 나는 여전히 무섭고 불안했다. 이걸 내가 왜 해야 할까. 혹시나 내가 안전사고라도 내면 어쩌나 마음이 조마조마했다. 현장담당자가 나에게 용접기를 쥐여주었다. 하지만 손이 작은 나는 용접기를 누를 힘이 없어 혼자 버둥거렸다. 부끄럽기도 하고 나 자신이 한심하기도 하고 어떻게 해야 할지 몰랐던 그때, 갑자기 현장담당자가 내 등뒤로 와서 용접기를 붙들고 있는 내 손을 잡아주더니 마치 영화 〈사랑과 영혼〉의 도자기 만드는 장면처럼 나를 도와주었다. 나는 용접대 앞에서 이지영 주연의 영화 〈용접과 영혼〉을 찍었다. 누가 보았다면 저게 뭐하는 건지 우스꽝스럽다며 배를 잡고 웃었을지 모른다. 하지만 나는 내 뒤에 서 계신 분의 도움으로 용접기로 몇 개의 줄을 그어나갔다. 비록 나만의 힘으로 해낸 건 아니었지만 나는 꿋꿋이 작업을 완수했다. 용접 열기로 이마에서는 땀이 주룩주룩 흘러내렸다. 아니 사실은 내 머리에 흘러내렸던 게 땀인지 눈물인지 잘 모르겠다. 작은 일 하나에도 내가 제외되지 않고 온전히 해낼 수 있게끔 배려해준 회사와 담당자의 노력이 느껴져 나는 오랫동안 온몸으로 눈물 흘렸다.

실습을 끝내고 나는 그분께 수줍게 감사합니다, 라고 인사를 드렸다. 그것밖에 드릴 말씀이 없었다. 그분의 성함과 직급도 미처 기억해두지 못했지만, 아무 일도 아니라는 듯 조용히 돌아서 가던 그 뒷모습은 여전히 기억에 남는다. 그리고 힘들었지만 뿌듯했던 기억과 더웠던 공장의 열기, 용접의 화력으로 인한 매운 냄새가 여전히 머릿속에 남아 있다.

그날은 너무 피곤해서 집에 오자마자 쓰러져 잤다. 하지만 가슴은 뿌듯했다. 무릎이 여기저기 쑤시고 일어서서 걷기도 힘들 만큼의 통증이 다리에 느껴졌지만 이 회사에서 열심히 일해야겠다는 의욕만큼은 뚜렷해졌다. 어렸을 때는 내가 할 수 없는 부분이 보이면 으레 나는 제외되었다. 체육대회도 그렇고 소풍도 그랬다. 내가 묻거나 요청한 것도 아닌데 나는 특별활동에선 늘 제외되어 있었다. 하지만 회사에서의 시작은 달랐다. 내가 못하는 일에 다른 이들이 먼저 손을 빌려주었고 남들과 똑같이 할 수 있도록 배려해주었다.

이것이 벌써 6년 전의 일이다. 회사생활을 하다 많이 힘들고 지칠 때면 나는 이때의 기억을 떠올려보곤 한다. 그러면 슬며시 웃음이 나면서, 지금의 나에게 용접실습을 하러 가라고 하면 그때처럼 열심히 할 수 있을까 생각해본다. 지금의 내가 종종 힘들다고 느끼는 회사일들이 그때의 신입사원 마인드라면 너끈히 견뎌낼 수 있는 일인데도 내가 마냥 투정하고 있는 것은 아닌지 마음을 다잡아본다. 그때 용접대 앞에 선 불안하고 모자란 나에게 '패트릭 스웨이지'가 되어준 이름 모를 선배처럼, 나의 존재가 또다른 후배와 동료들에게 힘이 되길 바라면서.

2007년 8월 6일, 나는 삼성그룹에 신입사원으로 입사했다.
2012년 8월 6일, 나는 삼성그룹 신입사원 교육에 선배로 파견되었다.
많은 삼성인들은 선배사원으로 파견되는 것을 매우 특별하게 받아들인
다. 20명의 신입사원을 키우는 것은 그만큼 책임감을 요구함과 동시에
나를 첫 선배로 알게 되는 파릇파릇한 신입사원을 만나 자신을 성장시
킬 수 있는 기회이기 때문이다.

삼성 신입사원들의
'멘토'가 된다는 것

2007년 8월 6일, 나는 삼성그룹에 신입사원으로 입사했다.

2012년 8월 6일, 나는 삼성그룹 신입사원 교육에 선배로 파견되었다.

삼성에 입사하면 입문교육이라는 단체 연수를 받는다. 신입사원으로서 몇 주간 연수를 받는데, 직장인이 되기 위한 기초교육을 받는 기간이다. 삼성은 '선배에 의한 후배 양성'을 강조하기 때문에 신입사원들이 한 연수원에서 교육받게 되고, 이 신입사원을 담당할 선배사원이 파견된다. 한 선배가 20명 정도의 신입사원을 맡아 같이 생활하며 신입사원을 육성하고 멘토로 활동한다.

많은 삼성인들은 선배사원으로 파견되는 것을 매우 특별하게 받아들인다. 경력 4~5년차에 20명의 신입사원을 키우는 것은 그만큼 책임감을 요구함과 동시에 나를 첫 선배로 알게 되는 파릇파릇한 신입사원을 만나 자신을 성장시킬 수 있는 기회이기 때문이다. 입사 후 쭉 교육업무를 담당하고는 있었지만 내가 신입사원 입문교육에 파견되리라고는 상상해보지 못했다. 왜냐하면 나 스스로 선배로서 활동하기에 아직 부족함이 많다고 생각했을뿐더러 삼성 전체의 수많은 4~5년차 직원들 중에 내가 그 좋은 기회를 잡을 수 있을 것이라고는 생각하지 않았다.

한편으론 두렵기도 했다. 만약 파견된다고 해도 신입사원이 회사에 처음 들어와서 보는 선배가 내가 될 텐데…… 한눈에도 '삼성의 멋진 커리어우먼'이기보단 부족한 것이 대번에 눈에 띄는 선배를 신입사원들이 어떻게 보아줄까. 내 존재로 인해 행여나 회사에 대한 자부심이 떨어지진 않을까. 입문교육의 파견선배가 된다는 것은 삼성인으로서, 또 교육을 담당하는 사람으로서 욕심나는 자리였으나, 나에겐 넘봐서는 안 될 자리처럼 느껴지기도 했다. 더군다나 당시 내 업무도 매우 바쁜데다 일에 한참 재미를 붙여서인지 차라리 걱정 근심 많고 긴장되는 파견 기회가 아예 오지 않는 편이 속 편할 거라는 생각마저 들었다.

그러나 나는 정말 행운아인가보다. 신은 내 마음을 속속들이 읽고 내 삶을 지켜보는 것 같다. 나는 신입사원 파견교육의 '선배'로 발탁되었다. 게다가 신기하게도 내가 입사한 날과 동일한 날짜에 선배로 파견된 것이다. 갑자기 2007년의 여름이 떠올랐다. 2007년 그때 내가 처음으로 만난 삼성의 선배들은 그야말로 완벽했다. 결코 가볍지 않았고, 그렇다고 괜히 권위적으로 굴거나 무게를 잡지도 않았다. 신입사원 가운데 가장 튀는 외모였던 나는 첫날부터 선배와 면담을 했다. 선배는 불편한 것은 없느냐며 생활하는 데 어려운 점이 있으면 언제든지 말해달라며 나를 격려해주었다. 물론 한눈에 봐도 생활이 순탄할 것 같지 않은 나를 위해 행정적인 배려가 필요할 것 같다는 생각에 그랬는지도 모르지만, 내게 손을 내민 선배는 회사가 나를 도와줄 준비가 충분히 되어 있다는 것을 알려주려 애썼다.

나는 오랫동안 혼자 생활해와서 나 스스로 문제를 해결하는 데 익숙해져 있었고, 필요한 것이 있으면 바로 당당하게 말하겠노라며 자신감을 내비쳤다. 그후로 그 선배는 특별히 나를 티나게 배려하거나 대놓고 신경쓰지 않았다. 내가 먼저 말할 때까지 늘 기다려주었다. 막 입사한 신입사원에게 회사 선배들은 놀라운 통찰력을 가진 사람으로 보였다. 우리끼리 해결되지 않는 문제로 갑론을박하고 있을 때면 선배는 늘 우리를 지켜보다 한마디씩 짧게 코멘트를 했고, 그 코멘트는 우리가 다시 제대로 길을 갈 수 있도록 길잡이 역할을 해주었다. 선배는 선배였다. 친구가 아니었다. 다정한 분이셨지만 늘 선배로서의 위엄을 갖고 있었다.

나도 신입사원에게 이런 존재가 되고 싶었다. 하지만 자신이 없었다. 나는 아이들을 모아놓고 다정하게 어깨를 두드리고 격려할 수 없었다. 나보다 시선이 높은 후배들에게 이런저런 지시도 할 수 없는 작은 키에 단정하게 걷지도 못하고, 때론 걷다가 우스꽝스럽게 넘어지기도 한다. 무거운 물건도 잘 들 수 없고, 신입사원이 다쳐도 당장 그 아이들을 업고 뛰지도 못한다. 많은 것을 해주어야 하나, 많은 것을 해주지 못하는 입장이었다. 그리고 무엇보다도 나의 약한 모습을 신입사원에게 보여주고 싶지 않았다. 부끄러웠다. 그리고 마음 졸였다. 이런 선배를 만나야 하는 우리 팀의 신입사원들에게 미안한 마음까지 들었다.

하지만 어쩔 수 없는 노릇이다. '선배'는 회사가 내게 부여한 또하나의 역할이었고, 나는 최선을 다해 그 역할을 잘해내야 한다. 파견 전에 선배들 개개인의 장단점을 적어내는 조사가 있었다. 사실 나는 무엇을 적어야 할지 난감했다. 장점이라니, 나는 다른 쟁쟁한 동료들에 비해 단점뿐이 아닌가. 그러나 나에겐 100개의 단점을 무색케 할 만한 명백한 장점이 있었다. 그것은 '진정성'이었다.

선배라고 우쭐해하지 않는 것, 지위를 이용하여 명령하거나 무시하지 않는 것, 신입사원을 진심으로 대하고 그들이 부족한 부분을 메꿔주는 것, 그들이 무슨 생각을 하고 있는지 들어주는 것. 그것이 나의 장점이고 내가 할 수 있는 역할이라고 생각했다. 리더십과 카리스마로 아이들을 우르르 끌고 다니지는 못해도 열심히 하는 내 모습, 진심을 가진 내 모습을 보여주면 된다고 마음을 정리했다. 그러고 나니 한결 마음이 편해졌다. 이제는 신입들을 만날 준비가 된 것 같다.

　첫 만남은 적잖이 긴장되었다. 신입사원들이 연수소로 오고 있다는 소식에 가슴이 왜 그렇게 뛰었는지 모른다. 제발…… 후배들이 나를 보고 놀라거나 어려워하지 않기를. 나의 존재를 불편하게 생각하지 않기를. 내 존재가 이 후배들에게 좋은 자극이 될 수 있기를…… 화장실에서 정장을 다시 매만지며 마음속으로 몇 번이나 기도했는지 모른다. 다른 선배들은 그저 궁금하고 설렜을 신입사원들의 얼굴이었겠지만, 나는 그저 그들이 나를 좀더 편하게 받아들일 수 있기를 기도하고 있었다.

　신입사원들이 가득찬 강당에서 선배들이 한 명씩 자기소개를 했다. 내 순서는 마지막이었다. 처음으로 신입사원 전원을 정면으로 마주한 순간이었다. 신입들의 눈이 초롱초롱했다. 앞으로 펼쳐질 일들에 대한 기대와 취업에 성공했다는 뿌듯함으로 웃고 있는 후배들은 예뻤다. 내 순서가 왔을 때 심장이 미친 듯이 빨리 뛰었지만 나는 떨림을 숨기고 태연하고 당당하게 인사했다. 다행히 많은 신입사원들이 다른 선배에게처럼 뜨거운 박수를 보내주었다. 시작이 나쁘지 않았다.

　그리고 우리 팀 신입사원들을 만났다. 내가 담당한 팀의 신입사원은 18명이었는데, 다양한 계열사의 신입들이 섞여 있었고 다들 외모도 출중했다. 어느 회사를 가게 되든 참 탐나는 사람들이었다. 실력은 물론이거니와 심성도 착하고 남을 배려하는 마음을 기본적으로 갖고 있었다. 이런 후배들을 집에 돌려보내지 않고 뽑아준 면접관들에게 큰절이라도 하고 싶은 마음이었다. 첫 만남은 어색했지만 나는 단번에 이 후배들에게 반하고 말았다. 예의바르고 성실하고 단 한 명도 나쁜 후배들이 없었다. 이 후배들이 나를 좋아하는 것보다 나는 훨씬 더 먼저, 그리고 많이 짝사랑에 빠져버렸다.

처음 만난 선배는 부족한 면이 많았지만 다행히 후배들은 그것을 자연스럽게 받아들여주었다. 특별히 나를 불편해하지도 않았고, 다들 온순하게 서로를 위해주었다. 다행이었다. 그 많은 걱정과 두려움은 어쩌면 나의 조바심이었는지 모른다. 사람은 누구나 완벽할 수 없다. 완벽해지려고 하는 순간 조바심이 나고 스트레스를 받는다. 나는 아마 후배들에게 완벽해 보이고 싶었나보다. 하지만 나는 절대 완벽할 수 없기에, 이 후배들에게 나의 완벽함을 자랑할 것이 아니라 나의 진심을 전달하기로 했다. 어쩌면 내가 삼성의 '선배'로 설 기회를 얻게 된 것도 그 때문이 아닐까. 그토록 쟁쟁한 경쟁자들을 물리치면서 길고 지난한 과정을 거쳐 입사했지만, 우리는 완벽한 존재가 아니라는 것. 나처럼 모자란 점이 눈에 확연히 드러나 보이는 사람도 있고, 대부분은 그 단점이 눈에 띄지 않을 것이나 우리는 모두 조금씩은 부족하고 모자란 '사람'이라는 것, 그러므로 직급과 연차를 넘어 서로가 서로를 채워주고 지지해주며 함께 가야 한다는 것. 시간이 흐르고 사회생활을 하며 우리가 조금씩 때가 묻어가더라도 부디 그것만은 잊지 말아야 하기 때문에.

나는 우리 팀의 신입들에게 특별한 지시나 바람을 표현하지 않았다. 그것이 신입사원을 성장시키는 나의 스타일이기도 했다. 나의 선배도 그러했지만 나는 후배들에게 지시하는 사람이 아니라, 이들이 부족하고 어려울 때 많은 경험을 공유해주는 사람이어야만 했다. 그래서 후배들이 혼란스러워할 때를 빼고는 특별한 지시를 하지 않았다. 그래도 후배들은 늘 잘 따라와주었다. 어쩌면 방목형 선배를 둔 후배들이라 좀더 주도적으로 행동하고 배워갔는지도 모른다.

사람의 행동이란 단시간에 절대 변하지 않는다고 생각한다. 누군가는 신입사원 때 선배가 잘 잡아주어야 그 습관이 평생 간다고들 말한다. 하지만 나는 달리 생각한다. 행동의 변화는 생각의 변화가 선행되어야 한다. 그런데 생각은 절대 남이 지적한다고 해서 고쳐지는 게 아니다. 스스로 잘못되었다는 것을 인지하고 고쳐야겠다고 결심한 순간, 생각이 바뀌고 행동이 변화한다. 내 생각을 바꿔야겠다고 스스로 인지하는 것은 누군가의 지적에 의해서가 아니라 누군가를 닮고 싶은 마음, 혹은 더 나은 사람이 되고 싶다는 마음에서 출발한다. 그래서 나는 신입사원들에게 그들의 잘못을 지적하기보다는 오히려 그들의 모습에 비춰 나 자신을 정비하려 애썼다. 회사를 대하고 일을 대하고 주변 선배들을 대하는 내 태도를 신입들이 늘 보고 배우고 있다고 생각했다.

연수원생활을 하는 동안에는 많은 과제들이 주어지고 신입사원들은 끊임없이 결과물을 제출해나간다. 어느 팀은 결과가 좋기도 하고 어느 팀은 좋지 못한 결과에 속상해하기도 했다. 방목형 선배인 내가 제일 강조했던 것은 역설적이게도 '결과에 대한 욕심을 버리라'는 것이었다. 교육이 물론 교육 이후의 일들과 계속 연관되어 있었지만 나는 이 기간을 통해 신입사원들이 회사생활의 가장 기초가 되는 '팀워크'를 배워야 한다고 생각했다. 나를 돋보이게 하고 다른 동료들보다 나아야 한다는 경쟁의식이 아니라 팀워크! 회사의 모든 일은 팀, 부서 단위로 시작되며 부서 단위의 성과로 끝난다. 물론 그 안에서의 기여도는 다를 수 있지만 회사업무의 기본은 항상 팀워크라는 것을 알려주고 싶었다.

　그래서 매일 저녁 하루 동안의 일을 정리하며 내가 신입들에게 강조했던 것은 성과보다는 팀원들과 얼마만큼 더 친해졌는지, 누가 얼마나 남의 이야기를 잘 듣고 소통하고 있는지였다. 이런 이상한 기준을 가진 선배 때문이었을까. 초반에 우리 팀 후배들은 팀과제에서 좋은 결과를 얻지 못해 많이 힘들어했다. 나도 신입들 앞에서는 웃으며 결과는 크게 신경쓰지 말라고 했지만 일말의 걱정은 있었다. 아무리 경쟁보다 팀워크라 해도 성과가 나쁘면 주눅이 들고 회사생활이 재미없어질 수 있기 때문이다. 하지만 내가 맡은 팀의 후배들은 성과는 나빴지만 팀워크는 일등이었다. 그리고 정말 재미있는 사실은 서로 본격적으로 친해지고 알아가면서부터 우리 팀 신입사원들이 과제에서도 실력을 발휘하기 시작했다는 것이다. 개개인이 잘하는 것, 못하는 것, 배려해줘야 하는 것을 알아가기 시작하면서 서로의 빈틈을 메워주었던 것이다. 나의 후배들은 그렇게 우리만의 방식으로 잘 적응해가고 있었다.

서로에게 익숙해지고 팀워크를 배워가면서 이제 더는 내가 많은 부분을 일일이 살펴줄 필요가 없게 되었다. 후배들은 이미 서로가 서로를 지켜주고 배려해주고 있었다. 이제부터 나의 역할은 후배들 사이의 고충과 직장생활에 대한 두려움을 해소해주고 용기를 북돋아주는 것이었다. 그렇게 후배들과 한명 한명 저녁에 따로 시간을 내어 대화를 나누었고 이 시간을 통해 나는 개개인의 성격과 성향을 알게 되었다. 그리고 나는 저마다 각양각색으로 다른 그 성격을 살려 회사에 잘 적응할 수 있는 방향으로 조언해주었다.

우리 팀의 한 후배는 늘 스마일을 얼굴에 띠고 산다. 이래도 좋고 저래도 좋고 절대 싫다는 이야기도 하지 않으며 늘 웃고 있는 신입사원이다. 나무랄 데 없는 신입사원이지만 나는 이 후배가 많이 걱정되었다. 사실 자신의 주장을 잘 표현하는 신입사원은 현업에서도 힘든 일을 맞닥뜨리면 솔직하게 표현하고 적극적으로 문제를 해결해나간다. 하지만 자기주장이 약하고 남의 부탁을 잘 거절하지 못하는 사람은 늘 남의 부탁과 자신의 일 사이에서 허둥대기 마련이다. 그래서 나는 이 후배를 불러 좀더 자신을 표현하고 적극적으로 자신을 드러낼 필요가 있음을 이야기해주었다. 모여 있을 때는 보이지 않던 개개인의 장점이 따로 만나보면 극명하게 드러났다. 후배들의 고민을 하나씩 들어보며 문제 그 자체보다는 그 문제를 해결해나갈 수 있는 후배들의 장점을 생각했고, 회사에 좀더 현명하게 적응할 수 있는 방향을 알려주려 노력했다.

나의 후배들은 늘 반짝반짝 빛이 났다. 어떨 때는 눈이 부셔 쳐다볼 수가 없었다. 후배들이 가진 열정과 패기, 그리고 아름답게 성장해갈 미래가 생각나 뿌듯하고 감사했다. 우리 선배도 나를 이렇게 바라보았을까. 다시 한번 2007년이 떠올랐다.

연수원생활이 후반부로 접어들면서 우리 팀 후배들은 오히려 나를 걱정해주었다. 메일로 선배가 하품하는 걸 몰래 봤다며 피곤하시지 않으냐고 걱정하는 후배도 있었고, 남몰래 와서 "선배님 사랑합니다"라고 적힌 쪽지를 주고 가기도 했다. 피곤하다가도 정신이 번쩍번쩍 들었다. 어디선가 나를 지켜보며 걱정하고 있을 후배들이 고맙기도 했고, 그들에게 '피곤한' 선배가 될 수는 없다는 생각에 눈이 번쩍 떠졌다. 늘 바쁜 일정으로 잠이 부족했지만 모자란 잠은 틈틈이 채울 수밖에 없었다.

어느 순간, 이제는 내가 오히려 후배들에게 기대고 있었다. 나를 도와주고 배려해주는 후배들이 하나둘씩 생겨났다. 대학을 갓 졸업한 파릇파릇한 후배들이 서서히 회사원으로서의 면모를 갖추어가기

불편하지만 불가능은 아니다

입문교육 당시 신입사원들이 내 책상에 두고 간 음료수.
나의 후배들은 늘 반짝반짝 빛이 났다. 어떨 때는 눈이 부셔 쳐다볼 수
가 없었다. 후배들이 가진 열정과 패기. 그리고 아름답게 성장해갈 미래
가 생각나 뿌듯하고 감사했다. 우리 선배도 나를 이렇게 바라보았을까.

시작했고, 나는 놀랍게 성장하는 후배들의 모습에 가슴 뿌듯했다. 짧은 시간 동안 잘 성장한 신입들에게 무한한 감사의 마음이 들었다.

처음에는 신입과 선배로 만났지만 후반부에는 '우리'가 되었다. 회사는 곧 우리가 움직여가는 하나의 거대한 조직이다. 서로를 신뢰하는 '우리'가 되었다는 것이 이제 신입사원들이 비로소 회사의 기초를 이해했다는 증거일 것이다. 그리고 그것이 바로 현업에 가서도 잘 적응할 수 있는 마음가짐의 기본일 것이다. 슬슬 내 역할이 끝나가는 시기가 온 것 같다. 그렇게 나는 삼성 배지를 단 신입사원들을 각자의 자리로 보냈다.

입문교육은 끝났지만 이따금 문자를 보내오는 후배들이 있다. 자주 있는 일은 아니다. 지금은 다들 제자리에서 열심히 적응하고 제몫의 일을 해내느라 정신없을 것이다. 가끔은 후배들이 무척 보고 싶기도 하지만, 무소식이 희소식이려니 한다. 나는 후배들이 어려운 일이 있을 때 문득 떠올라 찾게 되는 사람, 그 후배들의 첫번째 선배니까. 느닷없는 퇴사 소식만 아니라면 그 후배들이 늦게 연락할수록 힘든 일도, 고민도 더디 온다는 증거일 것이므로 나는 그걸로 만족한다.

불편하지만 불가능은 아니다

선배도 후배로 인해
성장한다

2007년 여름, 나는 막연히 선배를 존경하는 풋내기 신입사원이었다. 그리고 2012년 여름, 나는 후배로 인해 성장하고 있는 나를 발견했다. 5년간의 회사생활은 나에게 많은 것을 가르쳐주었고 남에게 받기만 했던 나는 어느새 남에게 도움을 줄 수 있는 사람이 되어 있었다. 회사에 잘 적응할 수 있을지 불안과 걱정에 싸여 있던 신입사원은 여유와 절제를 아는 선배가 되었다. 내가 만났던 선배를 기억하며 그 선배들처럼 되고자 많이 노력했다. 입문교육에서 나를 처음 만난 18명의 신입사원들에게 나는 어떤 존재였을까. 직접 물어보진 않았지만 진심을 가진 선배로 기억되었으면 한다.

사실 신입사원들에게 최대한 많은 것을 전달해주는 것이 선배의 역할이지만 나는 신입사원들에게 준 것보다 그들로부터 받은 것이 더 많다. 어쩌면 나는 또 한번의 신입사원 입문교육을 더 받은 것이나 다름없다. 신입사원들을 만나기 위해 나는 나 자신을 먼저 재정비해야 했다. 내가 그동안 가져왔던 나쁜 습관들을 제거해야 했다. 그러지 않고 남에게 조언한다는 것은 거짓말을 하는 것과 같다. 어쩌면 신입들은 유아기의 아이들과 같은지도 모른다. 어른들이 하는 말을 그대로 보고 배우기 때문이다. 신입사원들의 하얀 도화지에는 나쁜 것보다 좋은 것이 먼저 쓰여야 한다. 나는 다시 어깨를 펴고 걷는 연습을 했고 인사도 다시 신입이 된 것처럼 큰 목소리로 하기 시작했다. 5년간의 직장생활 동안 잊고 지냈던 기본예절에 대해 나 자신부터 다시 돌아보았다. 스스로 생활습관이 나쁜 편은 아니라고 생각했는데 나에게도 아직 고칠 점이 무한하게 많았다.

신입들을 만나고 나서 다시 나의 신입사원 시절을 떠올렸다. 일의 우선순위를 잡지 못해 허둥거렸던 일, 무엇을 구두로 보고하고 무엇을 문서로 작성해야 할지 알지 못해 두려움 속에 두리번거렸던 시간, 말도 안 되는 자신감으로 뭐든 할 수 있다며 설쳤던 시간들. 지금은 약간의 여유를 갖게 되었고 그때보다 당황하는 경우는 많이 줄었지만 여전히 나는 계속 배워나가야 할 사람일 뿐이다. 그 시간들을 되새겨보며 초심으로 돌아가는 게 중요하다는 것을 한번 더 깨달았다.

18명의 보석 같은 신입사원들. 어쩌면 피상적이고 냉정하게 느껴졌던 '조직'이라는 곳은 이런 보석들로 가득찬 곳인지도 모른다. 성

불 편 하 지 만 불 가 능 은 아 니 다

영원히 잊히지 않을 소중한 시간, 나의 성장과 타인의 성장이 어우러져 아름다웠던 시기. 원석 같은 신입사원들로 인해서 나는 다시금 지금 내가 서 있는 곳이 조그마한 빛들이 모여 크게 빛나는 곳임을 깨달았다.

실하고 열정적인 보석들이 모여 회사는 톱니바퀴처럼 돌아간다. 물론 가끔 회사는 차가운 성벽같이 느껴진다. 내가 어찌해볼 수 없는 기준과 냉정함이 존재하는 곳이라고 치부해버리고 싶다. 하지만 그 차가움을 한 꺼풀 벗겨보면 많은 사람들이 더불어 살아가기 위해 '기준'을 만들어내고 함께 노를 저어가는 공동체가 보인다. 이 많은 보석들이 모인 곳에서 서로의 빛을 발할 수 있게 해주는 것이 조직원으로서의 역할인지도 모르겠다. 18명의 원석 같은 신입사원들로 인해서 나는 다시금 지금 내가 서 있는 곳이 조그마한 빛들이 모여 크게 빛나는 곳임을 깨달았다. 어딘가에 또 반짝이기 위해 준비하고 있을 많은 예비 신입들을 위해 회사를 보다 좋은 곳으로 만들어야 한다는 책임감도 가지게 되었다.

2007년과 2012년의 여름. 그 여름은 어느 때보다 뜨거웠다. 영원히 잊히지 않을 소중한 시간, 나의 성장과 타인의 성장이 어우러져 아름다웠던 시기, 푸르렀던 그 시간을 떠올리면 늘 행복하게 웃음짓게 된다.

그간 하지 못했던 말이 있다. 마음속으로만 했던 그 말을 이제는 당당하게 할 수 있다.

"선배님 고맙습니다. 후배님 사랑합니다. 당신들은 언제나 최고입니다."

로드킬당한 개의
시신 앞에 기도하는
청소부 아저씨의 마음으로

한 인터뷰어가 물었다.

"지영씨의 멘토는 누구세요?"

〈열정樂서〉에 출연한 이후로 한창 '삼성의 멘토'니 하며 다른 매체들이 나에 대해 수식하는 말들을 조금은 당혹스럽게 바라보고 있을 즈음의 일이었다. 내가 누군가의 멘토가 된다는 것도 부끄럽고 당찮은 말이라고 생각하던 차였지만 문득 생각해보게 되었다. 글쎄……나의 멘토는 누구일까? 잠시 고민하다 나는 결국 이렇게 대답했다.

"이 세상을 살아가는 모두"라고.

출근길 차에서 이런 광경을 목격했다. 몸길이가 50cm 정도 되어 보이는 작은 개의 사체가 도로에 누워 있었다. 아마도 지난밤에 개는 로드킬을 당했을 것이고, 이를 미처 못 보고 몇몇 차들이 그 개를 거듭 치고 지나간 것 같았다. 한때 생명을 담고 있었다는 사실을 알아볼 수 없을 정도로 곤죽이 되어버린 개의 사체는 붐비는 도로 위에 무심히 깔려 있었다.

그때 거리를 쓸던 한 청소부 아저씨가 개를 보고는 포대를 들고 와 주섬주섬 사체를 담았다. 그리고 나는 청소부 아저씨가 개를 감싼 포대 앞에서 짧은 기도를 드리는 것을 보았다. 잠시 편의점에 물건을 사러 간 언니를 기다리며 비상깜빡이를 켜고 정차해 있던 아주 짧은 시간에 일어난 일이다.

나는 생각했다. 아무도 하고 싶어하지 않는 일을 하고, 아무도 존중하지 않는 버려진 개의 죽음 앞에서 추모하는 그분을 본받아야겠다고.

하루는 출장을 가기 위해 자가용을 두고 택시를 탄 적이 있다. 눈이 너무 많이 온 탓에 도로에는 차가 없어 한산했고, 택시를 잡기란 하늘의 별 따기였다. 어렵게 콜택시를 불러 탔는데 택시기사님이 한참 상세히 도로상황을 설명해주시더니 나를 부르실 때마다 '공주님'이라고 하는 것이었다. 이야기를 들어보니 기사님께서는 몇 년째 여성 승객을 공주님이라고 부르며 목적지까지 친절하게 바래다주고, 이제는 단골승객도 엄청나게 많아져 다른 택시기사님들을 대상으로 강의까지 한다고 했다.

문득 우연히 잡아 탄 택시에서도 이런 훌륭한 기사님을 만나게 해준 '인연'이라는 신비에 감사했고, 그냥 스쳐지나갈 수 있는 승객에게도 친절을 베풀고 온기를 나눠주는 기사님을 본받아야겠다는 생각이 들었다.

알고 보면 우리 주변의 모두가 나의 멘토이고, 나 또한 누군가의 멘토가 될 수 있다. TV에서, 책에서, 신문에서 사람들은 나와는 다른 별세계에 있는 화려하면서도 인간적인 멘토를 찾아 헤맨다. 그러나 멘토는 어쩌면 우리 주위에 아주 가까이 있는지 모른다. 사람들은 각자 다른 모습을 안고 살아가며, 그 모습은 나름의 가치가 있다. 우리 주위의 멘토들을 알아보는 눈이 없어 그 가치를 그냥 흘려보내 버린다면 평생 깨닫지 못하겠지만, 조금의 애착만 가지고 일상을 살아내면 넘치도록 많은 멘토와 평생 가도 다 담지 못할 아름다운 이야기들을 많이 만나게 될 것이다. 성공하고 돈을 많이 벌고 텔레비전에 나오지 않아도 우리의 삶은 충분히 존경받을 만한 것이다.

오늘도 나는 거리에서, 회사에서, 집에서, 수수한 차림과 소박한 행동으로 거대한 감동을 주는 나의 멘토들을 발견한다.

조금의 애착만 가지고 일상을 살아내면 넘치도록 많은 멘토와 평생 가
도 다 담지 못할 아름다운 이야기들을 많이 만나게 될 것이다. 성공하
고 돈을 많이 벌고 텔레비전에 나오지 않아도 우리의 삶은 충분히 존경
받을 만한 것이다.

오늘도 나는 거리에서, 회사에서, 집에서, 수수한 차림과 소박한 행동으
로 거대한 감동을 주는 나의 멘토들을 발견한다.

愛社心? 愛事心!
이제 회사생활을 시작하려는 당신에게

회사에서 교육업무를 담당하면서 가장 책임감을 많이 느끼는 순간이 신입사원 앞에 설 때이다. 회사에서 몇 년간 지내온 경력사원들이라면 내가 무슨 이야기를 하든 간에 본인들의 경험에 비추어 생각해보기 때문에 나의 말이 절대적인 영향력을 끼치지는 않는다. 하지만 모든 것을 새로이 시작하는 신입사원에게는 나의 말이나 행동, 가치관까지 크게 영향을 미칠 수 있기 때문에 항상 조심하는 편이다.

나는 가끔 내가 '선생님' 같다는 생각이 들어 보람도 있고 재미있기도 한데, 신입사원은 아기와 비슷한 것 같다. 부모가 어떻게 대해주고 어떤 가정환경을 만들어주느냐에 따라 아기의 미래는 천차만별이 된다. 마찬가지로 신입사원도 특정 능력을 갖췄기 때문에 입사했지만, 그 이후부터는 거대한 조직이 이끌어가는 문화와 방향, 그리고 같이 일하는 선배에 따라 성장에 큰 격차를 보인다. 흔히 '아이들은 나쁜 것을 가장 먼저 따라 한다'고 하는데, 신입사원도 그렇다. 부서 내 최고참 상사, 부서에서 흔히 쓰는 비속어나 소위 말하는 '꼼수'들을 가장 먼저 따라 한다. 안타까운 것은 선배들의 안 좋은 모습을 따라 하여 자신의 업무에 그대로 대입하는 경우이다.

그래서 신입사원이 입사하면 좋은 습관을 가질 수 있도록 나 자신에게 나쁜 말버릇이나 습관이 없는지 다시 정비해본다. 몇 달 혹은 1, 2년이 지나 회사에 대한 환상이 완전히 사라진다 하더라도 그들이 성장할 때만큼은 충분히 좋은 토양과 비료를 먹고 자라야 한다고 믿는다. 가끔 어떤 선배들은 후배가 입사하면 마치 후배가 내 일가운데 비중 없는 일들을 대신해주는 사람인 양 착각하기도 하지만, 이는 자만심에 가득찬 선배들이 범하는 대표적인 잘못이다.

나의 선배도 나를 보며 이런 생각을 했겠지만, 요즘 신입사원들을 보면 나와는 참 많이 다르다는 생각을 한다. 일을 대하는 사고방식도 회사에 대한 생각도 상사를 대하는 태도도 모두 새롭다. 디지털 네이티브로 자란 세대들이 많이 입사하다보니, 선배와 직접적으로 소통하는 데 많은 어려움을 느끼기도 한다. 메일이나 인트라넷 게시판에서는 자기의 의견을 상당히 잘 피력하는 재미있는 신입사원이, 직접 대면해서 이야기하려고 하면 쭈뼛거리며 눈조차 마주치지 못한다. 또 자기 생각과 다른 일 혹은 자기와 직접적으로 연관이 없는 일에는 책임감을 느끼지 않고 회피하기만 하려는 신입사원도 있다.

불 편 하 지 만   불 가 능 은   아 니 다

간혹 어려운 일은 선배가 어떻게든 해결해줄 것이라는 믿음으로 일에 끝까지 달라붙지 않고 느슨한 태도를 보이기도 한다. 아니, 사실 일을 하다보면 가끔이 아니라 자주 이런 경우가 생긴다.

회사생활을 하다보면 일이나 직장을 위해 개인적인 일들을 미루어야 할 때가 생긴다. 나 자신은 절대 어떠한 경우라도 희생할 수 없는 고귀한 존재라고 생각한다면 이 세상에서 얻을 수 있는 것은 매우 작아질 것이다. 하지만 요즘 세대는 부모라는 단단한 울타리 안에서 주어진 것을 풍족하게 받고 누리며 살아온 사람들이 많은 것 같다. 그런 방식에 너무 익숙해져서 스스로 자립해야 할 '회사'라는 공간에서도 이전의 삶의 방식 그대로 보호받고 안주하고 싶어한다.

그런 신입사원들에게 무작정 "당신들이 입사한 회사를 오늘부터 100만큼 사랑하고 회사를 위해 당신들이 희생할 준비를 하세요"라고 한다면 정말 무지막지하게 바보 같은 말이 될 수 있다. 내가 몸담고 있는 조직에 애정을 갖고 이 조직이 잘되어야 개인이 잘될 수 있다고 외치는 것은, 회사와 개인의 삶을 밀접하게 연계시키는 것을 촌스럽다고 여기는 요즘 세대에는 통하지 않는 이야기이다. 완전히 다른 환경과 배경 속에서 살아오다가 특정 회사에 들어왔다고 하여 갑자기 그 회사에 대한 애정을 품으라고 말하는 것은, 가정으로 치면 먼저 선을 보고 하루아침에 결혼부터 한 뒤 배우자를 사랑하라고 강요하는 것과 마찬가지가 아닐까?

사실 요즘엔 삼성 임직원으로서 자부심을 갖고 다양한 활동을 하고 있지만 나 역시 신입사원 시절엔 이기적이고 철이 없었다. 회사에 처음 들어왔을 때는 모든 것이 낯설고 두려웠다. 여기서 어떻게 다른 사람들과 잘 어울려서 무리 없이 일을 해낼지가 고민이었다. 회사를 사랑하고 조직을 사랑하고 회사가 가고 싶어 잠을 못 이룬다는 것은 나와 먼 이야기임에 분명했다. 하루하루 회사에 있는 것이 긴장되었고, 잘 배우고 있는 것인지, 앞으로 내가 일을 잘할 수 있을지 불안하기만 했다. 회사에 대한 사랑과 정을 느낄 여력이 없었다. 당장 내 눈앞에 닥친 일들과 바빠지는 마음을 어떻게 처리하고 다스려야 할지 고민하며 하루하루를 보냈다. 그런 나를 돌아보면서 나는 신입사원들에게 절대 무리한 강요는 하지 않게 되었다.

　신입사원들에게 내가 전달하려는 단 하나의 소박한 메시지는 '애사심愛事心', 그러니까 회사가 아니라 '내 일'을 사랑하라는 것이다. 나는 "회사를 사랑하라고 강요하지는 않겠지만 여러분의 일은 꼭 사랑하세요"라는 말을 곧잘 한다. 일을 사랑하게 되면 그 일을 할 수 있는 공간인 회사와 조직은 자연히 사랑하게 된다고 믿기 때문이다. 또한 내가 하고 있는 일에 열정과 혼신의 힘을 쏟을 수 있다면 나의 발전은 물론이고 조직의 발전 또한 따라오게 마련이다. 내 업무에 자신감이 붙으면 어느 조직을 가든 적응하는 것은 부차적인 문제가 될 것이다. 그래서 나는 근무지나 소속사업부도 중요하지만 내가 어떤 업무를 잘할 수 있을까, 좋아하는 업무는 무엇일까를 끊임없이 고민해보라고 권유한다. 당장은 세련된 근무환경과 서울 도심에 있는 사업장이 좋다고 생각하겠지만, 장기간 이 일을 계속한다고 가정하고 '직장 플랜'을 설정한다면 어떤 부서에서부터 경력을 쌓기 시작할 것인가, 어떤 업무를 먼저 배울 것인가가 매우 중요해진다. 예를 들어 내가 품질 쪽의 전문가가 되기로 마음먹었다면 생산라인에서 업무를 시작해 개발 업무, 그리고 품질 업무로 넘어온다면 상당히 빠르게 전체를 아우르는 전문가가 될 가능성이 높다.

회사는 내 의지가 아닌 외부의 변화로 인해 좋아지기도 하고 나빠지기도 한다. 나 자신의 힘만으로 큰 조직을 컨트롤하기는 힘들다. 하지만 내가 맡고 있는 일은 나의 힘과 애정으로 상당 부분 변화시킬 수 있다. 작은 일이라고 해서 흘려보내면 일의 크기와 중요도가 더 축소될 수도 있고, 아무리 사소한 일이라도 내가 중요한 일이라고 여겨서 열정적으로 맡으면 성과가 쑥쑥 자라나기도 한다.

가끔은 '아니, 이걸 꼭 내가 열심히 해야 돼? 이런 사소한 것까지 내가 해야 하나?'라는 생각도 들 것이다. 그때마다 흐트러진 마음을 다잡으며 나는 이렇게 생각한다. '이건 나의 일이다. 남의 일이 아닌 나의 일이다.' 아무리 못생긴 아이도 부모의 눈에는 그렇게 예뻐 보일 수가 없다고 한다. 그래서 안 그럴 것 같은 사람들도 다들 딸바보, 아들바보가 되나보다. 일도 마찬가지다. 내 자식 같이 여겨보면 그렇게 사랑스러울 수가 없다. 남의 일이라 생각하면 끊임없이 많고 힘들고 잡다하게 느껴지겠지만, 미우나 고우나 내가 챙기고 내가 해결해야 할 '내 일'이라고 생각하면, 제아무리 복잡하고 힘든 일도 약간의 푸념을 섞어가면서라도 결국 해내고야 만다.

그러므로 무턱대고 회사를 사랑하려고 하지 말라. 회사를 사랑하라고 말하지 말라. 오히려 회사와 지독한 사랑에 빠진 사람들은 위험해질 수 있다. 다만 '자신의 일'을 열렬하게 사랑하라. 자신의 일을 사랑하는 사람은 동료를, 선후배를, 회사를 그리고 무엇보다 자기 자신을 사랑하고, 인생과 일을 조화롭게 꾸려갈 줄 안다. 내가 아는 성공한 직장인들은 모두 '회사'가 아니라 '자신의 일'과 지독하게 연애한 '애사심愛事心' 넘치는 사람들이었다.

신입사원들에게 내가 전달하려는 단 하나의 소박한 메시지는 '애사심
愛事心', 그러니까 회사가 아니라 '내 일'을 사랑하라는 것이다. 무턱대
고 회사를 사랑하려고 하지 말라. 회사를 사랑하라고 말하지 말라. 다
만 '자신의 일'을 열렬하게 사랑하라. 내가 아는 성공한 직장인들은 모
두 '회사'가 아니라 '자신의 일'과 지독하게 연애한 '애사심愛事心' 넘치
는 사람들이었다.

가장 쉽고 간단한
신입사원의 비밀

처세술에 대한 수많은 책들이 있다. 나도 그 책들을 즐겨보던 시절이 있었다. 직장인 초년생 시절이었는데, 내가 무엇이 부족한지, 인간관계는 어떻게 해야 하는지, 앞으로 내가 어떻게 행동해야 하는지 궁금했다. 그래서 이책 저책 열심히 찾아보곤 했는데 읽을 때는 엄청나게 공감이 가다가도 딱히 내 경우에 적용해보려고 하면 잘 맞지 않거나 어색해지곤 했다. 역시 습관을 바꿀 수 있는 것은 내가 몸소 체험한 데서 우러나오는 깨달음이 아닌가 싶다.

대학 시절에도 그랬고 어학연수 때도 그렇고 회사생활에서까지 모든 관계의 기본이라 생각하는 나만의 룰이 있다. 그것은 바로 '인사'다. 나는 무뚝뚝하기로 유명한 경상도 지방에서, 그것도 감정표현을 많이 하지 않는 것이 미덕이라고 생각하는 부모님 슬하에서 자랐다. 그래서 좋은 것을 좋다고 말하지 못하고 싫은 것도 잘 티내지 못했다. 게다가 장애를 갖고 살다보니 힘들고 어려워도 일단 참는 것에 익숙해져서, 내가 힘들다고 말해야 할 때도 제대로 표현하지 못해 불이익을 겪기도 했다.

어린 시절엔 그랬다. 누가 나를 알아보고 놀릴까봐 숨어다녀야 했고, 누군가 나를 알은체하는 것마저 굉장히 불편했다. 남과 인사하고 눈을 마주치는 것이 통 연습이 되질 않았다. 누군가는 대인기피증이라고 생각할 만큼 나는 사람들이 무서웠고 아무렇지 않게 웃으며 말하는 것이 세상에서 제일 어려운 일로 느껴졌다.

그렇게 남의 눈을 피해 다니다가 인사의 중요성을 느끼기 시작한 것은 중학생이 되면서부터였다. 그때 어머니가 늘 나를 학교에 데려다주셨는데, 나는 어머니와 함께 등교하는 것이 창피해 교실로 들어서면 친구들의 시선을 피하며 눈을 내리깔고 다녔다. 그런데 그때마다 눈길을 피하는 나 대신 우리 어머니에게 인사하며 밝은 모습으로 교실로 들어서는 친구들이 있었다. 나 때문에 잔뜩 힘들어하던 어머니가 밝게 인사를 건네는 아이들과 마주칠 땐 웃으며 달라지는 것이 부러웠다. 그 아이들이 나에겐 교과서였다. 별다른 노력을 하지 않아도 상대방을 웃게 하고 누군가와 눈을 마주치며 사람의 온기를 전해주는 것이 인사라는 것을, 나는 어머니와 친구들 사이에서 느꼈다. 그리고 사람들을 피해다니는 것이 최선은 아니라는 것, 영원히 피하고 살 수만은 없겠다는 생각이 점점 절박하게 다가왔다. 나는 세상에 나와야 했다.

그 모든 것이 한꺼번에 뚝딱 이루어진 것은 아니었다. 처음엔 "안녕하세요"라고 모기 소리만큼 작게, 나만 겨우 들릴 정도로 입을 떼는 것에서부터 모든 것이 시작되었다. 때론 눈도 잘 마주치지 못했고 요즘에도 나보다 훨씬 키 큰 사람들의 시선을 붙들어오자니 가끔 힘들기도 하지만, 그래도 나는 인사의 힘을 굳게 믿고 있다. 학창 시절에도 안쓰럽게 나를 쳐다보는 선생님들께 밝게 인사를 하고 나면, 약간의 부담감과 긴장으로 나를 바라보던 선생님도 눈빛을 부드럽게 풀어주셨다. 그러고는 힘든 일은 없는지, 친구들과 잘 지내는지 물어보셨다. 이 모든 게 인사가 없었다면 힘든 일이다. 인사는 '나 여기 있어요'라는 자기표현의 사인이며, 상대방에게는 '당신이 거기 있군요'라는 뜻을 전하는 존중의 메아리이다.

나는 대학에서도 좀 엉뚱하다 싶을 만큼 인사를 했다. 강의에 늦으면 누구나 머리를 숙여 멋쩍은 듯 강의실에 들어오는데, 나는 조금 달랐다. 교수님께 짧게 인사를 하고 나서 뒷자리에 자리를 잡고 앉기까지 친한 친구와 선배에게 끊임없이 인사를 하며 들어간다. 그렇게 인사하고 앉으면 머쓱하기도 했지만 왠지 마음이 편해졌다. (굉장한 민폐이기는 하다. 늦게 들어온 주제에 자기 할 일은 다하고 있으니……)

어학연수를 떠날 때도 그랬다. 나는 그다지 영어실력이 뛰어나지

불편하지만 불가능은 아니다

인사는 '나 여기 있어요'라는 **자기표현의 사인이며**, 상대방에게는 '당신
이 거기 있군요'라는 뜻을 전하는 존중의 메아리이다.

도 않았고 외모도 예쁘지 않았지만(오히려 거부감이 느껴질 수도 있는 외모였지만), 짧은 시간에 많은 친구들을 사귀었다. 사실 처음엔 많은 외국인 친구들이 나를 동정하고 있다고 생각했다. 어딘지 모르게 불편해 보이는 나를 도와줘야 한다는 책임감과 먼 타국에서 장애도 있는 아이가 고생한다는 생각에서 많은 이들이 내 친구가 되어준 것이라고 생각하고 있었다. 하지만 어느 날 단기간에 아주 가까워진 태국 친구와의 대화에서 나는 비밀을 알아냈다.

"나는 네가 즐겁게 너의 인생을 살고 있다고 생각하고, 절대 너를 동정하지 않아. 네가 처음 안녕, 하고 내게 인사하며 다가올 때부터 나는 그냥 나보다 더 즐거워 보이는 너와 친구가 되고 싶었어."

진심이 느껴지는 친구의 말에서 나는 내 인간관계술의 무기를 찾게 되었다. 그것은 바로 인사였다. 누굴 보든지 눈만 마주치면 난 "하이"라고 인사했다. 멀리서 나를 보며 걸어오는 사람들을 향해 언제나 당당하게 웃고 인사했다. 새로운 사람들을 만날 때마다 나는 거리낌없이 "안녕하세요"라고 말할 수 있었다. 호주의 선생님은 그런 나에게 이런 얘기를 해주었다.

"많은 한국인들이 상대방이 나를 알아보지 못하면 어떡하지, 하는 걱정으로 먼저 인사하고 다가오지 못하더라. 하지만 너는 그런 걱정이 없는 것 같아. 먼저 스스럼없이 다가서는 너의 모습을 보고 많은 것을 배웠어."

안녕, 이라는 그 짧은 한마디가 가진 위력은 엄청난 것이었다. 순간적으로나마 눈과 눈이 마주쳐 상대방을 좀더 자세히 관찰할 수 있었고, 상대가 마주 웃는 모습을 보며 진심을 느낄 수 있었다.

회사생활은 어렵다. 그리고 인간관계는 더 어렵다. 일 때문에 힘든 순간이 많지만, 그 일을 점점 더 어렵게 만드는 것은 사람이라는 생각이 든다. 처음에는 어렵게 느껴졌던 그 인간관계라는 실타래가 이제는 좀더 수월하고 따뜻하게 뜨개질해볼 만하다고 느껴지는 것은 내가 '인사의 중요성'을 알고 있기 때문이다.

신입사원 시절에는 인사하는 연습을 곧잘 했다. 신입사원이 잘할 수 있는 게 무엇인가? 일은 절대 아닐 것이고, 보고서 쓰기도 아닐 것이다. 딱 하나 손쉽게 잘할 수 있는 것은 내가 앞으로 일해야 할 사람을 기억하고 서로에게 익숙해지는 일이다. 일도 결국은 사람이 하는 것이기 때문에 사람을 잘 알아야 빨리 일을 배우고 성과를 낼 수 있다. 그리고 그 시작은 인사이다.

인사는 초등학교 1학년 때부터 귀가 닳도록 배우는 아주 기본적인 소양인지라 아무래도 어른이 되면 사람들이 제일 먼저 잊어버리는 것 같다. 하지만 신입사원들에게 인사는 결정적인 요소라 할 만큼 중요하다. 나는 이 유별난 인사습관으로 인해 많은 이익을 보았다고 생각한다. 나는 선배나 높은 상사들보다 회사를 위해 숨은 곳에서 일하는 분들께 더 열심히 인사하려고 한다. 회사 정문을 지키는 분들께는 꼭 인사를 하는데 그러다보니 내가 다소 난감한 일이 생겼을 때 발 벗고 나서주신다. 얼마 전 선물 받은 생일케이크를 가지러 정문에 가면서 "안녕하세요"라고 크게 인사했더니 무거운 케이크와 와인을 차까지 가져다가 직접 실어주셨다. 나는 또 얼른 "감사합니다"라고 인사한다. 그러자 차에 실린 꽃다발을 보고 꽃도 받았느냐며 덩달아 내 생일을 축하해주신다. 얼마나 감사한 일인가.

또 가끔 통근버스를 타고 집에 갈 때 뒤에서 이지영씨, 하고 부르는 분이 계신다. 내가 내리는 정류장 근처에 살아서 반가운 마음에 매번 불러주시는 듯한데, 그 마음이 고마워 나도 고개 숙여 인사를 드린다. 내가 잘 모르고 스쳐지나갈 때, 먼저 알은체해주시면 그게 두고두고 기억에 남아 다음에 다시 만나면 내가 먼저 인사를 드려야겠다고 다짐한다.

하루는 우리 회사 사장님을 뵙고 인사드릴 기회가 있었다. 먼저 알아봐주신 것이 감사해 몸을 굽혀 꾸벅 인사를 드렸는데, 한참 어린 사원에게도 존댓말로 응대하며 끝까지 웃음으로 인사해주신 것이 기억에 남는다. 내가 생각지 못한 리더의 모습이었고, '아, 우리 사장님 참 좋으시구나, 젠틀하시구나 하는 생각이 들었다. 아주 짧은 순간이었지만 까마득한 사원과 회사를 경영하는 사장님 사이에 정이 흘렀다.

이제는 다소 튀는 외모 때문에 회사에서 알아보는 분들이 많다보

불 편 하 지 만 불 가 능 은 아 니 다

니 인사를 안 할 수도 없게 되었다. 내겐 인사를 잘하는 나만의 요령이 있다. 처음에는 회사에서 인사하는 것이 매우 형식적인 일로 생각되어서 빠르게 "안녕하세요" 하고 웅얼거리며 스쳐지나가기도 했지만 지금은 오히려 천천히 또박또박 "안.녕.하.세.요!" 하고 웃으며 지나간다. 오히려 목소리를 더 크게 할 때도 있다. 상대방이 어떻게 생각할지는 먼저 걱정하지 않는다. 기어들어가는 목소리로 작게 이야기하고 나면 오히려 마음이 더 불편하다. 이왕 하는 거 다른 사람들이 알아듣게 외치고 나면 오히려 마음이 편하고 기분도 좋아진다. 할 수 있다면 목과 등을 굽혀서 인사하는 것도 좋다. 음식점에서 식사가 나올 때도 꼭 "감사합니다"라고 외치는데 먹기 전에 기분도 좋아지고 서빙해주시는 분도 이어서 나올 음식을 좀더 즐겁게 가져와주시니 일거양득이다.

'등잔 밑이 어둡다'는 우리 선조들의 말에 나는 깊이 공감한다. 인간관계를 위한 백 가지 만 가지 처세술과 대응방법이 있다고 해도 나는 이것만은 자신 있게 말할 수 있다. 모든 것의 시작은 심플한 것에 있다. 인간관계와 사회생활에서 그것은 바로 서로를 알아보는 것, 인사이다.

"내가 그의 이름을 불러주기 전에는 그는 다만 하나의 몸짓에 지나지 않았다. 내가 그의 이름을 불러주었을 때 그는 나에게로 와서 꽃이 되었다"라는 김춘수 시인의 시 「꽃」의 한 구절처럼 내가 당신에게 인사를 하기 전까지 우리는 서로 알지 못하는 어색한 사이였다. 복잡한 서로의 일과 속에서 마주칠 기회조차 별로 없고 굳이 이야기할 필요도 없는 사이였다. 하지만 "안녕하세요"라는 인사 한마디로 우리는 커피 한잔을 마시게 되고, 친구가 될 수도 있다.

인간관계나 회사생활처럼, 복잡한 일일수록 언제나 아주 간단한 것에 답이 있다.

회사생활에
어울리지 않는 사람

　내가 '의외로' 회사생활을 잘하고 있다고 여기는 사람들이 많아서인지, 가끔 내게 은근히 회사생활에 대한 고민상담 내지는 고백을 해오는 이들이 있다. 회사생활이란 정말 쉽지 않다. 요즘 그럭저럭 편하고 다닐 만하다, 고 말하는 이들은 거의 없다. 더욱 놀라운 것은 내가 곁에서 보기에 부럽다고 여길 만큼 사교적이고 조직생활에 최적화되어 있는 것처럼 보이는 사람들마저 저녁 6시가 지나고 긴장이 풀릴 즈음이면 이렇게 말한다는 사실이다.

　"아무래도 난 회사생활에 안 맞는 사람 같아. 언제까지 회사생활을 할 수 있을지 모르겠어……"

　그런데 회사와 조직에 처음부터 잘 어울리는 사람이 과연 있을까?

오해하지 말길 바란다. 내가 편하게 회사생활을 하고 능력 있는 직원이란 말은 전혀 아니니까. 나도 그저 매일매일 고민하고 혼나기도 하고 인간관계와 성과를 모두 거머쥐고 싶지만 잘 안 돼서 힘들어하는 평범한 직장인일 뿐이다. 다만 나는 일을 시작하기 전에 수많은 사람들이 내가 회사생활을 하기에 부적절하다고 하도 우려를 해서인지, 그렇게 '회사생활엔 어울리지 않는 사람'이라는 꼬리표를 달고도 벌써 6년 넘게 회사생활을 해와서인지, 회사생활에 어울리지 않는 사람 같은 건 없다는 생각이 든다.

'인생'에 어울리는 '사람', 또는 인생에 어울리지 않는 사람이란 말이 어딘가 이상하듯이, 회사에 어울리는 직장인, 혹은 회사에 어울리지 않는 직장인이란 말도 어딘가 좀 이상하지 않은가. 회사는 특별한 자본 없이 제 손으로 생계를 책임져야 하는 보통 사람들의 텃밭일 뿐이니까.

자신이 회사에 어울리지 않는다고 판단한 직장인들을 만나서 이런저런 이야기를 나누다보면 하나의 공통점을 찾게 된다. 회사를 위해 내 전부를 희생하고 있다고 생각하는 것이다. 사실 대한민국의 직장인이라면 모두 일에 치여 살 것이다. 물론 일부 여유로운 직장인도 있을지 모르겠지만 90% 이상의 직장인들은 '일이 과중하다'고 느낄 것이다. 학생 때는 붙어다니다시피 했던 대여섯 명의 친구들이 한번 모이려면, 다들 어찌나 바쁜지 몇 주 전부터 시간을 맞춰야 한다. 그만큼 예상치 못한 일들이 자주 발생하고 또 그 일들에 대해 책임을 지고자 개인적인 일은 미뤄가며 살아가는 사람이 대한민국 직장인이다. 일과 가정의 비교잣대를 들이대본다면 무조건 일이 우선순위라고 하는 사람도 많다.

주말에도 일하는 것이 당연하고 어떨 때는 자정이 다 되어 녹초가 된 채 집으로 향한다. 그런 날이면 도대체 하루 동안 내가 무슨 짓을 한 건지, 바빴던 것은 분명한데 무슨 일을 하느라 그렇게 숨가빴는지 기억조차 안 날 때가 있다. 허무하기도 하고 슬프기도 하다. 그렇게 며칠을 보내면 몇 주가 훌쩍 가고, 몇 해가 지나고 연차가 쌓인다. 그러면서 몸은 갈수록 피곤해지고 무언가 남은 게 없다는 생각이 들어 허탈해진다. 그리고 회사가 나의 모든 것을 앗아간다는 생각이 꼬리를 문다.

기본적으로 회사가 나를 괴롭히고 착취한다고 생각하기 시작하면 모든 것이 힘들어진다. 월급은 쥐꼬리만큼 주면서 일은 서너 배로 시킨다고 생각하기 시작하면 회사가 미워진다. 사람의 속성이란 어쩔 수 없이 자기 본위로 생각할 수밖에 없기 때문에 무언가가 나를 괴롭힌다고 규정하기 시작하면 그에 대해 지속적인 미움이 생긴다. 당연히 어떤 장소도 내가 미워하는 곳으로 규정하고 나면, 그곳에서의 일도 싫고 사람도 싫고 나만 피해자가 된 듯한 생각이 든다. 회사는 아마 조금 억울할 것이다. 우리는 당신들을 괴롭힌 적이 없어, 라고 항변할지도 모른다. 많은 사람을 모아 하나의 결과물을 만들어내기 위해 어쩔 수 없는 일이었다며 변명할 것이다.

나도 한때는 회사의 속성에 대해 심각하게 고민했다. 출근길은 괴로운데 퇴근길은 왜 신이 날까. 왜 대한민국 직장인의 75%는 직장 우울증을 가지고 있을까. 나 또한 거기서 자유로울 수 없었다. 왠지 회사만 가면 기가 죽는 것 같고 나 자신을 잃어버리는 것 같아 늘 속상했다. 내 인생의 70% 이상의 시간을 보내야 하는 곳인데 왜 이곳에서의 삶이 '행복'까지는 아니더라도, 중간 정도의 만족감도 주지 못할까. 그런 고민을 떠안고 있자니 계속 일은 일대로 머릿속은 머릿속대로 복잡했다.

　그러다 어느 날 내가 회사에서 보람 있었던 순간을 되돌아보았다. 하루종일 일에 몰두해서 퇴근길에 내가 무슨 일을 했는지 생각조차 안 날 때 나는 상쾌한 기분이 들었다. 차에 시동을 걸고 집으로 운전을 해가면서 '오늘 하루는 어땠지?' 하고 돌이켜보는데 정말 뭘 했는지 백지장처럼 하나도 기억이 안 난다. 너무 바빠서이기도 했지만 그건 내가 하나의 일에 굉장히 몰입했고 그 몰입에 완전히 마침표를 찍고 나왔기 때문이다. 하루 사이에 나는 아침 출근길에서보다 부쩍 성장해 있다. 많은 의견과 충돌, 소통 사이에서 마침표를 찍고 한 걸음 나아갔다. 그 한 걸음 나아간 순간이 내겐 가장 행복한 순간인 것이다. 게임으로 치면 현재의 스테이지를 클리어하고 다음 스테이지를 기다리는 기분이다. 또 무림영화에 빗대보자면, 막강해 보였던 고수를 맞닥뜨려 일대일 싸움에서 이기고 다음 고수를 찾아나서는 기분이랄까.

그러다보니 회사생활에 참 안 어울릴 것 같던 내가 회사란 어떤 곳인가에 대한 나만의 답을 서서히 발견하기 시작했다. 회사는 내가 성장하기 위한 하나의 관문이었다. 인간은 태어나서 죽을 때까지 자신을 끊임없이 성장시키고 싶어한다. 오죽하면 '평생학습'이란 말도 있겠는가. 회사도 우리 인생의 한 관문일 뿐이다. 많은 사람들과 과제들을 만나고 해결하고 무림의 고수가 되어가는 과정. 그 과정을 제공하는 큰 학교이자 광장이 회사이다. 많은 기회와 가능성이 존재하기에 끝없이 나를 발전시킬 수 있는 열린 공간이 회사이다. 회사는 인생의 마침표가 아니라, 그저 하나의 관문일 뿐이다.

그런데 많은 사람들이 입사하고 나면 갑자기 회사를 종착점으로 인식한다. 배우고 성장하는 곳이란 생각 대신에 그간 쌓았던 지식들을 쏟아부어 결국 개인의 삶은 빈털터리가 되는 곳이라고 인식하기 시작한다. 내 체력 또한 고갈되어 없어져버린다며 원망 섞인 한탄도 한다. 회사를 내 인생의 마침표라고 인식하기 시작하면 이 회사가 모든 면에서 나의 베스트가 되어주길 바라고, 더이상의 기회나 성장은 없어지며 아무런 도전 없이 내게 주어진 일거리에만 안주하게 된다.

나는 이상적인 회사를 그리지 않는다. 매번 차가운 회사의 모습에 실망하고 힘들어하기도 하며, 이 회사에서 나의 위치는 어떠한가 끊임없이 고민한다. 하지만 그때마다 다시 웃음짓고 넘어갈 수 있는 것은 지금 이 순간이 나를 성장시키는 관문일 뿐이라고 믿기 때문이다. 끝판대장을 만나기 위해서는 수많은 판을 깨야 한다. 판을 깨다 보면 보너스 체력도 받고 금은보화도 줍고 좋은 무기도 생긴다. 나는 지금 그 판의 한가운데 놓여 있다. 그래서 오늘도 전략을 짜고 새로운 판을 깨기 위해 머리를 싸맨다.

불 편 하 지 만 불 가 능 은 아 니 다

회사도 우리 인생의 한 관문일 뿐이다. 많은 사람들과 과제들을 만나고 해결하고 무림의 고수가 되어가는 과정. 그 과정을 제공하는 큰 학교이 자 광장이 회사이다.

내 편이 한 명만 있어도
회사생활이 재미있다

친하게 지내던 동기, 늘 맘을 터놓고 고민상담을 하던 선배가 퇴사할 때마다 마음이 허해진다. 그들을 따라 다른 회사에 입사하고 싶다는 충동마저 순간적으로 일어난다. 이 사람 없는 회사는 얼마나 허전할까. 아쉬움 가득 담아 그들을 보내주지만 당분간은 허한 마음을 다스릴 길이 없다.

입사해서 몇 년간 정말 친하게 지내던 선배가 있었다. 그 선배와는 입사해서 한 부서가 되자마자 가끔 술을 마시며 어울렸고, 성별은 달랐지만 여성적인 성격 탓에 늘 '언니'라고 부르며 내가 참 많이 따라다녔다. 다른 부서원들이 나에게 비교적 잘해준 반면 그 선배는 늘 나에게 따가운 충고와 좋지 않은 이야기를 대놓고 말했다. 분명 내가 잘못했는데도 혹여나 내가 상처받을까봐 말을 못하는 부서원

　　　　　　　불편하지만 불가능은 아니다

들이 있었던 반면에, 그 선배는 나의 잘못과 위치에 대해 가감 없이 혹은 비꼬면서 말하기도 했다.

기분이 나쁠 만도 한데 전혀 나쁘지 않았다. 왜냐하면 그 안에 '진심'이 있었기 때문이다. 또한 진심 이전에 그 선배는 내가 무엇을 잘하는지, 무엇을 잘할 수 있을지, 나를 가장 잘 이해하고 관찰해주는 사람이었다. 그런 사람이 충고할 때는 그것은 피가 되고 살이 되는 것이었다. 그 선배와 이야기할 때면 불편한 이야기를 들어도 아프지 않았다.

회사 밖에서 그 선배와 만날 때는 재미있는 작전을 짰다. 다른 분들이 보기엔 너무 무리지어 다닌다며 오해할 수도 있었다. 그래서 우리는 간단히 "7시 회사 앞 내 차로" 하는 식의 문자메시지 지령을 받았다. 지령을 받으면 우리는 이 시간까지 그 선배의 차에 타야 한다. 선배는 약속시간인 7시 이후는 절대 기다려주지 않았다. 합류할 수 있으면 합류하는 것이고 개인적으로 바쁘면 참여하지 못하는 것이다. 강요는 전혀 없었다. 퇴근하겠습니다, 라며 각자 회사 문을 나섰지만 결국 우리는 늘 회사 밖에서 재미있는 시간을 보냈다.

선배를 만나면 업무에 대해 어려운 점을 터놓을 수 있었다. 상사에게는 말하지 못했던 실무자로서의 고충을 누구보다도 잘 알기 때문에 서로의 마음을 이해할 수 있었다. 회사에 단 한 사람이라도 나의 어려움을 이해하고 들어주는 사람이 있다는 것을 알게 되면 이상하게도 그 스트레스가 경감되었다. 잘 고쳐지지 않는 보고서를 함께 들여다보며 내 문제가 뭘까 고민하다가 의외의 해답을 찾기도 했다. 저멀리 밀쳐두고 싶던 업무도 선배가 있으면 다시 들여다보게 되고 재미가 났다.

선배는 늘 내가 어려워하는 점을 보완해주고자 했다. 내가 신체적으로 못하는 부분에 대해 미리 이해하고 내가 부탁하기 전에 도와주곤 했다. 내가 큰 강의실을 세팅할 때면 본인의 업무도 숨막히게 돌아감에도 불구하고 일부러 시간을 내어 발 벗고 나서주었다. 그러고는 내가 고맙다고 하기도 전에 별거 아니라는 듯 그냥 자리로 돌아가버렸다. 회사에서 가장 얄미운 사람은 자기 일을 은근슬쩍 떠넘기는 사람이고, 가장 귀하고 고마운 사람은 자기 일이 아님에도 제 일처럼 나서서 도와주는 사람이다. 선배는 내게 귀하고 고마운 사람이었다. 내가 끙끙거리고 있을 때면 아무렇지 않은 듯 나서서 도와주고는 생색 한번 내지 않았다. 그 마음과 배려가 한없이 고마워 나도 아주 가끔 선배가 손이 필요할 때면 제일 먼저 뛰어가려 했지만, 내 다리는 너무 짧아서 선배가 나를 도와준 만큼은 가닿을 수 없었다.

선배가 있을 때는 회사생활이 즐겁고 신이 났다. 회사가 전쟁터라고들 하지만 내 편이 한 명은 있다는 생각이 나를 안심하게 하고 열심히 일하게 해주었다. 회사에서 내 편을 만들 수 있을 것이라곤 생각하지 않았는데, 의외로 좋은 사람을 만나게 되어 진심으로 의지하면서 일할 수 있었다. 회사생활이 힘들고 어렵다는 사람을 보면 이런 사람을 만나지 못해서인가 싶어 안타깝다.

회사에서는 일과 성과가 최우선이기 때문에 어느 정도는 서로 견제하고 거리를 둘 수밖에 없다. 공적 공간이기 때문에 사적 관계가 너무 깊어지다보면 업무에 영향을 미친다고 생각하는 사람도 있다. 하지만 이 삭막한 공간에 내 편, 나를 무조건 믿어주는 사람이 한 명이라도 있다면 그때부터 이 전쟁터는 조금 아름다운 곳으로 변한다. 물도 마실 수 있고 나를 치료해줄 병상도 있는 곳으로.

신입사원 시절, 나를 도와주던 그 선배는 지금은 다른 회사로 이직했다. 나는 사실 그 선배의 이직이 무척이나 두려웠다. 그리고 내 욕심만 생각한다면 선배가 나와 함께 우리 회사에 남아주기를 바랐다. 선배 없는 나는 너무 쓸쓸하고 힘들 것 같았다. 하지만 평생 그 선배와 함께 근무할 수는 없단 사실을 잘 알고 있었기에 입 밖에 그 말을 꺼내진 못했다. 선배의 선택이라면 무조건 존중하고 지지해주어야 한다고 생각했다. 이제 선배는 이직한 회사에서 나름대로 자리를 잡은 에이스 사원이 되었고, 자주 만나 서로의 직장생활을 편하게 털어놓을 수 있는 사이가 되었다. 회사를 옮기면 만날 수 없으리라 생각했는데 여전히 인연을 이어나가며 이 넓은 전쟁터에서 서로를 지켜주고 있다. 그리고 나는 회사에서 또다른 내 편을 찾아 고민 상담을 하고 울고 웃고 있다.

영화 〈라이언 일병 구하기〉처럼 회사에서 모두가 나 한 사람을 구하기 위해 노력할 순 없지만, 적어도 한 명쯤은 회사에 내 진심을 털어놓을 수 있는 친구나 선배가 있어야 한다. 가끔 회사는 외롭고 고통스러워서 홀로 고군분투하는 혹독한 전쟁터라 생각되지만, 내 편이 한 명이라도 있으면 인간성과 나다움을 잃지 않고 즐겁게 싸울 수 있다. 전쟁터에서 즐겁게 싸우느냐, 힘들게 싸우느냐는 내 선택에 달려 있다.

가장 담대해져야 할 때
한없이 담담하게 〈열정樂서〉

〈열정樂서〉무대에 서기까지

내 인생에서 가장 믿기지 않고 신기한 일을 꼽으라면 〈열정樂서〉라는 큰 무대에 임직원 강사로 섰던 일이다. 어떻게 뽑혀서 어떻게 준비하고 해냈는지 아직도 꿈같다는 생각이 든다.

사내 게시판에서 임직원 강사를 모집한다는 공고를 봤을 때, 사실 내가 그곳에 최종합격하리라곤 추호도 생각해보지 못했다. 하지만 어디까지가 될진 모르겠지만 도전해봐야겠다는 생각을 했다. 나는 늘 그렇다. 내가 마지막까지 합격과 영광의 주인공이 될 거야, 라는 자신감은 늘, 한 번도, 쉽게 가져본 적이 없다.

강력한 지원동기보다는 막연한 기대가 먼저였다. 입사 6년차 대리로 진급하면서 항상 생각했던 것은 회사에 내가 기여할 만한 일은 없을까 하는 것이었다. 회사의 배려 대상이 아닌, 회사에 도움이 될 수 있는 존재가 되고 싶었다. 물론 〈열정樂서〉라는 무대를 통해 기여한다는 것이 어떻게 보면 어불성설일지도 모르겠지만, 내 작은 능력이라도 회사가 주최하는 행사를 위해 쓰일 수 있다면 좋겠다는 생각이 들었다. 내가 특별히 남보다 애사심이 커서는 아니었다. 내가 소속된 조직이 잘돼야 더불어 그 조직에 소속된 사람들, 그리고 나 자신이 잘될 수 있다고 늘 생각하고 있었기 때문이다.

개인적으로는 내가 평소에 맡고 있는 교육업무와 강의가 연관성도 있었기 때문에, 남 앞에 서는 교육담당자로서 나의 능력을 테스트해볼 수 있겠다는 생각도 들었다. 늘 회사의 업무와 시스템을 다른 이들에게 전달하는 일을 해왔지만, 내 삶을 걸고 하는 강의에서도 나는 다른 사람들의 마음을 얻을 수 있을까. 한편, 역으로 나 자신에 대해서도 제대로 말하지 못한다면, 까다로운 회사생활과 업무에 대해서도 흥미롭고 진실하게 전달할 수 없는 게 아닐까, 하는 생각이 들었다. 나는 남에게 내 의견을 잘 전달할 수 있는 사람인가, 엄청난 긴장과 관객의 시선들을 견뎌낼 수 있는 사람인가. 〈열정樂서〉 도전과정은 내게 일종의 시험대가 되어줄 것이었다.

앞서 말했듯이 합격하리라는 생각은 한 번도 해보질 않았다. 그룹 내 임직원 수도 어마어마할뿐더러, 우리 회사에는 무대에 오르는 것만으로도 사람들의 관심을 이끌어낼 대단한 분들이 워낙 많기 때문이었다. 외모가 약간 별나다고 해서 나 따위가 최종합격하리라고는 상상하기 힘들었다. 하버드, MIT 같은 세계적인 명문대 출신 임직원도 있을 테고, 온갖 고난과 어려움을 이겨내고 초고속 승진을 하신 분들도 있을 것이라 생각했다. 거기에 비하면 나는 한없이 평범한 직원일 뿐이며, 사실 떨어진다고 해서 부끄러울 것도, 이상할 것도 없었다.

지원서 작성도 미루고 미루다가 접수 마지막 날, 그것도 오후 5시에 겨우 최종 메일을 보냈다. '그래, 뭐 안 돼도 크게 상관없어. 어차피 한번 시도나 해본 건데 뭐……' 하고 위안을 삼다가도, 문득 막연히 '아…… 내가 된다면 얼마나 좋을까' 하는 생각이 스쳐가기도 했다. 그렇게 메일을 보내놓고 얼마간은 내가 지원서를 썼다는 것조차 잊은 채 바쁘게 지냈다. 그후 신입사원 교육을 위해 한 달간 기흥에 파견근무를 나가게 되었다.

파견근무 초반에는 정신없이 바빴다. 챙길 것도 많았고 같이 일하는 분들과 정을 쌓기에도 여념이 없었다. 그렇게 바쁘게 지내다 어느 날 1차 서류심사에 합격했다는 메일을 받았다. 어안이 벙벙했다. 2차 인터뷰 면접은 다가오는 토요일이었다. 파견근무 일정이 워낙 빡빡했기 때문에 따로 면접을 준비할 여력은 전혀 없었다. 면접시간이 토요일 오후 3시였는데도 일을 마무리하다보니 시간까지 지킬 수 없게 되었다. 그래서 진행 측에 연락해서 면접시간을 4시로 미루었다. 시간을 미루어놓고도 사실 면접에 갈 수 있을지조차 불투명했다.

하지만 다행히 나에게는 운이 남아 있었다. 같이 근무하던 선배가 기흥에서 서울까지 차를 태워주겠다고 했고, 엄청난 운전 실력으로 불과 삼십 분 만에 서울에 도착했다. 면접에 떨어질까봐 두려웠던 나는 선배에게 이토록 다급하게 서울에 와야 하는 이유조차 속이고 말았다. 서울에서 친구를 만나는데, 아무 때나 볼 수 없는 친구라 꼭 시간에 맞춰 가야 한다며 운전하는 선배를 초조하게 했다. 선배는 나를 정시에 데려다주기 위해 거의 목숨을 건 거친 운전을 선보였다. 물론 면접 끝나고 친구와 약속이 있었던 것은 사실이었다. 하지만 달리는 차창 안에서 내가 떠올린 건, 면접장에서 무슨 말을 할 것인가였다.

문득, 입사 면접이 떠올랐다. 내 생애 마지막 입사면접이라 생각하고 한 방의 필살기를 날렸던 그때는 이를 악물고 몇 번이고 거울을 보며 연습했던 말을 당차게 내뱉었지만, 이번엔 내게 준비된 말이 없었다. 무슨 말을 해야 하나. 머릿속은 여전히 하앴지만, 내 생애에 다시 한번 중요한 면접이 찾아왔다는 예감만은 확고부동했다.

면접장에 다다랐을 땐 4시 하고도 10분을 넘긴 시각이었다. 시간이 넘어 이미 틀렸나보다, 마음을 접으려는데 면접시간이 지연된 것인지 아직 열 명 정도의 사람들이 대기하고 있었다. 맨 마지막에 도착했기 때문에 나의 순서는 마지막이었다.

초조한 마음으로 이것저것 준비하는 사람들 틈에서 나는 멍하니 앉아 있었다. 내가 준비해온 것은 프린트한 지원서 한 장. 평소의 나라면 상상조차 할 수 없는 불성실한 준비상태였지만, 그래도 지원서를 다시 읽으며 마음을 다잡았다. 이상하게도 긴장은 되지 않았다.

'그래, 면접관 분들도 어떻게 보면 다 우리 회사 선배들인데, 수다나 한판 신나게 떨고 가자. 내 이야기나 풀고 가자. 큰 무대에 못 서면 어때? 면접관 선배들한테 같은 회사에 나 같은 애도 있었다고 실컷 수다나 떨지, 뭐.'

지원자 중 마지막으로 면접실에 들어섰을 때, 면접관들은 긴 면접에 다소 지친 표정들이었다. 앞서 장시간 여러 사람들의 이야기를 듣느라 피곤한 상태 같았다. 나에겐 열심히 준비한 P.T도 없었고 반드시 내가 무대에 오르고야 말겠다는 강력한 도전의식도 없었다. 그러나 나를 위한 행운이 하나 더 남아 있었다. 내가 마지막 순서였기 때문에 다른 지원들보다 시간을 더 많이 활용할 수 있다는 점이었다. 나는 즐겁게 내 이야기를 하기 시작했다. 남들과 다르다는 사실을 부끄러워하지 않고, 오히려 그것을 활용하여 이 자리에 오기 전까지의 일들을 신나게 풀어놓았다.

면접관들은 별다른 반응이 없었다. 이전 면접자들에게는 꿈이나 비전이 뭔지 질문했다고 하던데 그냥 잘 들었다는 말 한마디가 전부였다. '그래, 떨어지는 것도 나쁘지 않아. 여기까지 올라온 것만 해도 대단해, 이지영!' 나는 미련 없이 발걸음을 뗐다. 친구는 벌써 한 시간째 나를 기다리고 있었다.

다음주 화요일 결과가 발표되었다.

삼성테크윈 이지영 대리

이게 내 이름이 맞는지 한참을 들여다봐야 했다. 합격이었다. 몇몇 회사 지인들이 축하인사를 보내왔다. 축하인사에 웃음보다는 걱정이 앞섰다. 내 이야기를 무대에서 어떻게 해야 할지, 이걸 평범한 사람들이 공감해줄지 초조했다. 그리고 두려웠다. 하지만 무대에 서기까지 아직 내겐 시간이 남아 있었다.

무대에 오르다

무대에 오르기까지 몇 번이고 강의안을 수정했다. 다른 사람들 앞에서 테스트강의를 하며 몇 가지 문제점을 지적받았는데, 가장 큰 문제는 나에게 내 이야기가 너무 익숙해져버렸다는 것이었다. 무슨 얘기냐면 나의 키와 장애는 내겐 이제 별로 큰일도 아니고 별것 아닌 문제가 되어서, 내가 내 모든 과거와 지난 아픔에까지 덤덤해져버린 것이다. 그래서 내 강연은 다소 무미건조했고 많은 경험과 디테일이 빠진 채 전달되는 면이 있었다. 하지만 청중은 나의 이야기를 '처음' 듣는 사람이다. 그들이 나의 이야기를 잘 이해할 수 있게 디테일도 살리면서 재미있게 이야기하는 게 중요했다. 이 간극을 메우는 게 나의 가장 큰 과제였다. 더구나 내 이야기를 대대적으로 꺼내놓는다는 것 자체가 굉장히 부끄럽고 민망하기도 했다.

내가 서야 할 무대는 화요일 서울 잠실 실내체육관 강연이었다. 전날 태풍이 온 바람에 혹시나 행사가 미뤄지거나 취소되지는 않을지 노심초사했다. 원래 월요일 저녁에 서울에 미리 올라갈 예정이었지만 태풍이 너무 강하게 몰아치는 바람에 행사 당일 오전에 움직이기로 결정했다. 행사 장소에 도착해서 몇 번 연습을 했지만, 평소에 그다지 떨지 않는 나도 긴장이 심해 집중이 잘되질 않았다. 그저 거울 앞에 앉아서 눈에 들어오지도 않는 강의안을 보고 또 봤을 뿐이다. 내 개인적인 일이 아니라 회사가 진행하는 행사이다보니 나로 인해 행사 분위기를 망쳐서는 안 된다는 생각이 나의 긴장감을 더 부추겼다. 홀가분한 기분으로 임할 수가 없었다. 전혀.

배가 많이 고팠는데 부담감에 저녁 도시락에도 손을 대기가 힘들었다. 무대 위에 입고 올라갈 옷으로 갈아입고 서성대니 진행 측에서 긴장감을 풀어주고자 계속 대기실에 들어와 많은 이야기를 들려주었다. 그 짧은 시간에 입사 때부터 바로 어제까지 회사에서 있었던 일들이 주마등처럼 스쳐지나갔다. 내가 어떻게 여기까지 오게 됐지, 싶어 웃음이 났다. 예상관객 수를 물어보니 만 명은 족히 넘을 것 같다고 하셨다. "만 명이요? 하하." 나는 또 웃을 수밖에 없었다. 이 세상에 '만 명' 앞에서 자기 이야기를 할 수 있는 사람이 얼마나 될까. 그런 자리에 오를 수 있는 것만으로 정말 행운아인 거라고 애써 나를 다독이며 긴장을 풀어갔다.

　나의 앞순서는 청춘멘토로 불리는 김난도 교수님이었다. 교수님 바로 다음 차례인 것도 상당한 심적 부담이 되었다. 교수님께서 잘 잡아놓은 분위기를 내가 해쳐서는 안 되며 그분의 좋은 콘텐츠를 내가 망쳐서도 안 되는 일이었다. 나는 전문강사가 아니기 때문에 임직원으로서 크게 무리 없이 행사의 흐름을 깨지 않고 내 이야기를 하는 것이 중요했다. 교수님의 강연이 끝나기 십 분 전쯤 미리 무대 뒤로 이동했다. 긴장해서 더이상 대기실에 앉아 있기도 힘들었지만, 미리 관객들의 규모를 봐두는 게 덜 긴장될 것 같았다. 교수님이 무대 위에서 열심히 강의하시는 동안, 무대 뒤의 나는 관객들의 압도적인 수에 입을 다물지 못하고 있었다. 빼곡히 차 있는 객석을 보니 온갖 생각이 한꺼번에 몰려왔다. 드디어 무대에 선다는 기대감도 있었지만, 잘해야 한다는 압박감, 빨리 해방되고 싶은 마음, 수만 가지 생각이 머릿속으로 피어올랐다.

　드디어 계단을 올라 무대에 올랐다. 무대 가운데까지의 그 짧은 거리가 왜 그렇게 길게 느껴졌는지 모르겠다. 걸음이 느리기도 했지만 2만 개의 눈동자가 나에게 쏠려 있었다. 넘어지면 안 돼, 지면 안 돼, 긴장하면 안 돼, 일단 시작을 잘하면 돼. 무대 가운데에 서자 조명으로 인해 내 머릿속은 하얗게 변했다.

　우리의 첫 만남은 관객과 나 모두 서로에게 놀란 시간이었다. 관

우리의 첫 만남은 관객과 나 모두 서로에게 놀란 시간이었다. 관객의
놀람은 대형스피커에도 가려질 것 같은 저 꼬맹이 같은 사람이 삼성의
교육담당 직원이라는 것, 또 이 큰 무대에 삼성을 대표해 올라와 있다
는 것이었다. 그리고 나의 긴장은 내가 이 큰 무대에 불꽃처럼 터지는
긴장감을 누르고 서 있다는 것이다.

객의 놀람은 대형스피커에도 가려질 것 같은 저 꼬맹이 같은 사람이 삼성의 교육담당 직원이라는 것, 또 이 큰 무대에 삼성을 대표해 올라와 있다는 것이었다. 그리고 나의 긴장은 내가 이 큰 무대에 불꽃처럼 터지는 긴장감을 누르고 서 있다는 것, 앞으로 이십 분 동안 제대로 이야기해야 한다는 것, 또 예상외로 조명이 너무 세다는 것이었다.

"안녕하세요."

떨리는 목소리를 애써 감추고 인사를 했는데, 마침 현장에 온 회사 지인들은 그 순간 나의 목소리가 떨리고 있다는 걸 알아챘다고 나중에 웃으며 이야기해주었다. 일단 말문이 트이자, 이십 분간의 강의는 물 흐르듯 지나갔다. 흘러갈 수밖에 없는 시간의 속성이 더없이 감사했다. 낯설었던 분위기는 점차 이야기가 흘러갈수록 따뜻하게 녹아가는 느낌이 들었다. 청중들은 고맙게도 나의 이야기를 경청해주었다.

무대 그후의
이야기들

이십 분간의 짧은 강의였지만 그 시간으로 인해 많은 것들이 바뀌었다.

불 편 하 지 만 불 가 능 은 아 니 다

● 중독자 이지영

나는 사실 매사 독기를 품고 사는 슈퍼우먼이 아니다. 다만 강의 키워드가 '도전중독자'이다보니 많은 사람들이 내가 굉장히 대단하고 치열한 삶을 사는 것으로 오해한다. 하지만 나를 잘 아는 사람들은 내가 그저 아주 평범한 여성이라는 것을 알고 있기 때문에 호시탐탐 나를 놀린다. 함께 술을 먹으러 가면 알코올중독자 이지영, 쇼핑을 하고 나서 자랑하면 쇼핑중독자 이지영, 어쩌다가 은행에 볼일을 보러 가게 되면 머니중독자 이지영이라며 우스갯소리를 한다. 그 대상이 나쁜 것만 아니라면 중독자라는 별명은 듣기 좋다. 중독된다는 것은 벗어나기 힘들 만큼 그것에 빠져 있다는 것인데, 무엇이든 열심히 하는 사람이라는 의미가 아닐까 생각한다. 다시 언제 어디에나 무엇에든 중독될 준비를 해야겠다.

● 내 직업은 스타강사?

〈열정樂서〉 이후로 사실 회사 밖에서는 강의할 기회가 거의 없었음에도 불구하고, 여파가 워낙 커서인지 내 업무가 외부강의로 바뀐 줄 아시는 분들이 많이 있다. 그래서 회사에서 만나는 분들마다 '요즘은 강의 안 가냐?' '어디 다녀왔느냐' 하고 물어보신다. 그러나 사실 개인적으로나 업무적으로 나는 변한 게 아무것도 없다. 애초에 변화를 기대한 것도 아니었고 오히려 변한 것이라곤 내 본연의 업무를 더 열심히 해야겠다는 책임감뿐이다. 외부강의를 통해 엄청난 강사료를 받은 줄 아시고 가끔 크게 한턱 내라고 하시는 분들도 있다.

"오해를 풀어주세요~ 저는 여전히 매월 통장을 스쳐지나가는 월급에 울고 웃는 평범한 회사원이랍니다!"

● 그래도 조금은 변화한 일상

대중교통을 이용하다보면 다리가 짧은 나는 타고 내리는데 상당한 시간이 걸린다. 그래서 어떤 경우에는 주변 사람들이 짜증을 내기도 하고 내가 대중교통을 이용하는 것을 불편해하는 기사님들도 많다. 우연인지는 모르겠지만 〈열정樂서〉 이후 택시를 탄 적이 있었는데 기사님의 첫마디가 "천천히 타세요. 천천히"였다.

사실 마음 약한 나는 감동받아 울 뻔했다. 내 존재가 남에게 민폐가 되지 않기를 늘 바랐는데 그날 처음으로 내 존재가 환영받을 수도 있다는 느낌을 받았다.

그후 한 통의 메일을 받았다. 나와 같은 장애를 가진 자녀를 둔 임직원분의 메일이었다. 아이를 어떻게 키워야 할지 많이 고민했는데 나를 보고 힘을 얻었다고 격려해주셔서 마음 깊이 따스함을 느꼈다. 나로 인해 수없이 고민하고 초조해했을 우리 부모님이 다시 생각나 잠시 눈시울이 붉어졌다.

  사실 지금껏 내가 살아온 삶은 내 개인적 성취를 위해 달리고 또 달려온 길이었다. 이 길을 달려가면서 내가 잘 달린다고 해서 주변 사람들에게 도움이 될 수 있을 것이라는 생각은 미처 못했다. 하지만 내가 잘 달려나가면 주변 사람들을 밀어주고 끌어줄 수도 있다는 사실을 〈열정樂서〉를 통해 깨달았다. 미약한 존재로나마 다른 이에게 작은 영감이라도 줄 수 있다는 게 얼마나 행운인지도 알게 되었다.

  우리는 늘 고민한다. 무엇을 위해 살 것인가. 좋은 대학을 나와 좋은 대기업에 취업해 나와 비슷한 경제력을 가진 사람과 결혼하여 아이를 낳고 알콩달콩 사는 것, 물론 아름답고 좋다. 하지만 무엇을 위해 살 것인가, 어떻게 살 것인가를 한번 더 고민해볼 필요가 있다. 이번 기회를 통해 나는 나만의 행복뿐만 아니라 내가 소속한 집단과 사회가 행복해지는 데 초점을 맞추면 내 삶이 더 풍족해진다는 것을 깨달았다. 이전에는 서투르고 막연하게 결심했던 모두의 행복을 위한 삶이 〈열정樂서〉를 통해 나에게 더 큰 영감을 불어주었다.

  〈열정樂서〉는 처음에는 생각도 못했던 엄청난 파급력을 증명해 보였다. 그저 대학생을 상대로 강의 한번 하면 된다고 생각했는데, 그뿐 아니라 내게 인생의 새로운 과제를 던져주었다. 열심히 일자로 나아가던 길을 곡선으로 만들어주었고, 늘 앞만 향했던 시선 때문에 보지 못했던 등뒤에 피어난 아름다운 꽃들과 또 내가 앞으로 보게 될 푸르른 들밭도 보여주었다.

우리의 인생은 정말 예상치 못한 작은 일 때문에 변한다. 우연히 보낸 지원서와 마지막 순서라 맘 편했던 면접, 그리고 한없이 컸던 무대, 담대해야 할 때일수록 담담해지자고 나에게 외쳤던 그 순간…… 나는 많은 분들과 함께 진심으로 내 인생을 마주했고, 용기는 또다른 용기를 불러왔다. 이전에는 내 지난날들은 돌이켜보는 게 너무 고통스러워 고이고이 접어두고 다시는 꺼내보지 않을 거라고 생각했었다. 그러나 두 다리 벌려 팔짱 끼고 지난 시간들을 다시 쳐다보니 그 시간이 나를 향해 웃고 있었다. 다시 돌아가고 싶지 않을 만큼 고통스럽고 힘든 순간이지만, 돌아보면 그 시간이 없었더라면 지금의 나는 웃고 있지 못했을 것이다.

행복과 희망이라는 예쁜 껍질을 까보면 그 속에는 쭈글쭈글해진 인내라는 열매가 있다. 나에게는 매일이 또다른 인내의 시작이다. 그것들이 모이고 모여 쭈글쭈글해지면 거기서 또다시, 예쁜 행복의 꽃이 피어나리라.

행복과 희망이라는 예쁜 껍질을 까보면 그 속에는 쭈글쭈글해진 인내라는 열매가 있다. 나에게는 매일이 또다른 인내의 시작이다. 그것들이모이고 모여 쭈글쭈글해지면 거기서 또다시, 예쁜 행복의 꽃이 피어나리라.

내가 열정을 주기 전에
열정이 그들 속에 있었다

레드카펫의 여배우가 부럽지 않았던 날,

삼성라이온즈 시무식 강의

삼성라이온즈 기획팀에서 연락이 온 건 뜻밖의 일이었다. 2013 시
즌 시무식에서 강의를 해줄 수 없느냐는 제의였다. 〈열정樂서〉 이후
몇 차례 강의 제의를 받긴 했지만 내가 본디 전문강사가 아닐뿐더러
회사 업무를 소홀히 할 수 없어 대부분의 제의를 거절하던 차였다.
삼성라이온즈의 제안 역시 처음에는 단호하게 "제가 어떻게 할 수
있겠습니까"라는 말로 거절했다. 말씀은 감사했지만 매일 자신의 한
계를 뛰어넘는 훈련을 하는 선수들에게 내가 무슨 말을 할 수 있는
처지가 아니라는 생각이 들었기 때문이었다. 프로 중에서도 가장 혹

독한 프로의 세계에서 매일을 살아가고, 내일이라도 1군에서 밀려날지도 모르는 절체절명의 상황과 부상의 위험 속에서도 자신을 단련해가는 선수들에게 내가 주제넘은 조언을 할 수는 없었다.

하지만 삼성라이온즈 기획팀에서는 다시 전화를 해왔다. '이미 훌륭한 선수들도 많지만, 그렇게 되기 위해 지금 혹독한 노력을 하는 선수들도 많다. 선수들에게 도전과 열정의 가치에 대해 이야기해주었으면 한다'는 요지였다. 계속 거절하는 것도 예의가 아닌 것 같아 결국 시무식에서 짧은 강의를 하기로 결정했다.

시간이 다가올수록 덜컥 겁이 났다. 다른 행사도 아니고 시무식이라니…… 가기로 결정해놓고도 며칠간 잠이 오질 않았다. 도대체 무슨 이야기를 해야 할까. 나의 이야기가 어쭙잖은 조언이 되지나 않을는지. 한 해의 시작이 좋아야 시즌 전체 성적도 좋을 터인데, 내가 그 시작을 망쳐버리는 건 아닌가 싶어 걱정이 앞섰다. 때마침 강의 청탁을 해온 차장님이 마침 우리 사무실에 찾아오셨고, 어떤 이야기를 해야 할지 너무 심하게 고민이 된다고 털어놓았다. 그러자 차장님은 오히려 웃으시며 긴장할 필요 없이 〈열정樂서〉처럼만 해주면 된다고 나를 안심시켰다.

극도의 걱정과 긴장이 계속되었다. 강연 당일 경산 볼파크에 들어서 건물 여기저기를 둘러보니 마치 '금녀의 기숙사'를 방문한 듯한 느낌이 들었다. 여기저기 온통 남자선수들뿐이라 신기하기도 하고, 가뜩이나 작은 내 키가 더 대비되어 보이는 것 같아 어찌할 바를 몰랐다. 시무식이라 삼성라이온즈의 김인 사장님께서도 참석하신다는 이야기를 듣고 인사를 드리러 사장실로 올라갔다. 속으로 '어우, 어우 어떡해'를 연발하며 사장실에 들어섰는데, 이런! 사장님을 뵙자마자 나의 걱정은 온데간데없이 사라졌다. 나를 본 김인 사장님께서 '우리 이지영 대리' 하시면서 두 팔을 벌려 반갑게 포옹해주시는 게 아닌가. 기분이 참 이상했다. 나는 늘 롤러코스터를 타는 듯한 기분으로 매사 안간힘을 다해 힘겹게 살아왔는데, 사장님의 따뜻한 포옹에 마음이 찡해졌다. 격의 없이 나를 맞아주시는 사장님이 아버지처럼 푸근하게 느껴졌고, 마치 '이지영 대리 그간 수고 많았지'라는 인사처럼 느껴져 뭉클한 마음마저 들었다. 나보다 훨씬 더 고된 도전을 거듭할 선수들 앞에서, 내가 여기에 온 게 민폐가 되지나 않을까 지레 걱정했던 마음은 싹 사라졌다.

편안한 마음으로 도란도란 이야기를 나눈 후 강의가 있을 장소로 이동하는데, 김인 사장님께서 말씀하셨다.

"이지영 대리, 우리랑 같이 손잡고 들어가면 어때?"

그렇게 나는 금녀의 시무식에 한 손으로는 김인 사장님, 다른 한 손으로는 대한민국 명장 류중일 감독님의 손을 잡고 강연장에 들어섰다. 내 눈앞에 연신 카메라플래시가 터졌다. 레드카펫의 아리따운 여배우가 부럽지 않은 순간이었다. 선수들의 시선이 입장하는 나에게 쏠리면서 얼굴이 달아올랐고, 갑작스러운 사장님의 제의에 놀라 빨개진 얼굴로 시무식 행사장에 입장했다. 내가 정말 걸어서 그 길

불 편 하 지 만   불 가 능 은   아 니 다

©삼성라이온즈

프로 중에서도 가장 혹독한 프로의 세계에서 매일을 살아가고, 내일이
라도 1군에서 밀려날지도 모르는 절체절명의 상황과 부상의 위험 속에
서도 자신을 단련해가는 선수들 앞에서 강연한 날.

을 걸어갔을까, 혹시 날개 달린 채로 날아간 건 아닐까…… 아직도 그때의 달아오른 얼굴이 적나라하게 남아 있는 사진을 보면 부끄럽기 짝이 없다. 하지만 어느 누가 나와 같은 경험을 해보았겠는가. 나는 정말 행운아임에 틀림없다.

강연장에서는 생각지도 못하게 큰 조명이 나의 얼굴을 그대로 비춰 땀을 삘삘 흘리며 몸집이 나의 두 배는 될 법한 선수들을 마주보며 이야기했다. 이렇게 남성들만 모아놓은 청중 앞에서 강연하는 것은 처음이었을뿐더러, 또 그렇게 무뚝뚝한 사람들 앞에서 이야기하는 것도 처음이었다. 시무식이 끝나고 몇몇 선수들과 어색한 인증샷 후에 다시 회사로 돌아왔다. 꿈을 꾼 듯한 몇 시간이었지만, 내 책상 위에 사인볼이 있는 걸 보니 꿈은 아니었나보다. 내가 과연 삼성라이온즈 선수들에게 작은 도움이라도 되었을까. 지금도 그 무뚝뚝한 표정으로 배트를 휘두르고 운동장을 달리며 자기만의 싸움을 하고 있을 선수들에게 내 이야기가 한 문장이라도 가 박혔을까. 가끔 잠들기 전에 문득문득 떠올라 궁금해지기도 한다.

시무식을 다녀온 뒤에는 늘 마음속으로 응원하고 있다. 삼성라이온즈 화이팅!

불편하지만 불가능은 아니다

11년 만에
다시 찾은 입학식

2002년 2월 27일, 한양대학교 체육관 2층에 앉아 있던 나는 홀로 서울살이를 걱정하던 촌티 나는 신입생이었다.

2013년 2월 27일, 한양대학교 체육관 무대에서 나는 신입생들에게 멋진 강의를 하고 있었다.

인생이 재미있는 것은 앞으로 무슨 일이 일어날지 모르기 때문이다. 그래서 오늘도 내일을 기대하며 잠들 수 있고, 설사 내일 힘든 일이 있을지라도 그 다음날은 더 나아질 것이라고 믿으며 미래를 기약할 수 있다. 2002년의 나는 11년 후 다시 모교의 입학식을 찾을 것이라고는 상상도 하지 못했다.

사실 나의 모교는 오히려 졸업 후의 나에게 더 큰 의미가 되었다. 대학 4년간의 경험은 내 인생의 원동력이 되었다. 외롭기도 하고 힘들기도 했지만 그 시간들로 인해서 어엿한 지금의 내가 되었다고 믿는다. 모교는 그런 나의 성장을 응원해준 곳이었기 때문에, 나는 늘 모교에 빚을 진 듯한 느낌이 있었고 기회가 된다면 지금도 그곳에서 성장하고 있을 많은 청춘들에게 힘이 되어주고 싶었다. 그것이 내가 모교에서 이룬 성장에 고마움을 표하는 길이라 생각했다.

대학교 입학식 연단에는 보통 성공한 유명인사가 와서 멋진 이야기를 해주고 가는 게 일반적인데, 부족한 것 많은 내가 간 것은 이례적인 일이었다. 그러나 아직 더 성장하고 성공해야 할 부족한 선배이지만, 후배들에게 조금이나마 도움이 될 수 있다면 좋겠다는 생각과 함께 뿌듯한 마음을 품고 학교로 향했다.

무대 반대편 조명 주변에 신입생들의 모습이 보였다. 옹기종기 앉아서 내 이야기를 경청하고 있는 모습이 참으로 고마웠다. 아직은 어리고 집을 갓 떠나와 두려움에 가득차 있었지만 눈빛만은 밝고 활기찼다. 11년 전에 나도 저런 모습이었을까. 무대 위에서 나는 11년 전의 나를 찾고 있었다. 입학식 현장에는 두 명의 내가 있었다. 새로운 출발 앞에 연약한 모습으로 서 있지만 미래를 기대하고 있는 신입생 이지영, 그리고 그런 신입생들을 바라보며 또다른 미래를 기대하는 사회인 이지영이었다.

신입생들에게서 사회인 이지영이 얻은 기운은 실로 어마어마한 것이었다. 입학식 행사를 끝내고 단체구호를 외치고 가벼운 발걸음으로 이동하는 후배들을 보며, 나는 내가 앞으로 이뤄갈 또다른 도전에 대한 동력을 얻었다. 그리고 11년 뒤의 나를 기약하며 그때 나는 무엇이 되어 있을지 궁금해졌다.

나를 잘 성장시켜준, 그리고 지금도 성장의 동력이 되고 있는 친구, 교수님, 후배, 그리고 학교, 고맙다. 그들에게 부끄럽지 않은 존재가 되고 싶다.

입학식 현장에는 두 명의 내가 있었다. 새로운 출발 앞에 연약한 모습
으로 서 있지만 미래를 기대하고 있는 신입생 이지영, 그리고 그런 신
입생들을 바라보며 또다른 미래를 기대하는 사회인 이지영이었다.

소년원

아이들과의 만남

삼성SDS와 법무부가 함께 진행하는 푸르미 ITeen 경진대회에서 소년원 아이들을 만났다. 한 시간이 채 되지 않은 짧은 시간 동안에 아이들에게 어떤 이야기를 해주어야 할까, 많은 고민들을 했다. 사실 다른 강의보다 책임감과 부담감이 더 컸다. 아직 성장하고 있을, 또 성장해야 할 아이들, 그리고 너무 어린 나이에 큰 상처로 힘들어 하고 있는 아이들에게 지금의 내 이야기가 어떤 영향을 줄지 두렵고도 설렜다.

자그마한 강연장에서 나는 서른 명의 아이들 앞에 섰다. 다른 아이들과 다를 바 없는 천진하고 어린 모습이었다. 하지만 누구보다도 여린 마음을 가지고 있을 아이들이었다. 나는 아이들을 마주한 그 순간 백 마디의 강의보다는 아이들에게 따뜻한 포옹을 선물해주고 싶었다.

그들에게 감히 인생을 먼저 살아왔고 또 어떤 의미로든 뭔가 먼저 이뤄낸 '선배'로서의 조언이 담긴 강의는 하고 싶지 않았다. 그저 내 이야기를 진실하게 공유하는 것, 내 경험들 속에서 깨달은 내 생각들을 그대로 전달해보는 것, 그래서 그들이 지금 보통 사람들과는 약간 다른 길을 가고 있더라도 그것을 절대 영원한 낙오나 실패로 여기지 않게 하는 것이 나의 유일한 목표였다.

오십 분의 시간이 흐르고 난 또 한번 감사했다. 아이들은 낯선 내 외모를 우습게 여기지 않고 존중하며 받아주었다. 피곤한 일정임에도 불구하고 내 이야기를 끝까지 집중해서 들어주고자 노력하는 아이들의 눈빛은 감동적이었다. 그들에게 내 이야기가 도움이 되었는지 아니었는지는 직접 이야기를 듣지 못해 판단하기 어렵다. 하지만 좋은 이야기를 들은 것은 아이들이 아니라 오히려 나였다. 나는 나의 지난 일들을 털어놓았고, 아이들의 눈빛으로 인해 지나간 시간들을 치유할 수 있었다. 아이들이 원한 것은 진심이고, 내가 원한 것도 진심이었다. 그런 면에서 아이들과 나는 합이 잘 맞았다.

"뒤뚱거리고 뚱뚱한 내 자신을 나는 사랑합니다.

이런 나를 나조차 사랑하지 않으면 누가 사랑해주겠어요?

여러분도 누구보다도 멋진 여러분의 모습을 사랑하시고, 남들이 함부로 대하도록 내버려두지 마세요.

우리의 인연이 오늘 여기서 끝나지 않고, 또다른 자리에서 꼭 다시 만났으면 좋겠습니다. 여러분, 파이팅!"

그렇게 나는 강연장을 나섰다. 아직도 천진난만하게 손을 흔들며 인사를 건네던 여학생 몇몇이 기억에 남는다.

얘들아, 우리 꼭 다시 보자. 그때 비록 내가 잘 기억하지 못하더라도 꼭 알려주길. 알겠지?

ⓒ열정樂서

"뒤뚱거리고 뚱뚱한 내 자신을 나는 사랑합니다.
이런 나를 나조차 사랑하지 않으면 누가 사랑해주겠어요?
여러분도 누구보다도 멋진 여러분의 모습을 사랑하시고,
남들이 함부로 대하도록 내버려두지 마세요.
우리의 인연이 오늘 여기서 끝나지 않고,
또다른 자리에서 꼭 다시 만났으면 좋겠습니다.
여러분, 파이팅!"

옷장에 묵혀 있던 겨울코트를 맡기려고 세탁소에 갔다. 그런데 세탁소 사장님이 갑자기 이런 말씀을 하셨다.

"우리 아이가 고객님 정도만 돼도 정말 좋겠어요."

나는 그분의 말씀에 정색하며 이렇게 이야기했다.

"에이, 그런 말씀 마세요. 이렇게 키가 작으면 얼마나 살기 불편한데요…… 그런 말씀 하시면 안 돼요!"

그러자 그분이 다시 말씀을 이어가셨다. 이야기를 들어보니 그분의 자녀는 뇌성마비인가 소아마비 장애로 인해 거동이 불편해 집에서 멀리 떨어진 장애인 시설에서 부모와 떨어져 생활하고 있었다. 생계로 인해 아이를 직접 돌보지 못하고 시설에 보낼 수밖에 없었다면서, 이제 나이가 많이 들어 받아줄 곳마저 없어져서 걱정이라며 마음 아파하셨다. 그러고는 다시 한번 당신의 자녀가 나만큼만 되어도 정말 좋겠다며 미소를 지어 보였다.

집으로 돌아가는 길에 차에서 나는 많이 울었다. 그분의 처지가 딱한 것이 아니라, 이렇게 혼자 밥 먹고 걸어다니고 회사를 다니며 내가 원하는 곳을 찾아다닐 수 있는 것이 얼마나 감사한지, 그 감사한 일을 지금껏 모르고 지내온 것에 대한 후회였다. 내가 가진 것이 얼마나 좋은 것인지 모르고, 키 작은 나를 안타까워하며 불편한 것들에 대해 힘들어하고만 있었다. 그것이 얼마나 부질없고 바보 같은 일이었는지 다시 한번 깨달았다. 그리고 지금의 나를 더욱 아껴주리라 생각했다. 그 숱한 고비에도 불구하고 지금 이렇게 살아 있는 나 자신에게, 그리고 이렇게 어엿하게 살아갈 수 있도록 나를 낳아주신 부모님께, 나는 평생을 감사해도 모자랄 것이기에.

나의 작은 이야기들로 인해 나 자신이 먼저 치유될 수 있음을 느낀 여러 만남들. 오늘도 나는 이런 만남들이 계속 이어지기를 바라며 또 하루를 살아낸다.

진심은
날개가 있어요

수많은 세월이 흘렀지만 내 키는 더 자라나지 않고 나는 여전히 무릎을 잘 굽힐 수가 없다. 어릴 적 단체기합을 받을 때 선생님이 무릎 꿇고 앉으라고 해도 난 그 벌을 이행할 수가 없었다. 무릎의 움직임이 자유롭지 않기 때문에 무릎 꿇기, 다리 꼬기, 절하기 등은 내가 하고 싶어도 할 수 없는 일들이다.

어렸을 때는 무릎을 굽힐 일이 있으면 잠시 굽히고 퍼뜩 일어나든지 그 상황을 모면하면 그만이었다. 그런데 어른이 되고 나니 이야기가 달라졌다. 친분이 있는 사람들이 상喪을 당하면 장례식장에 가야 하는데, 무릎 때문에 절을 못하는 나에게 장례식장은 고역이었다.

처음에는 장례식장에서 억지로 절을 해보려고 했다. 그런데 몇 번 우스꽝스럽게 절을 하고 나니 오히려 내 존재가 그 장례식을 더 망치고 있는 게 아닌가. 내가 고인과 유족의 마음을 더 불편하게 하는 것이 아닌가 하는 생각이 들었다. 그래서 아무리 내가 좋아하는 사람에게 슬픈 일이 생겼다 할지라도 장례식을 가지 말아야 하는가 하는 고민까지 했다. 조의금만 다른 사람들 편에 전달해주면 괜찮지 않을까 하는 생각도 들었다. 그래서 몇 번 그렇게도 해봤는데 영 마음이 불편한 것이 늘 무언가 내려가지 않는 가시가 목에 걸린 듯한 느낌이었다. 기쁨은 그 자체로 풍성해서 굳이 많은 사람들과 나누지 않아도 되지만 슬픔은 함께할 수 있는 사람이 있다면 단 한 명이라도 더 나누어 져야 한다고 생각했다. 그래서 내 상황이 어떻든 간에 장례식 자리에는 어떻게든 가야겠다고 생각했다.

나는 장례식장에서 절을 하지 못한다. 쉽게 말해 예의를 갖추지 못한다는 말이 된다. 많은 고민을 했다. 무엇이 제일 중요한 것일까. 내가 고인에 대한 예의를 갖추지 못한다면 고인이 떠난 슬픔을 간직하고 있는 사람들과 슬픔을 함께 나누고자 하는 내 진심이 중요하다고 생각했다. 그래서 장례식에 가면 나는 지인들과 손을 꼭 맞잡고 이야기한다. 고인에게 예를 다하지 못함에 미안함을 전하고 따뜻하게 손을 잡아주고 저녁 한끼를 먹고 나온다. 많은 분들이 오히려 더 미안해한다. 몸도 불편할 텐데 여기까지 와줘서 고맙다며…… 그럴 때 나는 오히려 감사하다. 내 진심을 알아주셔서 고맙다.

살아가는 데 중요한 것이 무엇일까. 예의와 형식일까. 나는 늘 그 안에 있는 진심이 제일 중요하다고 생각한다. 그리고 진심은 날개를 달고 있다고 믿는다. 눈에 보이지도 않는 진심이 남에게 전해질 수 있다는 것이 나는 늘 신기했다. 사람의 마음에 어떤 힘이 있길래 보이지도 않는 것이 나에게서 나와 타인의 마음으로 전해질까.

사회생활을 하면서 마음을 너무 쉽게 내보이면 안 된다는 이야기를 많이 듣는다. 자신을 많이 드러내는 사람이 지는 것이고, 초반에 강해 보이지 않으면 만만해 보이게 마련이고, 누군가를 쉽게 부러워하면 지는 것이고…… 어떤 상황에선 틀린 말은 아닐 것이나, 평생 그렇게 가면을 쓰고 진심을 감춘 채 살아간다는 건 무엇보다 자기 자신에게 가장 고통스러운 일이 아닐까.

나는 진심밖에는 달리 쓸 수 있는 가면이 없어서, 사람들에게 다가갈 때 두 손에 진심을 받쳐들고 가는 수밖엔 다른 길이 없었다. 물론 그것을 내팽개치거나 부담스러워하는 사람도 있지만, 대부분의 경우 나는 내 손 위의 진심이 날개를 달고 다른 이의 가슴으로 훌쩍 가닿는 것을 보았다.

진심은 가끔 상처받는다. 하지만 한 번 상처받았다고 해서 계속해서 진심을 꺼내놓지 않고 숨어버리는 사람들은 영영 보지 못한다. '진심'엔 날개가 있어서 다른 '진심'에게로 사뿐히 내려앉는다는 것을.

여전히 나는 내가 사랑하는 사람들이나 그 주변 사람들이 상을 당했을 때 남들처럼 절하지 못하지만, 열심히 조문을 간다. 내 다리와 허리를 굽혀 절하지 못하지만 두 손 위에 그 누구보다 깊게 몸을 낮

진심은 가끔 상처받는다. 하지만 한 번 상처받았다고 해서 계속해서 진
심을 꺼내놓지 않고 숨어버리는 사람들은 영영 보지 못한다. '진심'엔
날개가 있어서 다른 '진심'에게로 사뿐히 내려앉는다는 것을.

취 애도하는 진심 하나 받쳐들고, 장례식장으로 들어선다. 그리고
슬퍼하는 이들의 손을 잡아준다. 슬픔과 고단함에 굳어 있던 이들의
손을 따뜻하게 녹여준다.

"나를 봐,
내 작은 모습을……"

저는 아주 오랫동안 평범하게 사는 것을 꿈꿔왔습니다. 정말 평범한 삶 말입니다. 길을 다녀도 아무도 쳐다보지 않고, 세상 어디를 가도 어렵지 않게 사람들 속에 적응할 수 있고, 적당한 나이대에 결혼하고, 그리고 아이의 웃음 하나에 울고 웃는 엄마가 되는 삶 말입니다. 하지만 현실은 늘 반대였습니다. 유난히 작은 키 때문에 저는 어디를 가도 눈에 띄고, 환경이 바뀔 때마다 적응하느라 늘 몇 달은 아픔 속에 살아야 했고, 평범한 연애는 시작도 어려웠으며, 엄마가 되는 건 꿈도 못 꿀 일이 되었죠. 이 사실을 받아들이는 데는 정말 긴 시간이 걸렸습니다.

내 자신을 받아들이는 일. 그것은 그 자체만으로 너무 어려웠습니다. 다른 사람들은 눈에 띄지 못해 아등바등한다지만, 평범해질 수 없다는 사실이 얼마나 자주 저를 괴롭혔는지 모릅니다. 친구들이 아무렇지도 않게 소개팅을 하고, 백화점에서 이 옷 저 옷을 입어볼 때 왜 나는 저럴 수 없을까, 생각하고 또 생각했습니다. 바쁜 하루에 지쳐 쓰러져 잠들어도 며칠이 지나면 또다시 나를 찾아와 방황의 소용돌이 속으로 몰아넣는 것이 이 '다름'이었습니다. '다름'이란 녀석은 잊으려 하면 할수록 더 달라붙어 괴로워지는, 정말 끈질긴 놈이더군요.

제가 지내온 30년의 시간은 나 자신의 다름에 대한 인정과 불인정 사이의 끊임없는 다툼이었습니다. '이런 네 모습도 받아들여야 해.' '넌 왜 이렇게 태어났니. 참 싫다.' '아니야. 넌 달라. 너만의 방식을 찾아야 해.' 싸움이 잦아질수록 제 마음은 점점 인정의 편을 들어주었습니다. 이유는 간단합니다. 인정하지 않는 것이 오히려 저를 더 힘들게 했거든요. 이상하게도 인정하는 횟수가 잦아질수록 제 마음은 오히려 편해졌습니다.

남과 다른 제 자신을 인정하는 것이 포기를 의미하는 건 아닙니다. '평범함'이라는 저멀리의 표지판까지 남들은 잘 닦여 있는 아스팔트 길로 걸어갔지만, 저는 아스팔트 길 옆의 풀숲을 헤치면서 나아가야만 했습니다. 하지만 그 길이 결코 외롭지는 않았습니다. 왜냐하면 어떤 날은 신선한 바람이 불어오고 향기로운 풀냄새가 나기도 했기 때문입니다.

나의 다름을 받아들일 수 없어 늘 혼자인 것만 같았던 학창 시절은 왜 하필 내가 이렇게 되었을까, 고민하며 지내온 시간들이었습니다. 하지만 내가 먼저 나를 보호하고 사랑해야 한다는 것을 깨달았습니다. 이를 악물고 서울에서의 홀로서기를 시작했지만 그때의 서울하늘은 아름답지 않았습니다. 제겐 너무 차갑고 매섭기만 했습니다. 그러나 이리저리 부딪치다보니 오히려 저는 더 많이 웃게 되고, 더 많은 사람들을 알게 되고, 제 안에 흔들리지 않는 강인함을 새긴 굵은 마디마디를 가지게 되었습니다. 그 굵은 마디로 다시 호주로 홀로 떠났고, 그곳에서 보낸 1년가량의 시간들은 제 다름을 인정하는 것을 넘어서 그 다름을 많이 사랑할 수 있도록 뒷받침해주었습니다.

저는 호주에서 참 자유로웠습니다. 어디든 나를 둘러싼 높은 벽들에 갇혀 있는 듯한 갑갑함을 느꼈는데, 호주에서 저는 그저 평범한 사람일 뿐이었습니다. 그러고는 다시 한국으로 돌아와 한 사람의 프로, 떳떳한 사회인이 되고자 노력했습니다. 그것이 어찌나 어려웠는지 모릅니다. 숱한 회사에 이력서를 쓰는 것보다 '장애인은 제대로 일할 수 없어'라는 편견을 받아들이는 것이 더욱 어려웠습니다. 면접장에 갈 때마다 긴장하는 바람에 밥도 넘기지 못하고, 면접관들 앞에서는 죄지은 사람처럼 벌서듯 서 있었습니다. 꼭 주홍글씨를 왼편 가슴에 달고 있는 느낌이었죠. 그런데 영원히 깨지지 않을 것 같았던 그 주홍글씨는 의외로 쉽게 깨졌습니다. 그 비법은 제 자신의 다름에 대한 인정과 당당함이었습니다.

제가 회사에서 맡은 업무 가운데 교육 진행이 있습니다. 교육을 다 끝내고 나면 저는 임직원분들께 항상 이렇게 질문하곤 합니다.

"교육과정이 어떠셨나요? 업무에 도움이 되었나요?"

'제 책이 어떠셨나요? 삶에 조금이나마 도움이 되었나요?' 이렇게 묻고 싶은 마음이 굴뚝같지만, 독자분들께는 부끄러움에 차마 묻지 못할 것 같습니다. 다만 이 책의 한 쪽, 아니 한 문장이라도 도움이 되었길 바라는 마음뿐입니다.

기억을 되돌리는 것은 참으로 어려웠습니다.

디지털 치매에 걸린 탓인지 포털사이트를 열어놓고도 방금 뭘 검색하려 했는지조차 기억나지 않는데, 20년 전, 10년 전으로 거슬러 가는 길은 불가능이라고 해도 과언이 아닙니다. 자서전을 쓰는 수많은 작가님들이 정말 대단해 보이기까지 했습니다. 책을 쓰는 6개월간은 주말이나 평일에도 특별한 약속을 잡지 않고, 집-회사-집-회사를 오가길 반복했습니다. 그리고 멍하니 기억을 되돌리는 일에 매달렸죠. 잘 기억나지 않는 부분은 며칠 동안 생각하기도 하고 어머니께 기억을 채근해보기도 하고, 옛날 일기장을 뒤적이기도 했습니다. 그렇게 돌아가본 저의 과거는 참으로 다양했습니다. 어느 부분은 구멍이 뻥 뚫린 것처럼 비어 있고, 또 어느 부분은 내 주관에 의해 왜곡되어 있기도 하고, 어떤 부분은 어제 일처럼 상세히 기억났습니다. 수많은 상처들은 다 제각기 모습으로 널브러져 있었습니다. 어떤 부분은 치료가 되기도 했지만, 미처 봉합되지 못한 부분들은 그것을 마주한 저를 여전히 괴롭혔습니다.

하지만 그 기억들을 꺼내어 정리하면서 나는 참 감사할 일이 많은 사람이라는 것, 고마운 사람들 속에 둘러싸여 있다는 것을 다시 한번 깨달았습니다. 그리고 그 힘으로 앞으로도 즐겁고 활기차게 지낼 수 있을 것 같은 희망이 생깁니다. 나를 지켜준 고마운 가족, 늘 옆에서 응원해주는 친구들, 나의 신체적 불편함을 묵묵히 받아들여주고, 더 나은 방향으로 갈 수 있게끔 아낌없는 충고를 해주시는 부서 선후배님들께 감사의 인사를 드리고 싶습니다.

멋들어진 문구로 끝내려고 했는데 잘 안 될 것 같아 아쉬운 마음에 노래 가사 하나 읊조려봅니다.

나를 봐 내 작은 모습을
너는 언제든지 웃을 수 있니.
너라도 날 보고 한 번쯤 그냥 모른 척해줄 순 없겠니.
하지만 때론 세상이 뒤집어진다고
나 같은 아이 한둘이 어지럽힌다고
모두가 똑같은 손을 들어야 한다고
그런 눈으로 욕하지 마.
난 아무것도 망치지 않아.

난 왼손잡이야.
_패닉의 노래 〈왼손잡이〉

당신도 왼손잡이인가요?

우리 모두 남에게 들키고 싶지 않은 약점 하나 정도는 있습니다.

하지만 그 약점을 남에게 들킨다고 해도 부끄러운 일은 아닙니다.

저는 110cm의 키라는 어마어마한 약점을 가지고도 오늘도 그 보완책들을 찾아 도전하며 살아가고 있습니다.

내가 못할 거라고 생각하는 일, 그러나 간절하게 해내고 싶은 일이 있다면 일단 시도해보세요.

그리고 그러다 넘어질 땐, 당신의 눈높이보다 언제나 낮은 곳에서 살아가고 있는 저를 떠올려주세요.

불편하지만 불가능은 아니다

키 110cm 삼성테크윈 인사팀 이지영이 스펙보다 핸디캡이 큰 그대에게

ⓒ이지영 2013

초판 인쇄 2013년 12월 13일
초판 발행 2013년 12월 20일

지은이 이지영
펴낸이 강병선

기획·책임편집 이연실 ｜ 편집 강병주 ｜ 독자모니터 전금희
디자인 강혜림 ｜ 마케팅 우영희 이미진 나해진 김은지
온라인마케팅 김희숙 김상만 이원주 한수진
제작 강신은 김동욱 임현식 ｜ 제작처 영신사

펴낸곳 (주)문학동네
출판등록 1993년 10월 22일 제406-2003-000045호
주소 413-120 경기도 파주시 회동길 210
전자우편 editor@munhak.com ｜ 대표전화 031)955-8888 ｜ 팩스 031)955-8855
문의전화 031)955-2660(마케팅), 031)955-2651(편집)
문학동네카페 http://cafe.naver.com/mhdn

ISBN 978-89-546-2356-8 03320

www.munhak.com

"뒤뚱거리고 뚱뚱한 내 자신을 나는 사랑합니다.
이런 나를 나조차 사랑하지 않으면 누가 사랑해주겠어요?
여러분도 누구보다도 멋진 여러분의 모습을 사랑하시고,
남들이 함부로 대하도록 내버려두지 마세요.
우리의 인연이 오늘 여기서 끝나지 않고,
또다른 자리에서 꼭 다시 만났으면 좋겠습니다.
여러분, 파이팅!"